A Versão Definitiva de
Harry Potter
e a Filosofia

Hogwarts para os Trouxas

Coordenação de William Irwin
Coletânea de Gregory Bassham

A Versão Definitiva de
Harry Potter

e a Filosofia

Hogwarts para os Trouxas

Tradução:
Giovana Louise Libralan

MADRAS®

Publicado originalmente em inglês sob o título *The Ultimate Harry Potter and Philosophy Hogwarts for Muggles*, por John Wiley & Sons.
©2010, John Wiley & Sons. Todos os direitos reservados. Esta tradução é públicada sob licença.
Ilustração interna de Forty-five Degree Design LLC.
Direitos de edição e tradução para o Brasil.
Tradução autorizada do inglês.
© 2011, Madras Editora Ltda.

Editor:
Wagner Veneziani Costa

Produção e Capa:
Equipe Técnica Madras

Tradução:
Giovanna Louise Libralan

Revisão de Tradução:
Rafael Varela

Revisão:
Letícia Pieroni
Ana Cristina Teixeira

Dados Internacionais de Catalogação na Publicação (CIP)
(Câmara Brasileira do Livro, SP, Brasil)

A versão definitiva de Harry Potter e a filosofia : Hogwarts para os trouxas / coordenação William Irwin ; coletânea de Gregory Bassham ; tradução Giovana Louise Libralan. -- São Paulo : Madras, 2011.
Título original: The ultimate Harry Potter and philosophy
Bibliografia.

ISBN 978-85-370-0677-1

1. Ficção fantástica inglesa - História e crítica 2. Filosofia na literatura 3. Histórias para crianças - História e crítica 4. Magia - Ficção 5. Potter, Harry (Personagem fictício) 6. Rowling, J.K. - Filosofia 7. Rowling, J.K. - Personagens - Harry Potter I. Irwin, William.   II. Bassham, Gregory.

11-03988 CDD-823.037

Índices para catálogo sistemático:
1. Ficção fantástica : Literatura inglesa   823.037
2. Magia : Ficção : Literatura inglesa   823.037

É proibida a reprodução total ou parcial desta obra, de qualquer forma ou por qualquer meio eletrônico, mecânico, inclusive por meio de processos xerográficos, incluindo ainda o uso da internet, sem a permissão expressa da Madras Editora, na pessoa de seu editor (Lei nº 9.610, de 19.2.98).

Todos os direitos desta edição, em língua portuguesa, reservados pela

MADRAS EDITORA LTDA.
Rua Paulo Gonçalves, 88 — Santana
CEP: 02403-020 — São Paulo/SP
Caixa Postal: 12183 — CEP: 02013-970
Tel.: (11) 2281-5555 — Fax: (11) 2959-3090
www.madras.com.br

Para David Baggett.

Índice

Prefácio por Tom Morris 9
Agradecimentos: Alguns Pontos que Eu Gostaria de Conceder à Casa. 12
    Introdução: Harry Potter e o Encantamento da Filosofia 13

Parte Um
A Horcrux da Questão: Destino, Identidade e Alma

1. A alma em Harry Potter 18
Scott Sehon
2. Sirius Black: homem ou cão? 31
Eric Saidel
3. O destino no mundo dos bruxos 43
Jeremy Pierce

Parte Dois
A Mais Poderosa de Todas as Magias

4. Escolhendo o amor: A Redenção de Severo Snape 58
Catherine Jack Deavel e David Paul Deavel
5. A poção do amor nº $9^{3}/_{4}$ 69
Gregory Bassham
6. Harry Potter, feminismo radical e o poder do amor 81
Anne Collins Smith

Parte Três
Observatório Potter: Liberdade e Política

7. Patriotismo, lealdade à casa e as obrigações dos membros 94
Andrew P. Mills
8. A política de Dumbledore 108
Beth Admiraal e Regan Lance Reitsma
9. Dumbledore, Platão e a sede de poder 122
David Lay Williams e Alan J. Kellner

Parte Quatro
A Sala Precisa: Uma Miscelânea de Potter

10. Dumbledore é homossexual? quem Dirá, Afinal?   134
Tamar Szabó Gendler
11. Escolhas *Versus* habilidades: Dumbledore e o entendimento do Eu 146
Gregory Bassham
12. A magia da transformação pessoal..160
S. Joel Garver
13. Apenas na sua cabeça? J. K. Rowling separando a realidade da Ilusão 172
John Granger com Gregory Bassham
14. Uma Penseira para seus pensamentos? Harry Potter e a magia da memória..184
Amy Kind
15. Uma educação como em Hogwarts: O bom, o mau e o feio 196
Gregory Bassham

Parte Cinco
Além do Véu: Morte, Esperança e Sentido

16. O segredo real da fênix: Regeneração moral através da morte 210
Charles Taliaferro
17. Além de Godric's Hollow: A vida após a morte e a procura pelo sentido 224
Jonathan L. Walls e Jerry L. Walls
18. Por que Harry e Sócrates decidem morrer: A virtude e o bem comum...234
Michael W. Austin

Colaboradores: O corpo docente de Hogwarts (para os Trouxas)........245
O índice do maroto..251

Prefácio

Tom Morris

Em 2004, houve um evento literário importante envolvendo Harry Potter que não exigiu que pais sonolentos aparecessem antes da meia-noite nas livrarias do mundo todo, com crianças hiperativas e fantasiadas a caráter, tremendo de ansiedade por uma nova aventura e completamente incapazes de dormir. Não envolvia J. K. Rowling escrevendo algo novo ou deixando sua casa para uma ocasião especial, e nunca se destacou nas manchetes de primeira página dos jornais ou em boletins especiais de notícias na televisão. Foi a surpreendente publicação de um livro inesperado: *Harry Potter e a Filosofia: Se Aristóteles Dirigisse Hogwarts*, editado pelos filósofos David Baggett e Shawn Klein.

O que fez disso um acontecimento notável para Harry e seus fãs, e o mundo cada vez mais amplo de seus leitores, é que ele demonstrou a extensão e a profundidade da atenção que esta história em andamento estava recebendo, não apenas entre crianças, adolescentes e jovens adultos cheios de imaginação, mas também das fileiras docentes do mundo acadêmico. Os magos da sabedoria em nossas faculdades e universidades estavam começando a notar a história extraordinária de Harry e encontrando nela grandes ideias e lições para a vida. Coragem, duplicidade, amizade, felicidade, justiça, amor e ambição uniram-se a questões sobre o bem, o mal, a morte e a liberdade, entre muitos outros tópicos, neste incrível exame de temas a serem encontrados nas aventuras de Harry Potter conforme se descortinaram ante nós, livro após livro.

Quando fui convidado, inicialmente, a escrever um artigo para aquele primeiro olhar filosófico coletivo nos temas mais profundos das fábulas de Potter, devo admitir que fiquei simplesmente perplexo. Na época, não era um leitor de Potter. Eu achava que eram apenas livros para crianças. Mas depois de um dos editores do projeto me assegurar veementemente que as histórias de Harry Potter eram para todos e estavam cativando pessoas de todas as idades no mundo, abri o primeiro volume principalmente por curiosidade e, então, como muitos adultos antes de mim, fui instantaneamente fisgado. Em pouco tempo, sempre que me preparava para sentar e ler, sentia um estranho impulso de me vestir com uma túnica preta e um grande chapéu pontudo. Eu li, em um piscar de olhos, os quatro primeiros volumes, que eram os únicos publicados até então, e em seguida comecei a ler cada um deles novamente, devagar, enquanto esperava pelos novos livros, saboreando a complexidade da história e as centelhas de sabedoria que comecei a ver por todos os lados.

Quando a série se completou, eu tinha lido a maior parte dos sete grossos volumes umas seis vezes, e com percepções mais profundas como recompensa, a cada vez que os lia. Havia muito mais coisas acontecendo no mundo de Harry do que se pode notar em uma leitura casual, e que estão muito além das falcatruas ocultas e maquinações secretas dos muitos personagens. Ideias estavam espalhando-se por baixo da superfície. Verdadeira sabedoria permeava as páginas. A ex-professora universitária de clássicos da literatura Joanne Rowling não era apenas uma hábil contadora de histórias, mas era também uma talentosa tecelã de perspectivas profundas sobre algumas das coisas que mais importam em nossas vidas.

Eu me senti inspirado. Rapidamente escrevi um artigo sobre o que vi como um dos atributos centrais de Harry Potter, sua coragem; depois não conseguia parar de escrever. Em pouco tempo, tinha escrito um livro inteiro, examinando as percepções filosóficas que podem ser encontradas nessas histórias incríveis que estavam conectando gerações como, talvez, nada mais em nossos tempos. Eu precisava finalizar meu livro e enviá-lo para publicação logo após o lançamento do sexto volume dos sete planejados por Rowling. Acabei por segurar meu fôlego filosófico por um bom tempo na expectativa da conclusão da trama e o que ela diria a respeito da minha opinião sobre os livros anteriores. Fico feliz em informar que pude dar um grande suspiro de alívio quando a série terminou e todas as minhas interpretações mais importantes permaneceram válidas. Mas eu não tinha dito a última palavra, enquanto filósofo, sobre Harry e seus amigos.

Prefácio

Este livro novo e emocionante que você tem agora em suas mãos, *A Versão Definitiva de Harry Potter e a Filosofia: Hogwarts para os Trouxas*, é um parecer recente e peculiar sobre as grandes ideias na série. Todos os autores dos capítulos tiveram a vantagem de meditar sobre as questões escolhidas e escrever suas conclusões depois que a trama inteira de Potter estava completa e Rowling já tinha até falado em público sobre coisas que nunca constaram das páginas dos textos oficiais. Os filósofos e outros altos especialistas em Harry Potter, reunidos aqui, oferecem novas opiniões e perspectivas sobre muitas das ideias mais importantes que emergem dos livros – algumas das quais podem mudar nossas vidas de maneira genuína. Ler este livro será como colocar um Anel Decodificador Filosófico. Ele mostrará aspectos vitais da história mais profunda escondida por trás desses famosos romances.

A poeira baixou e o ar está limpo. A grande batalha terminou e os personagens sobreviventes prosseguiram com suas vidas. É hora de parar e lançar um longo olhar sobre o mais notável fenômeno literário dos nossos tempos e ver o que ele diz sobre algumas das questões mais atuais que encontramos em nossas vidas. Ao ler estas páginas, e enfrentar pessoalmente as questões importantes que elas trazem, você experimentará novamente a magia real que animará para sempre as fábulas imortais de J. K. Rowling.

Agradecimentos

Alguns Pontos que Eu Gostaria de Conceder à Casa

Alguém deve ter salpicado meus Caldeirões de Chocolate com Felix Felicis, porque trabalhar neste livro foi puro prazer, desde o começo até o fim. São devidos pontos para a Casa aos colaboradores que muito sofreram, por meio de seus esforços, paciência e bom humor durante a longa gestação deste livro. Sou grato aos estudiosos John Granger e Travis Prinzi por responderem aos meus questionamentos e darem opiniões e avaliações úteis em várias fases do projeto. Esboços de muitos capítulos foram discutidos da mesma maneira útil por meus alunos da turma de extensão em Filosofia na King's College. Agradecimentos são devidos a todos os bons Trouxas da Wiley, em especial Connie Santisteban, Lisa Burstiner e Eric Nelson, por acreditarem neste projeto e perseverarem nele até que estivesse concluído. Fico em débito profundo com Tom Morris, um incrível filósofo público, por concordar em escrever o prefácio. Devo admiração e respeito, igualmente, ao editor da série, Bill Irwin, cuja habilidade editorial e paixão pelo uso de percepções da cultura popular para ensinar filosofia continuam a ser insuperáveis. Uma palavra especial de agradecimento é devida a Dave Baggett, que foi generoso de modo excepcional com seus conselhos, críticas e tempo. Finalmente, devo agradecer àqueles que compartilham Bassham Burrow comigo e fazem dele um lugar de amor, alegria e calor: Mia e Dylan. O amor é verdadeiramente a mais poderosa de todas as magias!

Introdução

Harry Potter e o Encantamento da Filosofia

Vamos jogar um joguinho de associação de palavras. O que lhe vem à mente quando ouve a palavra *filosofia*? Profunda. Densa. Complexa. Resumindo, *coisa pesada*, certo?

Então, qual é a conexão entre a filosofia e os livros e filmes de Potter? Como pode haver alguma filosofia real – ou alguma *boa* filosofia – em trabalhos de fantasia destinados principalmente a crianças? Fácil!

Filosofia, como disse Platão, começa com questionamento. E crianças questionam tudo. Elas são curiosas por natureza, questionadoras e ávidas por aprender. Em geral, compreendem muito mais do que os adultos acreditam que compreendam.

Por isso, J. K. Rowling – como J. R. R. Tolkien, C. S. Lewis e outros grandes escritores infantis – não hesita em levantar assuntos complexos e apresentar questões desafiadoras. É claro, Rowling tem consciência de que a maior parte de seus leitores não captará todas as sutilezas e complexidades das questões que ela levanta. Mas ela também sabe que jovens leitores – como Canino comendo um grande osso com carne de dragão – podem conseguir uma grande dose de nutrição a partir de alimentos que não podem digerir completamente.

Este livro é para os fãs de Rowling que querem explorar algumas das questões mais profundas propostas nos livros e filmes de Potter. O que é o amor? Ele é, como diz Rowling, a mais poderosa de todas as magias? Existe um além-vida? Se existe, como deve ser? A morte deve ser temida – ou "dominada", como Harry foi capaz de fazer no final das contas? As pessoas têm almas? Se as têm, como elas estão relacionadas com seus corpos? As almas, se existirem, podem ser divididas, como fez Voldemort ao fragmentar a sua por meio das Horcruxes? O que metamorfos como os Animagos e os Bichos-Papões podem nos ensinar sobre identidade pessoal e o eu? O poder corrompe de maneira inevitável? Hogwarts é uma escola-modelo, ou há verdadeiras deficiências na educação que os alunos recebem ali? É verdade, como Alvo Dumbledore diz, que nossas escolhas revelam muito mais sobre nós do que as nossas habilidades? O que o personagem complexo e intrigante de Severo Snape pode nos ensinar sobre conflito moral, julgamento de caráter e a possibilidade de redenção? Seria ético usar uma poção de amor em alguma ocasião? É verdade, como proclama Kingsley Shacklebolt, que "toda vida humana tem o mesmo valor"? É verdade, como diz Dumbledore, que algo pode ser real mesmo que exista apenas dentro da cabeça de uma pessoa?

Este é um livro escrito *para* fãs de Potter *por* fãs de Potter, muitos dos quais por acaso são filósofos profissionais em tempo integral. Tal como outros volumes da Série Blackwell de Filosofia e Cultura Popular, ele se vale da cultura popular – neste caso, dos livros e filmes de Potter – como um gancho para ensinar e popularizar as ideias dos grandes pensadores. Alguns dos capítulos exploram a filosofia dos livros de Potter – os valores fundamentais e as suposições do quadro maior que sustenta a série –, enquanto outros utilizam temas dos livros como uma maneira de discutir várias ideias e perspectivas filosóficas. Como outras pessoas envolvidas no movimento da cultura popular e filosofia, nosso desejo é trazer a filosofia para fora das salas cobertas de hera das instituições acadêmicas e tornar seus métodos, fontes e espírito crítico acessíveis a todos.

Muitos dos filósofos que contribuíram para este livro também contribuíram para *Harry Potter e a Filosofia* (Chicago: Open Court, 2004; editado por David Baggett e Shawn E. Klein). Em alguns aspectos, este livro é uma continuação daquele volume anterior que cobria apenas os cinco primeiros volumes da série Potter. Parte dele, portanto, foi conjectura, porque muito das revelações importantes e do desenvolvimento da trama ocorrem somente nos dois últimos livros da série. Este volume cobre a saga completa, com os sete livros, e concentra-se em particular no desenvolvimento do clímax da história, que está exatamente nos dois livros finais.

Então, a espera acabou. O corpo docente reuniu-se mais uma vez; o Grande Salão, todo iluminado, está cheio de zunidos de animação e as longas mesas de madeira rangem com coisas deliciosas para comer. Uma vez mais, é hora de vestirem suas túnicas, tomarem um gole generoso do Elixir Baruffio para o Cérebro e prepararem-se para um banquete filosófico. Este será um ótimo ano.

Todas as referências aos volumes de Harry Potter foram tiradas das seguintes edições norte-americanas, publicadas por Scholastic, Inc., em Nova York: *Sorcerer's Stone* (A Pedra Filosofal – 1998); *Chamber of Secrets* (A Câmara Secreta – 1999); *Prisoner of Azkaban* (O Prisioneiro de Azkaban – 1999); *Goblet of Fire* (O Cálice de Fogo – 2000); *Order of the Phoenix* (A Ordem da Fênix – 2003); *Half-Blood Prince* (O Enigma do Príncipe – 2005); *Deathly Hallows* (As Relíquias da Morte – 2007).*

---

*N. T.: Todas as citações referidas foram por nós traduzidas, e as referências indicam os trechos dos originais em inglês, supracitados.

Parte Um

A Horcrux da Questão: Destino, Identidade e Alma

A alma em Harry Potter

Scott Sehon

As almas têm um papel muito importante na saga de Harry Potter. Em diversos pontos dos livros, Harry, Sirius Black e Duda Dursley por pouco conseguem evitar que suas almas sejam sugadas pelos dementadores; Bartô Crouch Jr. não escapou a tal destino. Notoriamente, Lorde Voldemort cria, de forma intencional, seis Horcruxes e, de forma involuntária, uma sétima em Harry, dividindo dessa maneira sua própria alma em oito partes, devendo todas elas ser destruídas para que Voldemort possa morrer.

Então, o que é a alma? No mundo de Harry, as pessoas têm almas que em geral sobrevivem à morte do corpo. Mas não é inteiramente óbvio como as almas funcionam e qual a sua natureza. Ao longo dos séculos, filósofos e teólogos propuseram e debateram teorias variadas sobre a alma. Neste capítulo, faremos um levantamento de tais teorias antes de voltar às questões de como as almas funcionam nos livros de J. K. Rowling e se o seu retrato da alma é plausível.

Concepções Filosóficas da Alma

Uma vez que existem inúmeras concepções do que seja a alma, daremos enfoque aqui a cinco visões filosóficas diferentes.

A Visão da Fonte de Vida

De acordo com alguns filósofos gregos antigos, a alma é a própria causa da vida. Nesta visão, a diferença essencial entre as coisas animadas e inanimadas é que as coisas animadas ou vivas têm uma alma e as coisas inanimadas não a têm. E já que os animais inferiores, inclusive as plantas, estão vivos, significa que todas as plantas e animais têm almas. Explosivins e mesmo guelrichos teriam alma, de acordo com essa visão. Nos dias atuais, não são muitas as pessoas que acreditam que essa concepção de alma é correta.

A Visão da Senciência

Conforme uma segunda concepção, a alma é responsável pela *senciência*, a habilidade que alguns organismos têm de sentir prazer e dor e perceber o mundo que os cerca. Se um organismo tem a percepção consciente daquilo que o cerca, então o organismo *sente*, ele tem experiências. De acordo com a visão da senciência, a alma é responsável pela senciência bem como por todo o pensamento de nível superior. Plantas, presume-se, não têm consciência senciente e, por isso, nesta concepção, não teriam alma. (É claro, no universo de Harry Potter algumas plantas mágicas, como o Salgueiro Lutador, realmente têm algum tipo de sensação direta do mundo; por isso, teriam alma.)

A Visão Cartesiana

Uma terceira visão da alma estreita ainda mais o âmbito dos organismos dotados dela. Conforme uma visão associada ao filósofo René Descartes (1596-1650), a alma não é responsável pelas sensações e pela consciência. Descartes acreditava que aquelas características da vida mental poderiam ser atribuídas a causas puramente materiais; no entanto, ele também acreditava que meras causas materiais não seriam jamais capazes de explicar nossa habilidade de usar a linguagem e formular crenças e opiniões complexas. Para tanto, precisamos da alma. Dessa forma, Descartes afirmava que nossa alma imaterial é responsável apenas por funções cognitivas superiores, incluindo crenças e opiniões, desejos, e, em especial, nossa habilidade de usar a linguagem.

Uma consequência da visão cartesiana é que animais não humanos não têm almas – ao menos, se tais animais carecem de habilidade linguística e pensamento superior. Descartes parecia aceitar isso e pensava que animais não humanos não eram, definitivamente, dotados de alma. Algumas das criaturas mágicas nas histórias de Harry Potter podem obscurecer essa distinção dentro da visão cartesiana. Por exemplo, as corujas parecem entender a fala humana, embora elas não falem em resposta, e animais de estimação mágicos, como o Bichento, parecem muito mais inteligentes do que um gato comum.

De acordo com as visões da fonte de vida, da senciência e a cartesiana, a alma é em geral tida como uma espécie de substância imaterial, algo que não é feito de matéria mas ainda associado, ou conectado, ao corpo material da pessoa. Se as almas são de fato assim, então existe uma possibilidade de que a alma possa sobreviver à morte física da pessoa. Entretanto, há muitos filósofos e cientistas que negariam a existência de uma alma, se isso a que nos referimos como alma for algum tipo de ente independente do cérebro e do corpo. Isso leva a uma quarta visão da alma: o materialismo.

O Materialismo

Os materialistas sustentam, em essência, que não há nada além de matéria e forças físicas. Toda a função mental, inclusive a linguagem e as emoções, é devida a processos físicos ocorridos no cérebro, e simplesmente não há qualquer outro ente acima e além disso. Não é preciso dizer que, de acordo com a visão materialista, não há vida após a morte; com a morte física, os processos que fundamentam nossa vida mental e emocional cessam, e isso é tudo.

A Visão Sentimental

Na linguagem cotidiana, a palavra *alma* é com frequência usada de uma maneira que claramente não corresponde a nenhuma das concepções mais abstratas que acabamos de discutir. Em uma das músicas de Hoagy Carmichael temos: "Com coração e alma, eu me apaixonei por você. / Com coração e alma, como um tolo faria, loucamente".

Ou podemos falar de uma pessoa procurando sua alma gêmea. Falamos que pessoas têm boas almas. Podemos descrever música ou arte dizendo que tem alma ou não tem alma.

Estes tipos de usos cotidianos sentimentais da palavra *alma* não precisam ser levados em conta para sugerir qualquer visão metafísica particular, isto é, elas não comprometem ninguém com qualquer visão na qual a alma é uma substância real que existe de maneira independente do corpo. Se dissermos, "De modo diferente do seu último trabalho, as pinturas anteriores da artista não tinham alma", é óbvio que não estamos sugerindo que a artista, de forma literal, não tinha e mais tarde conseguiu de alguma forma uma alma imaterial. Antes, estamos sugerindo que o trabalho anterior da artista não tinha sido inspirado ou de alguma forma carecia de profundidade emocional genuína. Ou, se eu disser que a amo, de coração e alma, ou que nós somos almas gêmeas, estou me referindo à profundidade emocional da minha ligação e à conexão profunda que temos um com o outro.[1] Se dissermos que alguém desvelou sua alma, estamos querendo dizer que essa pessoa nos deixou ver através das armadilhas superficiais, e de maneira direta, o que é mais profundamente importante para ela. Esses usos da palavra *alma* são tão somente maneiras metafóricas de falar sobre aquilo que nos faz mais humanos e faz a vida mais completa: nossas emoções mais profundas, nossa habilidade de amar, nossa consciência moral. Filósofos materialistas não precisam renunciar a nenhuma dessas formas de falar e, com certeza, não precisam voltar e traduzir a letra de Hoagy Carmichael de acordo com alguma espécie de tese sobre os estados do cérebro ("Fibras C em descarga, eu me apaixonei por você...").

Com essas opções variadas sobre a mesa, estamos prontos agora para voltarmos a Harry Potter e tentar definir a concepção da alma desenvolvida na história. Primeiro, veremos que o retrato que Rowling faz da alma é uma mistura interessante de visões. De muitas maneiras, parece que sua concepção da alma está mais próxima da visão sentimental, mas ela a combina com uma metafísica que incorpora partes das visões cartesiana e da senciência.

Fantasmas e "O Além"

O materialismo é a visão dominante entre os filósofos e cientistas do mundo atual. Mas o materialismo é falso no mundo de Harry Potter, onde as almas tipicamente sobrevivem à morte do corpo. Eis a explicação de Hermione Granger sobre as almas:

"Veja, se eu pegasse uma espada agora, Rony, e o transpassasse com ela, eu não danificaria sua alma de forma alguma".

---

1. Originalmente, a ideia deve ter sido diferente: de acordo com alguns mitos, nossas almas foram divididas em duas e encontrar a alma gêmea significava, de forma literal, encontrar sua outra metade. Mas tal quadro tão abertamente metafísico não é, com certeza, pressuposto em nossos usos coloquiais da expressão.

"O que seria um verdadeiro conforto para mim, tenho certeza", disse Rony. Harry riu.

"Deveria ser, de fato! Mas eu quero dizer que seja lá o que aconteça ao seu corpo, sua alma sobreviverá, intocada", disse Hermione.[2]

Sabemos que, no mundo de Rowling, a alma sobrevive à destruição do corpo. Além do fato da sobrevivência, não fica inteiramente claro o que acontece com a alma de uma pessoa morta. Em *A Ordem da Fênix*, na sala do Ministério da Magia onde morre Sirius, há um arco misterioso com um véu, e tanto Harry quanto Luna Lovegood ouvem vozes que estão além do véu. A interpretação de Luna é que as pessoas mortas existem logo além do véu e que nós as veremos de novo. Mais tarde, Nick Quase Sem Cabeça diz a Harry que o recém-assassinado Sirius tinha "seguido para o além", mas ele não lança nenhuma luz maior com relação ao que acontece nos casos comuns. Nick, é claro, é um fantasma, e ele explica a Harry que um bruxo é capaz de evitar "a ida para o além", ficando para trás, como uma impressão fantasmagórica de seu eu anterior. Ele diz que poucos bruxos escolhem esse caminho, e talvez não seja tão difícil saber por quê. Nick continua em uma espécie de imitação fantasmagórica de um corpo, um corpo que vê e pode ser visto, ouvir e ser ouvido, mas que, no entanto, atravessa paredes e apresenta poucos efeitos físicos. Os fantasmas de Rowling, ao que parece, provocam uma sensação gélida quando uma pessoa tem contato com eles, e a Murta Que Geme é de alguma forma capaz de causar borrifos de água nos vasos, mas, além disso, eles parecem basicamente carecer de efeitos físicos. Voldemort, presume-se, poderia ter tido esse tipo de imortalidade por um tempo, mas é uma forma de imortalidade desprovida de contato físico real e, o que é mais importante para Voldemort, desprovida de poder.

Além de ser um fantasma, há muitas outras maneiras pelas quais as almas podem aparecer na Terra depois da morte de seus corpos. Primeiro, há o caso do próprio Voldemort, que, devido às suas Horcruxes, sobrevive à morte do corpo quando sua maldição imperdoável – dirigida a Harry quando bebê – sai pela culatra. Falaremos mais sobre Horcruxes depois, mas, neste ponto, não tem nenhuma importância o fato de que, quando a alma de Voldemort prossegue, ela está em uma forma incrivelmente fraca; mais tarde, ele descreve sua condição neste período como "menos que um espírito, menos que o fantasma mais medíocre".[3] Nesse estado,

---

2. *As Relíquias da Morte*, p. 104.
3. *O Cálice de Fogo*, p. 653.

Voldemort precisa ligar-se a um corpo vivo para exercer quaisquer efeitos físicos.

Segundo, existe a condição semifantasmagórica na qual Harry vê, por duas vezes, seus entes queridos que já partiram. Na cena no cemitério, em *O Cálice de Fogo*, Cedrico Diggory, Berta Jorkins, Franco Bryce e os pais de Harry aparecem a partir da varinha de Voldemort. Essas figuras fantasmagóricas parecem muito mais sólidas a Harry do que os fantasmas comuns e eles têm presença física suficiente para que Tiago Potter diga a Harry que eles lhe darão um tempo para escapar até que a conexão com a varinha estivesse quebrada. Da mesma forma, quando Harry usa a Pedra da Ressurreição, em *As Relíquias da Morte*, ele vê Sirius, Remo Lupin e seus pais, e de novo parece que eles são, ao menos em algum sentido, reais. Menos substanciais que corpos vivos, e apenas de forma temporária, eles não são, contudo, meros fantasmas; eles são descritos como nem "fantasmas nem corpos reais".[4]

Assim, parece que embora as almas normalmente "continuem", de alguma forma que não é descrita, almas desencarnadas, elas podem ficar ou retornar à Terra em certas circunstâncias; quando o fazem, tomam uma entre uma variedade de formas: desde o estado quase inteiramente não físico de Voldemort ao estado fantasmagórico de Nick, e aos estados temporários, embora um pouco mais físicos em substância, das almas trazidas de volta pela Pedra da Ressurreição.[5] Tudo isso seria impossível se o materialismo fosse verdade. Então, o materialismo é falso no universo de Potter. Mas, para saber mais a respeito da natureza das almas, precisamos levar em consideração os dementadores e as Horcruxes.

O Beijo do Dementador

Os dementadores sugam bons sentimentos e lembranças felizes das pessoas. Pior que isso, eles podem destruir sua alma. Conforme Lupin explica a Harry:

---
4. *As Relíquias da Morte*, p. 698.
5. Quando Harry "morre" na Floresta Proibida, quase no final de *As Relíquias da Morte*, ele se vê com Dumbledore em um lugar que lhe é parecido com a Estação de King's Cross. Uma interpretação é que está em uma estação no caminho entre a morte e o além-vida. Mesmo assim, Harry não sabe absolutamente o que acontecerá se decidir morrer pegando o trem, por assim dizer. Dumbledore apenas diz que o trem o levará "em frente". Além disso, Rowling é deliberadamente ambígua com relação a ser essa alguma sequência real na qual Harry de fato encontra o eu pós-morte de Dumbledore ou ser simplesmente uma visão ou sonho na mente de Harry.

"Veja, o dementador deixa cair seu capuz apenas para usar sua última e pior arma."

"E qual é?"

"Eles a chamam de o Beijo do Dementador", disse Lupin, com um leve sorriso torto. "É o que os dementadores fazem àqueles a quem querem destruir por completo. Eu suponho que deve haver alguma espécie de boca ali, porque eles cravam suas mandíbulas sobre a boca da vítima e... e sugam-lhe a alma."

[...]

"O que eles matam?"

"Ah não", disse Lupin. "Muito pior que isso. Você pode existir sem sua alma, sabe, desde que seu cérebro e seu coração ainda estejam funcionando. Mas você não terá mais qualquer sentido do eu, nenhuma lembrança, nenhum... nada. Não existe nenhuma chance de recuperação. Você apenas... existe. Como uma concha vazia. E sua alma se foi, para sempre... perdida."[6]

Isso é muito interessante. A alma de um bruxo, em geral, sobrevive à morte do corpo, e a suposição natural que se segue seria que as almas são imortais. Mas, com os dementadores por perto, nem todas as almas alcançam esse estado feliz, uma vez que os dementadores podem, ao que parece, destruir as almas por completo. *Você*, contudo, ainda pode existir mesmo sem sua alma. As palavras de Lupin estão abertas aqui a mais de uma interpretação. Ele pode estar dizendo que tão somente seu *corpo* ainda pode existir e continuar funcionando biologicamente, desde que seus órgãos ainda estejam intactos. De acordo com essa leitura, o Beijo do Dementador deixaria a vítima em uma espécie de estado vegetativo permanente, no qual as funções metabólicas básicas continuam, mas não há qualquer vida mental substancial. Ainda, se é isso o que Lupin quer dizer, é estranho que ele o retrate como a existência continuada da pessoa, mas em um estado pior que a morte. Se a alma é a fonte de toda a vida mental consciente, e se ela *toda* desaparece depois do Beijo do Dementador, então pareceria mais apropriado dizer que a pessoa, em verdade, não existe mais, que a concha vazia de um corpo é apenas isso, um corpo, mas não uma pessoa.

Devido à insistência de Lupin de que uma pessoa pode continuar a existir sem uma alma, um quadro diferente parece ser sugerido. Isso

---

6. *O Prisioneiro de Azkaban*, p. 247.

é especulação, mas aqui vai meu palpite. Uma pessoa sem alma ainda tem sensações e pensamentos sobre o que está ocorrendo. Depois que o beijo foi dado, Bartô Crouch Jr. pode ainda ter percebido que havia pessoas na sala, mas ele não tinha ideia de quem elas eram ou de quem *ele* era, uma vez que não tinha qualquer lembrança substancial ou qualquer sentido do eu. Nesta mesma linha, talvez devêssemos pensar na existência após o Beijo do Dementador como algo semelhante a um caso sério de demência ou mal de Alzheimer – talvez parecida com a condição em que Lockhart se encontrou depois que um de seus feitiços de memória saiu pela culatra.

O Beijo do Dementador pareceria descartar ao menos duas, senão três, das concepções restantes sobre a alma. Se alguém pode estar vivo sem sua alma, então a alma não pode ser a fonte da vida em si; portanto, a visão da fonte de vida não pode ser correta. Se uma vítima do Beijo do Dementador ainda tem sensações e mesmo um corpo em estado vegetativo – que pode de alguma forma responder a estímulos sensoriais –, a visão da senciência também parece descartada. Além disso, se o Beijo do Dementador, de fato, permite que alguém pense, sinta e perceba o que está ocorrendo, mesmo carecendo de lembranças ou de um sentido do eu, então mesmo a visão cartesiana parece improvável. De acordo com a visão cartesiana, a alma é a responsável por nossas funções superiores, nossa habilidade de ter crenças e opiniões e, em especial, de entender a linguagem. Na interpretação que eu sugeri, o Beijo pode deixar tais habilidades ao menos parcialmente intactas, apesar de a alma em si ser destruída por completo.

Horcruxes

Um elemento central da trama da história de Harry Potter como um todo é a busca de Tom Riddle para derrotar a morte usando as Horcruxes. O professor Horácio Slughorn explica a Riddle ainda jovem o que acontece quando um bruxo cria uma Horcrux: "'Bem, você divide sua alma, entende', disse Slughorn, 'e esconde parte dela em um objeto exterior ao corpo. Então, ainda que o corpo dessa pessoa seja atacado ou destruído, ela não poderá morrer, pois parte de sua alma permanece ligada à terra e imaculada'".[7]

De fato, mais tarde, quando Voldemort ataca Harry ainda bebê, usando a maldição Avada Kedavra, que ricocheteia e destrói o corpo de

---
7. *O Enigma do Príncipe*, p. 497.

Voldemort, o próprio Voldemort permanece vivo, embora como "menos que um espírito, menos que o fantasma mais medíocre."[8]

O jovem Riddle pressiona Slughorn um pouco mais e pergunta como alguém divide sua alma. Slughorn responde: "Por meio de um ato de maldade – o supremo ato de maldade. Cometendo assassinato. Matar rasga a alma. O propósito do bruxo de criar uma Horcrux usaria o dano a seu favor: ele encerraria a porção partida".[9] Slughorn não responde à pergunta seguinte de Riddle sobre como exatamente alguém introduz a alma em um objeto, e diz apenas que existe um encantamento para isso. Riddle então pergunta: "Só se pode dividir a alma uma vez? Não seria melhor, não o tornaria mais forte, ter sua alma dividida em mais partes, quero dizer, por exemplo, sete não é o número mais poderoso em magia, sete não seria...?"[10] Slughorn fica horrorizado por Riddle aparentemente poder pensar em matar repetidas vezes para conseguir tal coisa, mas ele também o adverte com relação a isso por outro motivo. Ele já tinha dito a Riddle que "a alma deve permanecer intacta e inteira" e que dividi-la "é um ato de violação, é contra a natureza."[11]

Dois pontos nas palavras de Slughorn merecem ser enfatizados. Primeiro, é necessário um ato supremo de maldade para fazer com que a alma possa ser partida; segundo, a alma dessa forma é danificada e se torna instável, e dividi-la mais de uma vez aumenta o dano, ao que parece. Hermione também faz essa consideração depois de ler o livro *Segredos das Artes Mais Tenebrosas*, o qual, em conjunto com outros livros de magia negra, ela retirou da sala de Dumbledore depois de sua morte: "'E quanto mais eu leio a respeito [das Horcruxes]', disse Hermione, 'mais horríveis elas parecem, e menos eu posso acreditar que ele de fato fez seis. Adverte-se neste livro quão instável se torna o resto de sua alma ao ser dividida, e isso só para fazer uma Horcrux!'".[12]

Embora tanto Slughorn quanto o *Segredos das Artes Mais Tenebrosas* deixem claro que dividir a alma a danifica, não fica óbvio de imediato como o dano para a alma transforma-se em dano para o ser humano vivo. Não há, afinal, nenhuma indicação de que as faculdades mentais de Voldemort ou suas habilidades mágicas estejam menores em qualquer medida. De fato, Dumbledore alerta Harry: "Nunca se esqueça, contudo, que enquanto sua alma possa estar irremediavelmente danificada, seu cérebro e seus poderes mágicos permanecem intactos.

---

8. *O Cálice de Fogo*, p. 653.
9. *O Enigma do Príncipe*, p. 498.
10. Ibid., p. 498.
11. Ibid.
12. *As Relíquias da Morte*, p. 104.

Serão necessários habilidade e poder incomuns para matar um bruxo como Voldemort mesmo sem suas Horcruxes".[13]

Isso parece descartar com muita clareza a visão cartesiana, de acordo com a qual a alma é responsável por todo o pensamento superior. Se uma alma cartesiana fosse danificada de forma terrível, os pensamentos, habilidades e, presume-se, também as habilidades mágicas, seriam igualmente danificados, mas tudo isso permanece intacto em Voldemort. E, uma vez que as habilidades sensoriais de Voldemort permanecem igualmente ilesas, apesar do dano à sua alma, parece que a visão da senciência também está excluída.

Em vez de aplicar a visão cartesiana ou da senciência, Rowling adota a *visão sentimental* da alma, de acordo com a qual a alma está associada com aquilo que nos faz mais humanos, com nossa capacidade de amar e nossa consciência moral. Isso já foi sugerido pelo fato de que a alma é rompida e danificada ao se cometer o ato de suprema maldade, o assassinato. Se a alma está associada ao que nos faz, de forma mais profunda, humanos e bons, então ao menos faz sentido, falando de maneira poética, que a alma seria danificada pelo cometimento da maldade última. A evidência-chave está no que parecia diferente em Voldemort depois de danificar tanto sua alma: não suas funções cognitivas superiores, mas sua *humanidade*. Dumbledore diz a Harry, "com a passagem do tempo, Lorde Voldemort parecia tornar-se menos humano, e as transformações que ele sofrera só me pareciam explicáveis se a alma dele estivesse mutilada além da esfera do que chamaríamos de maldade normal..."[14] De modo específico, depois de dividir sua alma e criar as Horcruxes, o belo e jovem Tom Riddle passa por uma transformação física significativa. Poucos de nós ficam mais bonitos ao envelhecer, mas com Riddle/Voldemort, a mudança é extrema. Em *O Cálice de Fogo*, quando ele readquire seu corpo por completo no cemitério, é descrito como "mais branco que um crânio, com amplos olhos de um vermelho vívido e um nariz que era chato como o de uma cobra com fendas por narinas".[15]

A mudança da aparência de Voldemort é a metáfora de Rowling para o que estava acontecendo com ele em um profundo nível emocional e moral. É claro, o pequeno Riddle já tinha em si, no orfanato, um lado significativamente sinistro, e não há evidências de que ele tenha realmente amado alguém de verdade alguma vez, mas, nos seus primei-

---

13. *O Enigma do Príncipe*, p. 509.
14. Ibid., p. 502
15. *O Cálice de Fogo*, p. 643.

ros tempos em Hogwarts, ele ao menos tinha a habilidade de encantar as pessoas. Ele era um líder entre seus colegas, mesmo entre os alunos mais velhos, e conquistou isso antes por meio de sua personalidade do que pelo medo. Ele cativou o professor Slughorn, que previu que Riddle se tornaria Ministro da Magia, e conseguiu que ele falasse sobre as Horcruxes, que era um tópico proibido em Hogwarts. Quando Riddle inicia seu reinado de terror como Lorde Voldemort, no entanto, tudo indica que os Comensais da Morte continuam a segui-lo, antes por medo do que devido a algo remotamente parecido com devoção. Mesmo Belatriz Lestrange, sua mais devotada seguidora perto do fim, parece ser reverente ao seu poder, mas não *encantada*. Aquela capacidade, o atributo mais humano de Riddle, parece ter desaparecido por completo depois que sua alma foi quebrada em sete partes (oito, se contarmos Harry como a sétima Horcrux).

Voldemort poderia ter consertado sua alma danificada, mas não pelo uso de uma poção ou um encantamento ou feitiço apropriado (nem mesmo com a Varinha das Varinhas). Antes, de acordo com o *Segredos das Artes Mais Tenebrosas*, uma alma dividida pode ser consertada, às vezes, pelo *remorso*; como aponta Hermione, "Você precisa sentir, de fato, pelo que fez".[16] Em nenhuma das outras visões sobre a alma haveria qualquer razão para o sentimento específico do remorso exercer um efeito especial sobre a alma imaterial. Mas, de acordo com a visão sentimental, a alma está, de maneira mais íntima, ligada às nossas emoções mais profundas e à nossa consciência moral. Nossa bondade e humanidade são feridas por atos maus, mas podemos agir visando a restabelecer aquela bondade e humanidade se sentirmos remorso verdadeiro. Na cena do ápice da trama, Harry de fato sugere a Voldemort que ele "seja homem" e tente sentir algum remorso.[17] Voldemort, é claro, tendo ido já tão longe, além mesmo da "maldade usual", não sente qualquer inclinação ao remorso, e é por fim morto quando sua própria maldição imperdoável, lançada a partir da Varinha das Varinhas, da qual Harry é o senhor, é repelida pelo Expelliarmus de Harry.

Uma Visão Plausível?

Se Rowling adota realmente a concepção sentimental da alma, ela o faz com uma interessante distorção. A visão sentimental não é uma teoria filosófica desenvolvida por teólogos ou filósofos, mas antes

---
16. *As Relíquias da Morte*, p. 103.
17. Ibid., p. 741

um amálgama das várias formas pelas quais usamos a palavra *alma*. Esses usos corriqueiros da palavra poderiam ser considerados metafóricos com facilidade e não implicam necessariamente que há verdade em algum tipo de ente independente e imaterial que explica nossos laços emocionais mais profundos e nossa consciência moral. Mesmo os materialistas podem e utilizam a palavra *alma* como uma metáfora perfeitamente adequada. Mas, no universo de Harry Potter, Rowling também pressupõe com clareza uma visão metafísica: a de que a alma é independente do corpo, não é danificada por eventos físicos comuns e pode inclusive sobreviver à destruição do corpo. Em outras palavras, Rowling combina a idealização metafísica associada em geral às visões mais filosóficas da alma (em especial a visão da senciência e a visão cartesiana) com a idealização metafórica sugerida pela visão sentimental.

Dessa forma, Rowling oferece uma teoria da alma que pode ser verdadeira? É provável que não, mas as questões trazem muitos conflitos. Primeiro, muitos filósofos e cientistas argumentam, com plausibilidade, que não há evidências razoáveis da existência de uma substância imaterial que seja a responsável causal por qualquer coisa acima ou além do que o corpo faz. Seria possível conseguir tal evidência algum dia: se os neurocientistas constatassem a existência de ocorrências no cérebro que não tivessem causa física observável, isso seria, ao menos, uma indicação de que as ocorrências tiveram uma causa imaterial. Mas nós não vimos nenhuma ocorrência assim até agora.

Além disso, os filósofos vêm ressaltando há séculos que é difícil imaginar como uma alma imaterial seria *capaz* de interagir com um corpo puramente material. Se a alma não é feita de matéria e não tem propriedades físicas, então é um mistério que ela possa fazer com que o corpo humano se mova ou que qualquer coisa no mundo material possa ter algum efeito sobre ela. Essa espécie de dualismo entre mente e corpo seria algo que nunca tivemos conhecimento. O dualismo não é incoerente, e é possível que esteja correto, mas ele se defronta com obstáculos substanciais.[18]

Por fim, é bem possível que a combinação que Rowling faz entre uma metafísica improvável e a visão sentimental da alma piore o problema em vez de ajudar a solucioná-lo. É principalmente improvável que exista uma parte imaterial de nós mesmos que seja responsável de maneira específica apenas por nossas emoções e traços morais mais

---

18. Para argumentos mais recentes e detalhados desta questão, veja Scott Sehon, *Teleological Realism: Mind, Agency, and Explanation* (Cambridge, MA: MIT Press, 2005), capítulo 2; e Jaegwon Kim, *Philosophy of Mind* (Boulder, CO: Westview Press, 2005), capítulo 2.

profundos, mas não por outras aptidões psicológicas. Tais características parecem estar ligadas a nós porque elas são, discute-se, aquilo que nos faz mais humanos, mas, do ponto de vista da psicologia enquanto ciência, não existe nada que seja tão diferente em contrapartida. Dessa forma, parece não haver necessidade de afirmar a existência de algo totalmente diferente do cérebro para explicar tais características. Além do mais, como dito antes, na história, a alma imaterial pode, por vezes, permanecer na terra com uma variedade de presenças e poderes físicos diferentes, dependendo se a alma está aqui como um fantasma, como algo conjurado pela Pedra da Ressurreição ou como uma simples alma salva da destruição por intermédio de uma Horcrux. Se, como vimos, fosse difícil explicar como uma alma imaterial poderia sequer interagir com o mundo físico, seria ainda mais difícil explicar porque a alma teria habilidades físicas diferentes de acordo com o encantamento que está vigorando.

E, claro, a impossibilidade da metafísica de Rowling não é um ataque contra sua obra de ficção. Afinal, também é muito improvável que existam bruxas, bruxos e magia no mundo real. E o retrato da alma feito por Rowling consegue de fato tornar vívido aquilo que nos é caro, ou o que esperamos que nos seja caro. Além disso, falar sobre almas, Horcruxes, dementadores e magia, dá ensejo a uma história incrível, e isso é motivo suficiente.[19]

---

19. Agradecimentos especiais a Josephine Sehon e Hayden Sartoris pelos anos de leitura e discussão de Harry Potter e por comentários úteis aos esboços anteriores deste capítulo.

Sirius Black: homem ou cão?
Eric Saidel

Imagine-se prestes a ser preso, encarcerado, impossibilitado de sair por vários meses. Agora, por fim, você consegue sair. Você está livre para fazer o que quiser – pode perambular por muitos lugares, sentir e aproveitar o ar puro, sair para ver um filme, fazer o que sentir vontade. O que você faria?

Agora, suponhamos que você tivesse uma cauda. Você faria algo diferente? Você correria em círculos, tentando morder sua cauda? Eu também não. O estranho é que isso é exatamente o que Sirius Black faz em *A Ordem da Fênix*, quando se transforma em um cão a fim de escoltar Harry até o Expresso de Hogwarts no início do ano escolar. E ele o faz entusiasmado por estar livre – ou é o que J. K. Rowling nos conta. Esse comportamento parece-me tão estranho que eu questionaria Sirius a respeito se eu pudesse. Infelizmente, eu não posso, uma vez que Sirius não está mais vivo.[20] Por isso, teremos de tentar responder a

---

[20]. Estando a Pedra da Ressurreição irremediavelmente perdida, não podemos usar essa via para o questionamento. É claro, você deve pensar que há uma questão mais importante: Sirius é um personagem de ficção. Detalhes, detalhes. De qualquer forma, acho que podemos aprender algo sobre as pessoas de verdade se prestarmos bastante atenção neste mistério sobre Sirius. Assim, pretendo ignorar o detalhe inoportuno de que Sirius é fictício e, em vez disso, tratar Rowling como se ela fosse uma historiadora de uma parte até então desconhecida da realidade. Aceitarei o que ela diz para ser relati-

essa questão usando as ferramentas da filosofia. Felizmente, embora a maioria dos filósofos seja composta por Trouxas, podemos usar as mesmas técnicas de análise racional que permitiram que Alvo Dumbledore descobrisse os doze usos do sangue de dragão. Então, vamos lá.

Perseguir a própria cauda não seria tão estranho se Sirius fosse um cão. Mas ele não é um cão; é um homem no corpo de um cão. Ou ele é um cão? Como podemos descrever melhor Sirius: como um homem que às vezes está no corpo de um cão (e às vezes no corpo de um homem), como um cão que, às vezes, está no corpo de um homem (e às vezes no corpo de um cão), ou como alguém que às vezes é um cão e às vezes é um homem? Se a resposta for esta última, quem é esse "alguém" que permanece igual enquanto Sirius varia entre ser um cão e ser um homem?

Sirius não é o único que se transforma na série Potter. No decorrer dos sete livros, travamos contato com outros Animagos (Pedro Pettigrew, Rita Skeeter, Professora McGonagall), bem como com lobisomens (Remo Lupin e Fenrir Greyback), bichos-papões e o uso frequente da Poção Polissuco.[21] Muitos metamorfos se comportam de maneiras estranhas e às vezes esclarecedoras.[22] Por exemplo, uma vez transformado, Lupin atacaria Harry, Rony Weasley e Hermione Granger, e, na forma de Olho-Tonto Moody, Bartô Crouch Jr. é o melhor dos professores de Defesa Contra as Artes das Trevas que Harry já teve, indo além de sua alçada ao ensinar Harry a resistir à Maldição Imperius.[23] Por que eles fazem essas coisas estranhas?

Essa é uma questão sobre suas identidades, sobre o que os faz serem quem são. É também uma questão sobre o relacionamento entre a

---

vamente preciso, com o objetivo de entender o comportamento de Sirius e, talvez, iluminar um pouco nosso próprio papel no processo.
21. Diferentemente do restante de tais metamorfos, os bichos-papões não são exemplos de humanos transformados em outros seres.
22. Os fãs de Tolkien reconhecerão as semelhanças entre os Animagos de Rowling e os "troca-peles" de Tolkien, tais como Beorn, em *O Hobbit*. Tolkien apresenta, com clareza, Beorn como um humano que pode transformar de maneira mágica seu corpo humano no corpo de um grande urso. Seu comportamento enquanto urso é bastante inumano. É interessante que, de modo diverso da maneira como Rowling tipicamente retrata seus Animagos, Beorn tem hábitos semelhantes aos de um urso quando está na forma humana, tais como um gosto por mel, uma falta de interesse por riquezas ou joias e um temperamento "pavoroso".
23. Você deve concordar comigo que o comportamento de Crouch/Moody é inesperado, vindo de Crouch. Neste caso, é provável que ache seu comportamento tão intrigante quanto o comportamento de Sirius. Ou pode pensar que Crouch está tão somente tentando adaptar-se melhor a Hogwarts. Parece-me que sou minoria. Que seja. Eu tocarei, mas sem me estender, no comportamento de Crouch/Moody de novo mais à frente.

mente e o corpo de alguém. Parece óbvio que o corpo de Almofadinhas é o corpo de um cão, mas sua mente é a mente de um cão ou a de um homem? Vejamos se podemos responder a tal pergunta. O caminho que faremos será cheio de curvas e viradas, como um Pomo de Ouro tentando evitar um Apanhador, mas, se mantivermos nosso olhar no brilho dourado, poderemos ser capazes de apanhá-lo.

Distinções Mente-Corpo

Quando Sirius se transforma em cão, algumas vezes ele age como se fosse um homem e outras vezes age como se fosse um cão. Por que a pessoa transformada às vezes atua como se fosse seu eu usual e outras vezes atua como se fosse a pessoa ou o animal no qual se transformou? A resposta a essa pergunta requer que nós entendamos com exatidão o que é uma pessoa transformada. Quer dizer, quando Sirius se transforma, ele se torna um cão ou ainda é um homem?

Ambas as opções são simplistas demais. O Sirius transformado não é tão somente um cão: um cão não faria muitas das coisas que Almofadinhas faz (por exemplo, ficar de pé nas patas traseiras, colocar as patas dianteiras nos ombros de Harry e olhá-lo nos olhos quando Harry parte para a escola, em *A Ordem da Fênix*). Nem Almofadinhas é ainda um homem: muitas das coisas que Almofadinhas faz (por exemplo, correr atrás da própria cauda) são mais apropriadas a um cão do que a Sirius. A pessoa transformada não é inteiramente o objeto no qual se transformou, nem inteiramente a pessoa que era antes da transformação. A resposta, portanto, é óbvia: Almofadinhas é metade homem e metade cão.

Desde a época de René Descartes (1596-1650), que é em geral considerado o pai da filosofia moderna, há um modo natural de pensar em como as pessoas podem ser divididas: consideramos cada indivíduo como sendo composto de duas partes distintas – a saber, a mente e o corpo. Dessa forma, quando dizemos que Almofadinhas é metade Sirius e metade cão, talvez queiramos dizer que ele tem a mente de um deles e o corpo do outro. Há quatro possibilidades aqui:

1. Almofadinhas tem a mente de Sirius e o corpo de um cão.
2. Almofadinhas tem a mente de um cão e o corpo de um cão.
3. Almofadinhas tem a mente de Sirius e o corpo de Sirius.
4. Almofadinhas tem a mente de um cão e o corpo de Sirius.

As duas últimas opções não parecem adequadas para iniciar a análise: podemos dizer apenas ao olhar para Almofadinhas que ele não tem o corpo de Sirius. Ele não se parece em nada com Sirius – ou com qualquer outro homem, quanto à aparência. Mas essa exclusão é superficial demais: se Almofadinhas não tem o corpo de Sirius, o que acontece ao corpo de Sirius quando ele se transforma? Para onde ele vai? É muito simples para a Professora McGonagall afirmar que objetos desaparecidos vão "para a não existência, o que quer dizer, para o todo", mas parece improvável que o corpo de Sirius passe a um estado de não existência quando se transforma em Almofadinhas e então saia desse estado quando volta à sua forma original.[24] O mais plausível é que o próprio corpo de Sirius se modifique. Antes da transformação, é o corpo físico de um homem; depois é o corpo de um cão. Mas é a mesma matéria física, reorganizada de alguma forma. Isso significa que, se o corpo tem algum efeito sobre o que Almofadinhas faz, o efeito não virá pelo fato de ele ter o corpo físico de Sirius, porque mesmo que Almofadinhas tenha literalmente o corpo de Sirius, este é fisicamente o corpo de um cão.[25]

E quanto aos outros dois pontos? Ambos são problemáticos, por razões parecidas. Por que, se Almofadinhas tem a mente de Sirius, ele corre atrás da própria cauda? Por que, se ele tem a mente de um cão, fica em pé nas patas traseiras na Estação de King's Cross? (A Sra. Weasley castiga-o com um silvo: "Pelo amor de Deus, aja mais como um cão, Sirius!"[26]) Essas são as perguntas com as quais começaremos. Pensar que Almofadinhas é dividido em mente e corpo não nos levou a lugar algum.

Motivos de quem?

Sirius não tem motivos para correr atrás da própria cauda, mas talvez Almofadinhas os tenha. Quando Lupin é humano, ele não tem motivos para atacar seus alunos, mas talvez quando seja um lobisomem, realmente tenha motivos para fazê-lo. Talvez fosse útil reformular nossos questionamentos em termos de motivos. Assim, não devemos cogitar se é a mente de Sirius ou a de Almofadinhas que está envolvida,

---

24. *As Relíquias da Morte*, p. 591.
25. Os casos do uso da Poção Polissuco são muito mais claros; quando Harry se torna Gregório Goyle, o fato não é que Goyle tenha dois corpos, um no armário, e outro no salão comunal da Sonserina. Em vez disso, o corpo de Harry se parece, agora, com o de Goyle, como se eles fossem gêmeos idênticos.
26. *A Ordem da Fênix*, p. 183.

mas se os motivos que dão ensejo às ações são de Sirius ou de Almofadinhas. Essa espécie de estratégia é boa: em regra, fazer perguntas específicas em vez de perguntas genéricas nos renderá respostas que são úteis em vez de vagas. Por isso, fazer perguntas sobre os motivos e não sobre as mentes tem maior probabilidade de nos proporcionar respostas mais interessantes. Infelizmente, tão logo eu faço essa sugestão, já começo a ver problemas.

Primeiro, a resposta a essa pergunta parece nos levar para a direção errada: se alguém tem motivos para correr atrás da própria cauda, esse alguém é Almofadinhas, não Sirius. Mas, é certo, se resta alguma coisa de Sirius depois que ele se transforma em cão, essa coisa seria seus motivos para agir. Seria muito estranho dizer que, quando da transformação, a pessoa perde seus motivos para agir. Alguém se transforma, presume-se, como um meio de alcançar seus objetivos, como uma expressão dos seus motivos. Se a transformação o levasse a não mais agir de modo a alcançar seus objetivos, por que você se transformaria?

Podemos ver isso com mais clareza considerando alguns dos exemplos de transformação pela Poção Polissuco. Espera-se que o indivíduo transformado atue de acordo com seus motivos, e não de acordo com os motivos daquele em quem se transformou. Isso é, de fato, o que acontece. Se a forma que alguém assume quando se transforma é a fonte de sua motivação para agir, então devíamos ter esperado que Harry e Rony agissem a fim de alcançar quaisquer objetivos que Crabbe e Goyle tivessem quando se transformaram, em *A Câmara Secreta*. Mas eles não agem assim; agem conforme seus próprios motivos. Da mesma forma, quando se transformam, em *As Relíquias da Morte*, Harry se transforma em Alberto Runcorn, um Comensal da Morte, e Rony se transforma em Reginald Cattermole, um homem cuja esposa está sendo julgada por "roubar magia". Runcorn e Cattermole não têm nenhum motivo para agirem em conjunto e têm todos os motivos para se odiarem. Enquanto Runcorn, Harry não tem motivos para tirar Olho-Tonto Moody da porta de Dolores Umbridge ou para alertar Arthur Weasley de que ele está sendo observado, mas Harry tem, sim, motivos para fazer tais coisas; por isso, ele, enquanto Runcorn, as faz. Enquanto Cattermole, Rony tem motivos para acompanhar sua esposa à sua audiência, mas ele não faz isso. Rony e Harry agem de acordo com seus próprios motivos, não de acordo com os motivos de Runcorn e de Cattermole. Assim, por que Almofadinhas agiria por motivos caninos, em vez de agir pelos motivos de Sirius? Enquadrar o enigma em termos de motivos não nos aproxima de sua solução.

Por fim, motivos não têm nada a ver com o comportamento de Sirius de correr atrás da cauda. Cães não correm atrás de suas caudas quando estão animados porque eles têm um motivo para isso; eles correm atrás de suas caudas quando estão animados porque, presumo, é divertido e prazeroso. (Talvez eles o façam porque pensam que suas caudas são objetos exteriores a eles, mas Sirius sabe muito mais que isso!) Igualmente, suspeito que Lupin não passaria a ter um motivo para atacar Harry, Rony e Hermione quando se transforma. Pelo contrário, ele os atacaria porque está em seu sangue fazer isso. Seus motivos o levariam a se abster de atacá-los. Qualquer solução ao nosso enigma em termos de motivos não terá êxito em explicar os comportamentos de Sirius e Lupin.

Um Passo na Direção Certa

Vamos reconsiderar a distinção entre a mente e o corpo. No contexto atual, essa distinção sugere uma estratégia explicativa: alguns de nossos atos podem ser explicados abordando-se nossas mentes, as causas mentais da ação. Outras ações podem ser explicadas abordando-se nossos corpos, as causas físicas da ação. Nessa linha, talvez o motivo pelo qual Almofadinhas corra atrás de sua cauda tenha a ver com o fato de ter o corpo de um cão. Nem tudo que Almofadinhas faz pode ser explicado abordando-se sua mente (de Sirius, em última análise); algumas das coisas que ele faz são explicadas de forma adequada abordando-se seu corpo de cão.

Considere essa história alternativa. Suponha que enquanto estava em Hogwarts, quando Sirius descobriu que seu amigo Lupin era um lobisomem e decidiu tornar-se um Animago para continuar na companhia de Lupin quando ele se transformava, Sirius decidiu se tornar um urso. (As principais preocupações de Sirius teriam sido resolvidas se ele tivesse se tornado um urso: os ursos são diferentes dos humanos, então, presume-se que as mordidas de lobisomem não o infectariam enquanto estivesse transformado, e um urso teria sido forte o suficiente para manter o lobisomem sob controle.) Agora, imagine-o, em *A Ordem da Fênix*, livre pela primeira vez em meses. Ele teria corrido atrás de sua cauda? Isso parece improvável. Ele teria feito o que quer que ursos façam quando estão entusiasmados e sentindo-se particularmente felizes. Ele poderia ter feito – se o Ursinho Puff for algum parâmetro – uma canção e se empanturrado de mel. Mas, como Almofadinhas, como um cão, ele corre atrás de sua cauda. Por isso, a explicação correta para o comportamento de Almofadinhas talvez seja que seu corpo é o corpo de um cão, e cães correm atrás de suas caudas quando estão animados.

    Vamos parar por um instante e rever o terreno que cobrimos. Eu comecei por questionar acerca de certos comportamentos de Almofadinhas. Nós podemos pensar que a transformação é apenas um disfarce muito bom, que é como vestir uma fantasia. Neste caso, Almofadinhas seria, na verdade, Sirius com a aparência de um cão. Mas esses comportamentos nos dizem o contrário: são comportamentos que Sirius nunca empregaria, não importa que vestimenta estivesse usando. Assim, já podemos chegar a uma conclusão: a transformação não é apenas um disfarce muito bom. De alguma forma, a transformação tão somente transforma você. Mas, ainda nos perguntamos: por que Almofadinhas faz essas coisas? Uma possibilidade é que os motivos que o indivíduo transformado tem para agir se transformam nos motivos que a forma corporal escolhida teria. Neste caso, Almofadinhas agiria pelos motivos de um cão. Mas algumas das coisas que Almofadinhas faz são coisas que Sirius – o homem, e não o cão – tem motivos para fazer. E essa é a primeira solução. Outra solução possível é que Almofadinhas é metade homem e metade cão. Eu rejeitei essa solução antes porque não faz sentido para os comportamentos humanos de Almofadinhas. Mas, talvez, eu tenha sido precipitado demais: se adotarmos em princípio a teoria de que algumas das coisas que alguém faz podem ser explicadas pelo corpo que esse alguém tem, e outras pela mente desse alguém, então podemos dizer que os cães – os corpos de cães – às vezes correm atrás da própria cauda, e uma vez que Almofadinhas tem o corpo de um cão, ele corre atrás de sua cauda.

    Vamos nos aprofundar um pouco mais aqui. Essa teoria traz consigo outros custos e implicações, alguns dos quais podemos não gostar. De acordo com essa teoria, somos capazes de explicar as esquisitices no comportamento de Almofadinhas porque ele tem o corpo de um cão. Presumidamente, o fato de Almofadinhas ter o corpo de um cão explica seu comportamento, porque para os animais o corpo físico às vezes extrapola a razão. Isso parece estranho para mim. Talvez você ache que alguns animais, inclusive os cães, não raciocinam muito bem ou não fazem coisas por certos motivos; dessa forma, com relação a eles, falar sobre motivos para seu comportamento é inapropriado. Se é isso o que você pensa, então você acha que as coisas que aqueles animais fazem são melhor explicadas por fatos relacionados aos seus corpos. Mas como isso poderia explicar o comportamento de Almofadinhas? Ele tem uma mente – uma mente humana – e nós achamos que algumas das coisas que ele faz são realizadas em consequência de ter essa mente (tal como ficar em pé sobre as patas traseiras quando está se despedindo de Harry na Estação de King's Cross). O que é que o fato de ter o corpo de um cão torna, ao que parece, mais difícil para Sirius controlar aquele corpo?

Considere também o que nós temos a dizer para explicar o comportamento de Almofadinhas por completo. Lembre-se, a ideia aqui é que alguns comportamentos são causados pela mente de alguém e alguns o são pelo seu corpo. Devido ao fato de Almofadinhas ser um cão, ele corre atrás de sua cauda, como os cães fazem. Mas por que os cães correm atrás de suas caudas? Presume-se que o fazem porque é divertido. Mas o que ser divertido poderia significar neste caso? Para quem isso é divertido? É divertido para Sirius, o ser humano? Eu duvido: Sirius nunca corre atrás de sua cauda. É divertido para Almofadinhas, o cão? Deve ser. Afinal, é divertido, para outros cães, correr atrás das próprias caudas. Mas Almofadinhas tem uma mente humana. Não é na mente que o sentimento reside? Se é na mente, então essa explicação nos diz que Almofadinhas corre atrás de sua cauda a fim de divertir a mente de Sirius. E isso é estranho porque, como notamos, Sirius nunca corre atrás de sua própria cauda (ou, a propósito, seu próprio traseiro). Mas se o sentimento reside no corpo, então temos que dizer que o corpo de Almofadinhas tem motivos para agir como age, e a mente de Almofadinhas (que é a mente de Sirius) tem motivos para agir como age. É possível, portanto, que tais motivos possam colidir. Sirius deve ter acabado dizendo, mais tarde, a Harry, "eu não queria correr atrás da minha cauda – eu queria caminhar com você – mas meu corpo queria correr atrás da minha cauda". Isso, no mínimo, seria bem estranho.

Um Eu Unificado

Enfim, eu não acho que esta teoria – que mentes e corpos são distintos e que algumas das coisas que alguém faz podem ser explicadas por sua mente e outras coisas pelo seu corpo – é uma boa explicação para o estranho comportamento de Almofadinhas. O problema, acredito, vem da maneira como a teoria nos convida a pensar sobre mentes e corpos. Eu falei da relação entre a mente de Sirius e seu corpo (enquanto Almofadinhas) de uma forma que surge de maneira natural quando adotamos tal distinção: que a mente comanda o corpo como um capitão comanda um navio. Isto é, que são entidades completamente distintas e a mente deve, de alguma maneira, fazer com que o corpo obedeça à sua vontade. Isso é o que parece, às vezes. Por exemplo, atletas falam sobre pedir para seus corpos para correr mais rápido ou saltar mais alto. Mas mesmo Descartes, o autor dessa distinção, rejeita essa linha de pensamento sobre a relação entre mente e corpo. "Eu não estou apenas alojado em meu corpo, como um piloto em seu navio. Mas, além disso, ... eu estou ligado a ele muito intimamente e de fato tão combinado e entremeado ao meu corpo, que eu formo como se fosse uma unidade com ele."[27] Mesmo Descartes rejeita a ideia de que o corpo e a mente são completamente distintos. Eles são entidades entremeadas, não distintas, mas uma verdadeira unidade, de maneira que detalhes sobre um têm efeito sobre o outro. Pense em como você se sente quando está doente, ou em como você se sentia quando estava aprendendo a andar de bicicleta. O estado físico de seu corpo tem um efeito direto sobre o seu modo de entender o mundo, sobre o estado de sua mente. Eu não acho que seria exagero dizer que seu corpo tem um efeito direto sobre quem você é.[28]

Como pode ser assim? Deixe-me chamar sua atenção para dois detalhes em *As Relíquias da Morte*. Primeiro, quando Rony, Harry e Hermione tomam a Poção Polissuco e entram de modo sorrateiro no Ministério da Magia, Harry está agora no corpo de Runcorn, um homem muito maior e mais intimidador quanto ao físico de Harry. Ele age de maneira diferente da de Harry. Ele "troveja" com uma "voz poderosa", ecoando pelo átrio e fazendo os bruxos que ali estavam ficarem imóveis. Ele também dá um soco em um bruxo com "um punho enorme". O que é interessante notar aqui não é que o corpo de Harry/Runcorn seja grande e por isso tenha o punho enorme e a voz potente de que um homem grande é dotado por natureza. O que se deve notar é que aqueles são atos de Harry, realizados pelos motivos de Harry – lembre-se, Runcorn tem ligação com os Comensais da Morte –, mas os atos são naturais apenas no corpo de Runcorn. Em seu próprio corpo, Harry não teria "trovejado" "Parem!" Ele poderia ter gritado, mas provavelmente teria escolhido alguma outra ação mais produtiva, dado que sua voz não expressa a mesma potência que a de Runcorn. Golpear o bruxo também não seria uma escolha assim tão óbvia. Essas são as escolhas certas para Harry nesta situação, dados os motivos de Harry e o corpo de Runcorn.

---

27. René Descartes, *Meditations* [Meditações], traduzido para o inglês por F. E. Sutcliffe (Harmondworth, UK: Penguin Books, 1968), p. 159.
28. Aqui abro parênteses. Eu não quero deixar a impressão de que Descartes tinha essa visão. Sua visão era o oposto, pois apesar de realmente pensar que a mente e o corpo fossem "unidos de maneira estreita", ele também pensava que a mente e o corpo eram distintos em essência. A visão que estou propondo é que a mente e o corpo juntos formam uma unidade que é o eu. A mente, proponho, não pode existir sem o corpo.

(Faça um contraste disso com um detalhe que, sugiro, foi uma contradição de Rowling: quando Harry se transforma em Runcorn, ele julga "a partir de seus braços musculosos" que ele tem um "físico poderoso".[29] Minha suspeita é de que Harry se sentiria tendo um físico poderoso; ele não teria necessidade de observar seus braços musculosos a fim de julgar que tinha um físico poderoso. No entanto, as descrições de Rowling dos sentimentos de Harry em outras situações semelhantes, como o sentimento natural que ele tem ao submergir no lago depois de comer guelricho, são acertadas.[30])

Segundo, embora Harry tenha tomado a Poção Polissuco antes do casamento de Bill Weasley e Fleur Delacour, Luna Lovegood consegue reconhecê-lo. Ela vê Harry na expressão facial de "Barny Weasley". Isso não deveria ser possível se existe uma distinção entre a mente de Harry e o corpo de Barny. As expressões faciais de Barny deveriam ser as suas próprias; deveriam ser as expressões faciais que seu corpo faz, mesmo quando é a mente de Harry que as está causando. Considere esse experimento mental: suponha que nós pudéssemos conectar seu cérebro ao corpo de alguém, de maneira que seu cérebro, seu pensamento, controlasse o corpo da outra pessoa. Do mesmo modo, os estímulos sensoriais que o corpo recebe seriam retransmitidos ao seu cérebro. Suponha que nós contemos a você (por outra pessoa) um segredo chocante, mas que a outra pessoa já conheça. O que acontecerá? Primeiro, você ficará surpreso, mas seu hospedeiro não ficará surpreso. Segundo, o rosto de seu hospedeiro irá registrar a surpresa que você sente (não a surpresa que seu hospedeiro sente, já que ele não está surpreso). Aquele rosto se parecerá com o seu rosto surpreso? Não, não é seu rosto. Parecerá o rosto de seu hospedeiro, surpreso. Os amigos de seu hospedeiro notarão isso: "Por que Mary parece surpresa? Ela já sabia de tudo". Eles não se perguntarão por que Mary está fazendo aquela expressão em particular (sua expressão de surpresa), porque Mary não estará fazendo aquela expressão; ela estará fazendo a expressão normal de surpresa dela. Mas quando Harry se transforma em Barny, as expressões de Barny se tornam as de Harry. Da mesma forma, quando Harry e Rony se deparam com Arthur Weasley, ao se infiltrarem no Ministério

---

29. *As Relíquias da Morte*, p. 240.
30. Quando Harry toma a Poção Polissuco, em *A Câmara Secreta*, Rowling conta que "a voz esganiçada e baixa de Goyle foi emitida por sua boca" (p. 217). Compare isso ao filme, que mostra Harry tentando imitar a voz de Goyle. Eu espero que você concorde comigo que Rowling é mais precisa neste ponto do que o filme: a voz com a qual Harry fala é determinada por seu corpo. Se seu corpo tem a forma do corpo de Goyle, então sua voz deve ser como a de Goyle.

da Magia, Harry percebe que Rony não está olhando seu pai nos olhos por temer que seu pai o reconheça se ele fizer isso.

O primeiro cenário é um exemplo do novo corpo de alguém afetando o modo como esse alguém pensa e age. O segundo é um exemplo da mente de alguém afetando a aparência do novo corpo desse alguém. Estou sugerindo que a mente e o corpo da pessoa transformada são um todo unificado, não a união de elementos distintos. Do contrário, não podemos entender os comportamentos realizados pelas pessoas transformadas. Isso ajuda a entender os comportamentos de Almofadinhas? Parece que sim: Almofadinhas não é nem homem nem cão, mas uma combinação de ambos; então, ele corre atrás de sua cauda porque é divertido, como o fazem outros cães.

E quanto a Crouch e Moody? Uma coisa que devemos notar quanto aos Animagos e lobisomens é que eles se tornam espécies diferentes de seres quando se transformam. Não admira que alguns dos comportamentos de Almofadinhas sejam estranhos. Quando ele se comporta como um humano está fazendo coisas estranhas para um cão, e quando ele se comporta como um cão, seu comportamento é estranho para um humano. Contudo, quando alguém usa a Poção Polissuco para se transformar, permanece humano, então o corpo daquela pessoa não realiza comportamentos tão estranhos. Mas eu aposto que alguns comportamentos que não pareciam naturais antes da transformação pareceriam normais depois dela. Pense nas transformações pelas quais nós, Trouxas, passamos: atividades que pareciam naturais antes de perdermos muito peso parecem estranhas depois disso (e vice-versa). Andar de bicicleta parece esquisito e incômodo até que se aprenda a fazê-lo, depois parece a coisa mais natural do mundo. Nós fazemos coisas que mudam nossos corpos; em decorrência disso, nós mudamos o modo pelo qual interagimos com o mundo. Quando mudamos nossos corpos dessa maneira, somos uma raiz mudando quem nós somos. Eu acho que pelo menos parte da explicação para o comportamento de Crouch, quando ele está transformado em Moody, é que certas atitudes apenas parecem naturais a ele. Crouch/Moody é como Almofadinhas e como todos nós: um todo indivisível, composto de mente e corpo, em que ambos contribuem para a identidade do todo.

Enfim, Sirius é um homem ou um cão?[31] Isso depende de sua aparência. Quando ele tem a aparência de um homem, ele é um homem.

---

31. Há outras questões relacionadas referentes ao mundo de Harry Potter que valem a pena serem investigadas. Por exemplo, note que mesmo quando adotam o corpo de um Trouxa, bruxas e bruxos continuam com seus poderes mágicos. Por isso, qual é a fonte dos poderes

Quando ele tem a aparência de um cão, ele não é nenhum dos dois. Almofadinhas – Sirius, quando tem a aparência de um cão – é uma terceira espécie de ente, simplesmente nem um cão, nem um homem. Ele é uma espécie única de ser – um homem-cão – que combina características de humanos e cães. Essa visão, afirmo, faz mais sentido com relação ao texto de Rowling e coaduna-se bem com nossas melhores teorias contemporâneas do eu. Como Descartes disse, mente e corpo verdadeiramente formam uma "unidade". A natureza desse ente é determinada pela mente e pelo corpo desse ente, ainda que o seu corpo seja, por acaso, o corpo de um cão.

---

mágicos de alguém? E como a forma que um bicho-papão assume afeta sua identidade? Em *O Prisioneiro de Azkaban*, o feitiço do Patrono de Harry apenas impede que o bicho-papão-dementador o incomode, mas (diferente do que é retratado no filme) Lupin precisa usar o feitiço Rikkikulus para forçar o bicho-papão de volta para dentro do baú. Isso sugere que, enquanto o bicho-papão está afetado pelo corpo que ele adota (o bicho-papão transformado em Severo Snape move-se da mesma forma que Snape se move), alguma coisa de sua natureza de bicho-papão permanece; é preciso magia apropriada a bichos-papões para lidar com ele por completo. Vale a pena analisar tais perguntas, mas não temos tempo aqui. Aqueles de vocês que estiverem buscando seus NIEMs em Transfiguração devem escrever cinquenta centímetros sobre tais questões.

O destino no mundo dos bruxos

Jeremy Pierce

As histórias de Potter mostram a Sibila Trelawney, professora de Adivinhação de Hogwart, como uma "antiga impostora" cujas palavras tranquilizadoras chegam como armadilhas pseudocientíficas. Ela ensina técnicas variadas de previsão do futuro, incluindo folhas de chá, órbitas planetárias, leitura de mãos, interpretação de sonhos, cartas de tarô e bolas de cristal. Cada método tem regras que devem ser seguidas pelos alunos, mas elas têm pouca base científica. As previsões de Trelawney em geral mostram-se incorretas, tal como seu prognóstico constante e repetido da morte prematura de Harry. Ela também aceita previsões de outras pessoas que se adequem a suas ideias preconcebidas, por exemplo, quando ela dá notas máximas a Harry e Rony por predizerem infortúnios trágicos em suas vidas em um futuro próximo.

No entanto, ao menos duas das profecias de Trelawney são diferentes. O Professor Dumbledore diz que são suas duas únicas "previsões reais".[32] Normalmente, Trelawney vale-se de generalidades tão

---

32. *O Prisioneiro de Azkaban*, p. 426.

elásticas para falar sobre fatos comuns que ela encontrará em geral algo que irá servir. Um Trouxa de mente científica como Valter Dursley irá rejeitar a adivinhação como um prognosticador confiável. O que o alinhamento dos planetas e a disposição aleatória de cartas de tarô em um baralho têm a ver com os processos que levam ao acontecimento de certos eventos em vez de outros? Mas este é um mundo mágico, ainda que os Dursley não gostem disso. A magia não poderia conectar folhas de chá ou sonhos com verdadeiros eventos futuros?

Infelizmente, Trelawney, em regra, deixa a impressão de ser uma completa fraude e seus métodos usuais são provavelmente não mágicos ou de magia não confiável. A Professora McGonagall diz à turma de Harry que a adivinhação "é um dos ramos mais imprecisos da magia. Eu não irei esconder de vocês que eu tenho muito pouca paciência com ela. Verdadeiros Videntes são bastante raros, e a Professora Trelawney..."[33] Ela para de repente, a fim de evitar criticar uma colega, mas a situação é clara. Sibila Trelawney não é uma verdadeira Vidente.

Da mesma forma, o centauro Firenze faz distinção entre Trelawney e Videntes genuínos. "Sibila Trelawney pode ter visto, eu não sei... Mas ela perde seu tempo, de modo fundamental, na insensatez de autoadulação que os humanos chamam de previsão do futuro."[34] Firenze respeita a prática da profecia, apesar de reconhecer sua falibilidade, mas ele a distingue da insensatez que é a adivinhação do futuro. Isso levanta uma questão sobre profecias genuínas. O que significa dizer que elas são reais, e de que maneira são diferentes das adivinhações? Até mesmo Dumbledore, cético com relação à maior parte das adivinhações, reconhece duas das previsões de Trelawney como sendo diferentes, e Firenze também admite a possibilidade. Portanto, qual é a diferença?

Variedades de Profecias

As "previsões reais" derivam daquilo que irá de fato acontecer? O futuro é "invariável" de forma que exista apenas um futuro? Aristóteles (384-322 a.C.) é tido como quem primeiro levantou a questão.[35] É verdade, quando Harry vai pela primeira vez a Hogwarts, que ele travará uma luta com Voldemort sete anos mais tarde?

---

33. Ibid., p. 109.
34. *A Ordem da Fênix*, p. 603.
35. *On Interpretation*, cap. 9, reimpresso em Aristotle: Introductory Readings, editado por Terence Irwin e Gail Fine (Indianápolis: Hackett, 1996), p. 11–15.

Se o futuro é invariável, existe apenas um futuro e irá mesmo acontecer. Isso não equivale a dizer que ele irá acontecer, não importa o que qualquer um faça. O futuro poderia acontecer *por causa* do que as pessoas fazem, e, uma vez que se faça algo diferente, um futuro diferente acontecerá. Mas parte do futuro invariável é o que as pessoas farão. Ser invariável também não quer necessariamente dizer que é predeterminado. Pessoas que acreditam que o futuro é invariável talvez não sejam deterministas, embora algumas o sejam.

Profecias podem ser falíveis ou infalíveis. Garante-se que uma profecia infalível é verdadeira. Ela não poderia ser errada. Por outro lado, profecias falíveis podem estar erradas. Profecias falsas são falíveis porque elas de fato são erradas, mas profecias verdadeiras também podem ser falíveis. Tudo o que é preciso é que ela seja mal interpretada. Falibilidade não tem a ver com o quão certos podemos estar de que uma profecia acontecerá ou não. Eu posso estar bastante incerto de uma profecia infalível se não entender seus fundamentos seguros. Eu posso estar bastante certo de uma profecia falível, até mesmo de uma profecia falsa, se eu ignorar fatos cruciais.

Como exatamente um Vidente obtém acesso à informação em uma profecia? Aqui estão várias possibilidades:

1. Uma profecia pode ser uma previsão falível baseada nas observações humanas a partir dos cinco sentidos. Os relatórios do clima dos Trouxas e as profecias de Trelawney são assim.
2. Se o futuro não é invariável, toda a informação no universo não seria suficiente para garantir uma previsão correta. Mas deve existir o suficiente para criar probabilidades. Talvez o Vidente obtenha acesso a futuros possíveis ou prováveis. Talvez Trelawney veja futuros possíveis, mas não consiga discernir os mais prováveis e tenha que falar em termos de generalidades vagas. Dumbledore diz: "As consequências de nossas ações são sempre tão complicadas, tão diversas, que prever o futuro é uma empreitada, de fato, muito difícil... a Professora Trelawney, abençoada seja, é a prova viva disso".[36]
3. Uma profecia pode ser uma previsão falível baseada em uma compreensão limitada de um mundo determinista. Se o futuro é predeterminado pelo estado corrente do mundo e pelas leis da natureza, e o Vidente tem acesso imperfeito a isso por meio de sinais do que o causa, então o Vidente vê um futuro

---

36. *O Prisioneiro de Azkaban*, p. 426.

invariável. A magia obtém informação das forças naturais que levam para aquele futuro, mas ela pode não dar informações perfeitas. Ou o Vidente pode observar de maneira mágica um futuro invariável sem interpretá-lo corretamente, talvez devido a informações parciais.

4. Um profeta pode ser versado em usar previsões para fazer com que as pessoas façam algumas coisas. Um tal "Vidente" poderia influenciar as pessoas conhecendo o modo como a audiência provavelmente responderá à profecia. Como veremos em breve, Dumbledore pensa que a primeira "previsão real" de Trelawney levou Voldemort a escolher matar Harry, assinalando Harry como seu igual. Trelawney não tinha intenção nenhuma, mas a profecia exerce um papel em seu próprio cumprimento.

5. Uma previsão infalível pode vir de uma compreensão completa dos processos deterministas que garantem um resultado. Para isso, seria necessário um ser onisciente ou forças mágicas influenciadas por processos deterministas.

6. Uma previsão infalível pode vir de um acesso infalível ao futuro real. Isso pode se dar por magia ou por alguém que tem contato direto com o futuro, talvez um ser divino ou uma pessoa com comunicação através do tempo. Ou um Vidente pode ter a habilidade de ver o futuro real (não apenas futuros possíveis).

7. Por fim, uma profecia poderia combinar falibilidade com infalibilidade, com acesso infalível a algum fato invariável sobre o futuro e falibilidade sobre algum outro aspecto. A falibilidade poderia vir tanto do acesso imperfeito a um fato invariável quanto de informações sobre futuros prováveis.

Assim, a questão diante de nós é de que tipo são as profecias genuínas da Professora Trelawney, em contraposição às suas adivinhações usuais.

Profecias Falíveis

A maior parte das previsões de Trelawney são exemplos perfeitos da primeira categoria – previsões falíveis baseadas na experiência sensorial. Elas são, em geral, vagas e abertas o suficiente para encontrar algo que se encaixe nelas, mas pode não haver garantias disso, e nem sempre esse algo se encaixará bem.

É fácil ver como profecias genéricas podem ser, no máximo, apenas prováveis, mesmo que algumas sejam *muito* prováveis. As previsões de Trelawney não vêm de uma fonte infalível, mas de sua habilidade em prever coisas prováveis o suficiente, muitas vezes com base em informações anteriores. Muitas de suas previsões são fáceis de realizar; outras podem vir a ser corretas por acidente. Algumas são falsas, tal qual seu prognóstico da morte iminente de Harry.

Dumbledore parece tratar todas as profecias como falíveis, quando diz a Harry que a primeira das profecias verdadeiras de Trelawney não tinha de se tornar realidade:

> Aquele com o poder de derrotar o Lorde das Trevas aproxima-se... Nascido daqueles que por três vezes o desafiaram e resistiram, nascido ao fim do sétimo mês... e o Lorde das Trevas o marcará como seu igual, mas ele terá um poder que o Lorde das Trevas não conhece... e um deve morrer pelas mãos do outro, pois nenhum deles pode viver enquanto o outro sobreviva.[37]

Dumbledore sugere a Harry que algumas profecias acabam sendo falsas. "Você acha que toda profecia na Sala de Profecia se cumpriu?"[38] Ele continua: "A profecia não quer dizer que você *tenha* que fazer qualquer coisa!... Em outras palavras, você é livre para escolher o seu caminho, livre o bastante para virar as costas à profecia!"[39] A obsessão de Voldemort pela profecia irá levá-lo a perseguir Harry, e, como resultado, eles possivelmente se enfrentarão, mas não porque isso estava "destinado" pela profecia, ou seja, as profecias podem variar em probabilidade. É esse o fator distintivo entre as "profecias reais" e as previsões usuais de Trelawney?

Algumas têm probabilidade de serem verdadeiras porque são baseadas nas suas percepções do que tende a acontecer, e ela as torna vagas o suficiente para que sejam prováveis. Outras são mais reais porque são mais prováveis. Essa é uma diferença de grau. Ambas as situações são questões de probabilidade, muito embora algumas sejam mais prováveis. Dumbledore considera duas profecias como especiais; não parece que são mais especiais do que isso? De fato, ainda há algo diferente sobre elas. As duas "previsões reais" foram puramente involuntárias e têm uma fonte mágica. Elas não são da categoria 1, o que requer muita

---

37. *A Ordem da Fênix*, p. 841.
38. *O Enigma do Príncipe*, p. 510.
39. Ibid., p. 512.

atenção. Trelawney provavelmente teve uma conexão mais forte com o futuro, uma habilidade ocasional de conectar-se com um futuro real e invariável (categoria 3) ou futuros possíveis (categoria 2).

Existem, da mesma maneira, algumas indicações de que a Professora Trelawney tem um acesso inconsistente ao futuro ou aos futuros possíveis, mesmo quando está consciente. Considere o seguinte exemplo de quando Harry está se dirigindo para sua primeira aula particular com Dumbledore, em *O Enigma do Príncipe*:

> Harry avançava por corredores desertos, embora tivesse que se esconder muito rápido atrás de uma estátua, quando a Professora Trelawney apareceu numa curva do corredor, murmurando para si própria, enquanto embaralhava as cartas sujas de um baralho comum e as lia conforme andava.
>
> "Dois de espadas: conflito", ela murmurou, ao passar pelo lugar onde Harry estava agachado, escondido. "Sete de espadas: um mau presságio. Dez de espadas: violência. Valete de espadas: um jovem moreno, com a possibilidade de ser problemático, que não gosta da consulente..." Ela estacou, bem do lado oposto da estátua de Harry. "Bem, isso não pode estar certo", ela disse, aborrecida, e Harry ouviu-a embaralhar de novo de forma vigorosa ao retomar seu caminho, não deixando nada além de um odor de xerez para culinária atrás de si.[40]

O que ela diz pode aplicar-se com facilidade a Harry, mas ela não tem a menor ideia de sua presença. É provável que isso seja uma coincidência?

Harry a encontra de novo a caminho de sua última reunião com Dumbledore antes de partirem para a caverna de Voldemort:

> "Se Dumbledore prefere ignorar as advertências que as cartas mostram..." Sua mão magra fechou-se de repente em volta do pulso de Harry. "De novo e de novo, não importa como eu as deite..." E ela puxou uma carta, de modo dramático, de sob seus xales. "... a torre atingida pelo raio", ela sussurrou. "Calamidade. Desastre. Aproximando-se o tempo todo".[41]

---

40. Ibid., p. 195-196.
41. Ibid., p. 543.

Isso é tão vago que poderia ser apenas a categoria 1, mas a torre é significativa diante do final do livro, que não apenas inclui a morte de Dumbledore, mas ainda leva a um desastre maior, com a tomada do poder pelos Comensais da Morte.

Profecias Cumpridas por Si Próprias

Dumbledore sugere que a primeira profecia verdadeira de Trelawney possa cumprir-se por si própria. Ele diz a Harry: "Pode ser que nem se referisse a você", porque Neville Longbottom tinha nascido um dia antes, e seus pais também tinham desafiado e escapado de Voldemort por três vezes.[42] Mas, alguns parágrafos depois, ele diz a Harry: "Não há dúvida de que *é* você", porque a escolha de Voldemort em perseguir Harry em vez de Neville levou-o a marcar Harry como seu igual. De acordo com a interpretação de Dumbledore, a profecia não determinou, por si, se se referia a Harry ou a Neville. A escolha de Voldemort por Harry tornou-a verdadeira quanto a Harry. Ele não teria atacado Harry se não houvesse uma profecia, e então a profecia levou-o a cumprir aquela parte. Alexandre de Afrodisia, um filósofo do final do primeiro século e início do segundo, discutiu previsões que cumprem a si próprias. Na história de Édipo, Apolo profetiza ao Rei Laio que seu futuro filho o matará. Alguns contemporâneos de Alexandre acreditavam que a profecia de Apolo levou Laio a tentar matar seu filho, o que, por fim, levou Édipo a matar seu pai (sem saber que era seu pai). Alexandre propõe numerosos argumentos contra essa posição, mas uma resposta diz:

> Bem, se alguém diz essas coisas, como esse alguém... preserva a profecia...? Pois se acredita que a profecia é uma previsão das coisas que acontecerão, mas eles fazem de Apolo o autor das coisas que prevê. (...) Como não ser isso o feito daquele que profetiza, em vez de uma revelação das coisas que aconteceriam?[43]

Podemos imaginar alguém *simulando* predizer o futuro, mas em verdade apenas dando causa aos eventos que levam ao futuro predito. Alexandre diz que isso não é uma profecia genuína a menos que já seja verdade que aqueles eventos acontecerão, e o interlocutor os prediz

---

42. *A Ordem da Fênix*, p. 842.
43. *On Fate* de Alexandre, p. 30-31, reimpresso em Voices of Ancient Philosophy: An Introductory Reader, editado por Julia Annas (Nova York: Oxford University Press, 2000), p. 46.

porque sabe que eles acontecerão. Se as palavras são uma simples tentativa de manipular os eventos, elas não são uma profecia genuína.

Uma profecia real poderia ocasionar o que ela descreve, mas isso não é verdadeiro para a primeira profecia de Trelawney. Ela não *ocasionou* que Voldemort perseguisse Harry. Ele poderia ter perseguido Neville, mas Dumbledore nota que ele escolheu Harry enquanto "mestiço, como ele próprio. Ele viu a si mesmo em você antes mesmo de tê-lo visto".[44] O que o fez escolher Harry não foi a profecia, que não provocou que ele perseguisse *ninguém*. Dumbledore sugere que se Voldemort tivesse ouvido a profecia completa, ele não teria sido tão precipitado. Quando Harry pergunta por qual motivo Voldemort não esperou para descobrir a qual garoto a profecia se referia (ou, eu acrescentaria, matado a ambos); Dumbledore diz que Voldemort obteve uma informação incompleta porque seu espião (revelado mais tarde como sendo Severo Snape) foi lançado para fora da sala na metade da profecia:

> Em consequência, ele não pôde advertir seu mestre de que atacá-lo seria arriscar-se a transferir poderes a você – de novo marcando-o como seu igual. Então, Voldemort nunca soube que poderia haver perigo em atacá-lo, que poderia ser prudente esperar ou saber mais. Ele não sabia que você teria "o poder que o Lorde das Trevas não conhece".[45]

A profecia em si não poderia ter *obrigado* Voldemort a fazer nada. Ele ouviu parte da profecia, mas ela não *assegurava* nada. Ela não podia controlar o quanto Snape ouvira. Se Voldemort tivesse ouvido o resto, ele poderia ter decidido não fazer nada. Portanto, não parece que a interpretação das profecias como capazes de dar cumprimento a si mesmas seja uma boa maneira de distinguir "previsões reais" das profecias usuais da Professora Trelawney.

Destino

Em 2007, numa entrevista para um jornal holandês, J. K. Rowling disse que seu uso do personagem da Professora Trelawney refletia sua opinião de que não existe destino.[46] Em que consiste essa negação do destino?

---

44. *A Ordem da Fênix*, p. 842.
45. Ibid., p. 842.
46. Volkskrant, novembro de 2007. A entrevista é em holandês, mas foi traduzida para o inglês no site <www.the-leaky-cauldron.org/2007/11/19/new-interview-with-j-k-rowling-

Um *compatibilista* com relação à liberdade e à predeterminação acredita que podemos ser livres mesmo que nossas escolhas sejam determinadas por coisas fora do nosso controle. Alguns compatibilistas dizem que existe apenas um resultado possível, o futuro real. Outros falam de escolhas possíveis, no sentido de que podemos considerar várias opções e escolher uma, ainda que nossa deliberação seja predeterminada por fatores fora do controle. Um *libertário* com relação à liberdade sustenta que temos opções, porque não há nada que garanta nossas escolhas com antecedência. Isso é mais do que o compatibilismo permite; o libertário considera que as escolhas predeterminadas não são livres.

Alguns libertários acreditam em um futuro invariável, no sentido de que existem verdades *agora* sobre o que *irá* acontecer. Você pode ter muitos futuros *possíveis* disponíveis, mesmo que apenas um único futuro *real* aconteça.[47] Outros libertários, acreditando que tais verdades sobre escolhas futuras ameaçariam nossa liberdade, insistem em um futuro aberto, no qual afirmações sobre nossas escolhas livres no futuro não são nem verdadeiras nem falsas (até que tais escolhas sejam feitas).

A visão do futuro aberto é a negação mais natural do destino. Nenhuma afirmação futura sobre as escolhas livres das pessoas é verdadeira ou falsa. Mesmo alguém que negue o destino poderia entender que existem futuros abertos possíveis para nós, sem negar que apenas um deles seja o futuro real. É possível que Rowling quisesse dizer apenas isso, de modo que ela poderia ser até uma compatibilista, embora esse tipo de linguagem seja mais típico de um libertário.

Dumbledore diz a Harry que a profecia a seu respeito não tem que ser cumprida apenas por ser uma profecia verdadeira. Dumbledore diz não haver fatos indicando que ela será cumprida, e que ela se torna uma profecia genuína apenas quando o evento previsto acontece ou é certo que vai acontecer? Ou ele quer dizer que a profecia não *obriga* Harry ou Voldemort a fazerem qualquer coisa? O que ela prediz é o futuro real, mas outros futuros são possíveis. Precisamos procurar com mais

---

for-release-of-dutch-edition-of-deathly-hallows> (ou <http://tinyurl.com/ypazb4>). Minha discussão se baseia por completo naquela tradução para o inglês.

47. Para uma defesa excelente sobre a compatibilidade do conhecimento antecipado e a liberdade da corrente libertária, veja o capítulo de Gregory Bassham "The Prophecy-Driven Life: Fate and Freedom at Hogwarts" [A Vida Conduzida pela Profecia: Destino e Liberdade em Hogwarts], em *Harry Potter and Philosophy: If Aristotle Ran Hogwarts* [Harry Potter e a Filosofia: Se Aristóteles Dirigisse Hogwarts], editado por David Baggett e Shawn E. Klein (Chicago: Open Court, 2004), p. 223-228. [N. T.: Este livro foi traduzido para o português e publicado pela Editora Madras.]

profundidade nos livros de Potter para ver que tipo de destino existe e que tipo não existe no mundo de Harry.

O Destino de um Roedor

Em *O Prisioneiro de Azkaban*, a Professora Trelawney faz uma segunda "profecia verdadeira":

> O Lorde das Trevas encontra-se só e sem amigos, abandonado por seus seguidores. Seu servo esteve acorrentado pelos últimos doze anos. Hoje, antes da meia-noite... o servo estará livre e partirá para se reunir ao seu mestre. O Lorde das Trevas reerguer-se-á de novo com a ajuda de seu servo, maior e mais terrível do que já foi. Hoje... antes da meia-noite... o servo... partirá... para se reunir... a seu mestre.[48]

Se a profecia de que um dos seguidores de Voldemort iria até ele naquela noite era de imensa probabilidade, então Rabicho teve uma possibilidade extrema de escapar naquela noite. Outros seguidores que eram capazes de fazê-lo com poucas chances o tentariam. Se Remo Lupin tivesse se lembrado de tomar sua Poção de Acônito ou Poção Mata-Cão para conter sua transformação em lobisomem ou se alguém tivesse reagido com mais rapidez quando Rabicho se transformou, este talvez não tivesse escapado. Se uma "previsão real" envolve uma maior probabilidade, isso deveria ser uma probabilidade de resultado. Ela não parece provável; assim, essa profecia em particular é difícil de ser vista como falível mas provável.

A profecia anterior é parecida. Ainda que houvesse a probabilidade de Voldemort perseguir Harry, qual a probabilidade de Rabicho se tornar adequado para guardar o segredo no último minuto? De outra forma, Voldemort não teria marcado Harry e lhe dado o poder que "o Lorde das Trevas não conhece". Se Voldemort não tivesse contado seu plano a Snape, este não teria implorado para poupar Lílian Potter, e ela não teria feito um sacrifício de proteção voluntário. De novo, Harry não seria marcado. Assim, essa previsão também parece ser "real" em um sentido mais forte do que ser apenas "provável, mas falível".

---

48. *O Prisioneiro de Azkaban*, p. 324.

Viagem no Tempo e o Tempo Fixo

Para compreender a visão de Rowling de profecia e destino, devemos considerar o que ela fala sobre a viagem no tempo. Se a viagem no tempo pode mudar o passado, ela permite sérios paradoxos, tais como o caso que Hermione Granger menciona de matar seu eu passado antes de poder voltar no tempo e matar-se. Se você fizesse isso, não teria vivido o suficiente para voltar no tempo para se matar. Não se pode mudar o passado de acordo com a teoria do tempo fixo, e isso significa que você não se matará. Você já sobreviveu, então não acontecerá porque não aconteceu. Na única ocasião em que Harry viajou no tempo, ele e Hermione viajam três horas de volta no tempo, evitando, de maneira cuidadosa, serem vistos. Eles conseguem fazer o que estabeleceram, salvando Bicuço e Sirius Black. Não há qualquer indicação de uma mudança. O relato completo se encaixa muito bem naquilo que já sabemos sobre aquele período de três horas.

Nós descobrimos, da segunda vez que os fatos ocorrem, que o Harry posterior lança o feitiço Patrono na forma de cervo que salvou o Harry anterior dos dementadores. Uma visão fixa do tempo se encaixa melhor a isso. Se Harry é salvo pelo feitiço Patrono na forma de cervo da primeira vez e o lança da segunda, a melhor explicação é que o eu posterior de Harry esteve ali o tempo todo. Ainda, eventos futuros causam aquelas ações presentes, o que significa que o futuro deve acontecer de uma certa maneira para que Harry e Hermione pudessem viajar de volta no tempo para fazer tais coisas. Uma visão fixa do tempo permite isso.

Não obstante, Hermione descreve a viagem no tempo de uma forma que permite que se mude o passado. "Estamos quebrando uma das leis mais importantes da magia! Ninguém deve mudar o tempo, ninguém!"[49] Ela acrescenta mais tarde: "A Professora McGonagall disse-me que coisas horríveis aconteceram quando bruxos intrometeram-se com o tempo... Muitos deles acabaram matando seus eus passados ou futuros por engano!"[50] Se acreditamos no relato de um personagem confiável sobre as afirmações de outro personagem confiável, então no mundo de Harry o passado pode ser mudado, o que significaria que o tempo não é fixo.

É bastante improvável que McGonagall esteja mentindo ou que Hermione a interprete mal ou minta para Harry sobre isso. É possível

---
49. Ibid., p. 398.
50. Ibid., p. 399.

(mas ainda improvável) que o Ministério da Magia tenha divulgado informações incorretas sobre um assunto mágico protegido e que mesmo McGonagall não saiba a verdade. Alguns podem achar isso um absurdo. Mas a alternativa, se as histórias são coerentes, é entender a "viagem no tempo", em casos em que há mudanças no passado, como viagem de possibilidade e não viagem no tempo.[51] Eles viajam para outra linha do tempo possível. O único caso de viagem no tempo nos livros parece ser mesmo uma genuína viagem no tempo; portanto, não fica claro qual mecanismo a faria ser uma viagem de possibilidade apenas nos casos de mudanças do passado.

Deixando de lado esses quebra-cabeças sobre viagem no tempo, talvez o argumento mais persuasivo para o tempo fixo é que ele se encaixa melhor na física atual. O espaço-tempo absoluto é com frequência considerado incompatível com a relatividade especial. Um futuro aberto requer um momento presente absoluto, após o qual muito pouco é fixo. Mas não há presente absoluto. O que chamamos de presente é relativo a uma estrutura de referência. Não pode haver um futuro absoluto se a relatividade especial for correta.[52]

Com um futuro fixo e o acesso profético a ele, a primeira profecia de Trelawney não acaba apenas sendo acertada, embora seja improvável. Há garantias de que esteja correta, mesmo que muitos dos eventos ao longo do caminho de seu cumprimento pareçam improváveis. Podemos ainda concluir alguma mais forte do que tão somente que o futuro é fixo. Muitos eventos improváveis acabam por levar a um acontecimento profetizado. Inúmeros eventos fortuitos poderiam ter seguido outro curso a fim de evitar o cumprimento da profecia.

Harry e seus amigos derrotam Voldemort e seus seguidores, apesar de revezes esmagadores, em parte por pura sorte, e uma profecia se cumpre. Isso é difícil de compreender sem uma conexão mais forte entre a profecia e o futuro real. Parece ter sido por sorte que Harry e seus amigos ficaram no banheiro da Murta Que Geme fazendo Poção Polissuco, o que os ajudou a localizar a entrada para a Câmara Secreta. Eles poderiam ter tentado algo diferente para descobrir o que Draco Malfoy sabia ou poderiam ter feito a poção em outro lugar. A escolha por aquele

---

51. Para uma discussão mais profunda da viagem no tempo nos livros de Potter, veja Michael Silherstein, "Space, Time and Magic" [Espaço, Tempo e Magia] em *Harry Potter and Philosophy* [Harry Potter e a Filosofia], p. 192-199.

52. Esta objeção é desenvolvida com muito mais profundidade em Theodore Sider, *Four-Dimensionalism: An Ontology of Persistence and Time* (Nova York: Oxford University Press, 2002), p. 42-52. Esse capítulo também discute outras dificuldades que surgem da negação da visão fixa de tempo.

banheiro permite que Harry encontre a Câmara, salve a vida de Gina Weasley, destrua uma Horcrux, torne a Espada de Gryffindor capaz de destruir outras Horcruxes, reserva a presa do basilisco para destruir a Horcrux da Taça e alerta Dumbledore para o fato de que Voldemort deve ter feito mais de uma Horcrux. Uma quantidade considerável de fatos depende de onde eles acabam escolhendo fazer aquela poção.

Muitos outros eventos, que poderiam ter ocorrido de forma diversa, são cruciais para que as coisas se resolvam no final. A sorte de Harry com a Poção Felix Felicis alcança muito mais do que ele se dá conta, inclusive coisas aparentemente infelizes, como a morte de Dumbledore, mas também a obtenção da lembrança de Horácio Slughorn de como Voldemort queria dividir sua alma em sete partes por meio da criação de exatas seis Horcruxes. Harry conseguiu essa poção porque tinha recebido o antigo livro de Poções de Snape, e isso aconteceu apenas porque Dumbledore não informou a Harry de que ele poderia fazer as aulas de Poções e a mudança de circunstâncias para Harry com a aula de Poções dependeu da volta de Slughorn para lecionar.

Na segunda metade de *As Relíquias da Morte*, Harry e seus amigos acabam sendo capturados pelo grupo onde estava Griphook. Eles chegam à Mansão dos Malfoy durante a ausência de Voldemort, depois que uma falsa Espada de Gryffindor foi guardada com uma Horcrux cuja localização eles não sabiam. Snape tinha colocado a espada verdadeira nas mãos deles para que estivesse lá e Belatriz Lestrange a visse e ficasse histérica, levando Harry a suspeitar que o lugar onde estava escondida a espada falsa também continha uma Horcrux.

Harry chega à Casa dos Gritos mais tarde, no exato momento em que Voldemort está prestes a matar Snape, permitindo que Snape transmitisse a última mensagem de Dumbledore a Harry. Todos esses eventos acontecem por sorte. Você pode se perguntar se alguma força guiou os acontecimentos para assegurar que a profecia seja cumprida. O fato de tantos eventos fortuitos levarem ao cumprimento da profecia pode sugerir a influência de algum ser divino.

Isso seria um destino mais forte do que um mero futuro invariável ou estático, porque envolve intenções deliberadas de um ser inteligente. Muitos cristãos, por exemplo, entendem que os livros de Potter refletem uma forte visão de providência divina, onde Deus teria um plano para o universo. Isso significaria que Deus predetermina todas as nossas ações por meio de eventos anteriores que as causem. Mas isso poderia envolver com facilidade a independência libertária, uma vez que Deus sabe o que as pessoas fariam em todas as circunstâncias possíveis; portanto, sabe de maneira infalível quais as escolhas livres que elas podem fazer.

Essas circunstâncias advindas da sorte parecem por demais fáceis se não há alguém guiando os acontecimentos na direção de certos resultados. Essa visão pode não se encaixar no que Rowling pretendeu dizer quando negou o destino e o que Dumbledore diz quando insiste que Harry ou Voldemort poderiam ter feito algo contrário à profecia. É difícil ter certeza do que Rowling quis dizer (e o que ela pretendeu que Dumbledore quisesse dizer). Mas a história faz mais sentido se houver uma explicação mais profunda, providencial, das ocorrências fortuitas. Do contrário, Harry e seus amigos têm apenas uma sorte incrível![53]

---

53. Agradeço a Winky Chin, Jonathan Ichikawa, Peter Kirk, Ben Murphy, Tim O'Keefe, Samantha Pierce, Rey Reynoso e Brandon Watson pelos comentários em vários estágios do desenvolvimento deste capítulo.

Parte Dois

A Mais Poderosa de Todas as Magias

Escolhendo o amor:
A Redenção de Severo Snape

Catherine Jack Deavel e David Paul Deavel

Embora Harry "sentisse um prazer selvagem em culpar Snape" pela morte de Sirius Black, atenuando seu próprio sentimento de culpa, ele não consegue fazer o Professor Dumbledore concordar com ele.[54] De fato, Dumbledore considera Severo Snape de total confiança, apesar de todas as aparências indicarem o contrário. Pode ser tentador atribuir a suspeita de Harry à imaturidade emocional, mas, além de Dumbledore, *nenhum* membro da Ordem da Fênix confia com sinceridade em Snape. Depois que Snape mata Dumbledore, a Professora McGonagall murmura: "Todos nós ficávamos imaginando... mas [Dumbledore] confiava... sempre".[55] Ela continua: "Ele sempre insinuou que tinha um motivo muito forte para confiar em Snape... Dumbledore disse-me, de forma explícita, que o arrependimento de Snape era absolutamente genuíno".[56] Com tantas vidas em risco, como Dumbledore poderia ter tanta certeza de que Snape era leal e confiável?[57]

---

54. *A Ordem da Fênix*, p. 833.
55. *O Enigma do Príncipe*, p. 615.
56. Ibid., 616.
57. Também é possível, é claro, que Dumbledore tivesse uma prova "inabalável" da lealdade de Snape por meio da Legilimência (talvez com o consentimento de Snape).

Em uma palavra, a resposta é amor – não o amor de Dumbledore por Snape, nem o de Snape por Harry, mas o amor de Snape por Lílian Potter, a mãe de Harry. Embora Lílian não corresponda ao amor romântico de Snape, este nunca deixa de amá-la, e esse amor por fim leva, de maneira indireta, contudo, à sua redenção.

Os esclarecidos leitores contemporâneos podem sorrir de forma indulgente diante da retórica do amor e da redenção, atribuindo-a ao sentimentalismo de J. K. Rowling. Afinal, por que pensar que o amor é um bom motivo para confiar em Snape? Fica muito claro que Snape não gosta, e mesmo odeia, Harry, Sirius e outros. Dumbledore não deveria se preocupar de que essa malícia prevalecesse? Além disso, por que pensar que Snape tenha se redimido? Esse ódio já não seria prova do contrário? Se ele tivesse se redimido, alguém poderia argumentar, então, que esses sentimentos teriam passado. Apelos ao amor e seu poder transformador estão, é claro, presentes por toda a literatura, mas tais noções não são, a princípio, apenas antiquadas, excêntricas e simplistas? O que um filósofo diria sobre uma coisa dessas? Na verdade, os filósofos tiveram e ainda têm muito a dizer sobre o amor. Eles exploraram a natureza do amor, as variedades do amor, e mesmo a forma como o amor pode deixar-nos cegos e levar-nos a erros de julgamento. A série Potter, e Snape em particular, nos oferece uma chance de explorar tais questões também.

Snape e a Coisa Tão Esplendorosa

De Platão (cerca de 428-348 a.C.) a C. S. Lewis (1898–1963), o amor tem sido um tema recorrente e proeminente entre os grandes pensadores. Seja qual for sua fonte ou seu significado último, a coisa tão esplendorosa que é o amor tem servido de inspiração a poetas e dramaturgos, romancistas e ensaístas, filósofos e teólogos. A proeminência do amor como um tema nos livros de Potter não pode deixar de ser notada. O amor de Lílian salva e protege Harry. O amor de Harry derrota o Professor Quirrell e evita que Lorde Voldemort se apodere da alma de Harry. E a fraqueza fatal de Voldemort, Dumbledore nos diz, é ele nunca entender que o amor é a mais poderosa de todas as magias.

Em sua recusa a reduzir o amor a algo meramente retórico ou sentimental, Rowling une-se a uma vertente filosófica de elite. Os filósofos gregos distinguiam três tipos de amor: *eros*, *filia* e *ágape*. Eros, ou o amor erótico, é o tipo de amor encontrado nos relacionamentos românticos. O Sr. e a Sra. Weasley, Rony Weasley e Hermione Granger e Harry e Gina Weasley são bons exemplos desse amor. Na filosofia ocidental, a análise mais famosa do amor erótico está contida em *O Banquete* [ou *Symposium*] de Platão, no qual este filósofo procura mostrar como os desejos físicos rudes podem ser refinados de maneira progressiva para elevar a alma a coisas belas e divinas. Filia é o amor da amizade. É importante notar que a amizade é, de fato, uma espécie de amor – o que leva à observação triste e comovente de Dumbledore de que Voldemort nunca teve um amigo ou sequer quis um. Na verdade, para os antigos gregos e romanos, a amizade era, em geral, considerada superior ao amor romântico.[58] O terceiro tipo de amor, ágape, é o amor universal, gratuito e incondicional. Quando os evangelistas nos dizem que "Deus é amor", é ágape que eles têm em mente.

Relatos filosóficos tradicionais sobre o amor ajudam-nos a compreender o caráter complexo de Snape, porque eles enfatizam que o amor não é fundamentalmente um sentimento, mas sim uma escolha, um ato da vontade. De uma maneira ideal, nossas emoções estarão em harmonia com o que acreditamos ser bom, mas nós podemos agir pelo bem mesmo quando nossas emoções se rebelam. O fato de Snape continuar a ter sentimentos conflitantes não prova que ele não tenha sido transformado pelo amor. Ao contrário, a habilidade de Snape em agir de maneira consistente pelo bem dos outros, apesar de sua indiferença emocional ou mesmo de não gostar de tais pessoas, atesta a força de seu amor por Lílian.

Os Garotos Abandonados

Snape é um personagem que intriga, em parte, porque suas origens são as mesmas de Voldemort e de Harry. Como Harry e Voldemort, Snape tem sangue mestiço, o que levanta suspeita e aversão em parcelas tanto do mundo dos Trouxas quanto do mundo dos bruxos. Desesperado para se associar à família de sua mãe, os Prince, e minimizar sua ascendência Trouxa, Snape dá a si mesmo o apelido de "o Príncipe Mestiço" ou "o 'Prince' Mestiço". Tendo crescido em uma casa onde os pais estavam sempre em conflito, Snape encontrou sua primeira experiência real de um lar em Hogwarts – de novo como Harry e Voldemort –, usando seus poderes mágicos e fazendo alianças no mundo dos bruxos. Como Harry observa, ele, Voldemort e Snape, "os garotos abando-

---

58. Aristóteles, por exemplo, dedica cerca de um quinto de *Ética a Nicômaco*, seu grande trabalho sobre a felicidade e satisfação humanas, ao tópico da amizade.

nados, tinham todos encontrado um lar ali [em Hogwarts]".[59] Os três também pendiam para a Sonserina, mas apenas Harry não acabou lá.

É claro, Harry e Voldemort tomaram caminhos bastante diferentes. Voldemort optou pelo poder em detrimento do amor, o egoísmo em detrimento do altruísmo, a sedução em oposição à vulnerabilidade da amizade e de relacionamentos verdadeiros de qualquer espécie. Em nítido contraste, Harry abriu seu coração para os amigos e estava disposto a se sacrificar por aqueles que amava. Em vez de escolher uma psique fragmentada, como Voldemort, Harry permitiu que seus amigos o tornassem uma pessoa melhor com relação à sua integridade e totalidade.

Muito já se escreveu sobre os padrões de bem e mal que Harry e Voldemort representam respectivamente, mas e quanto a este terceiro garoto perdido, este amálgama complicado de trevas e luz, o agente duplo e assassino de Dumbledore, o protetor e adversário de Harry? O que motiva Snape?

Snape, O Oclumente

Snape é um personagem complicado não apenas por ser um agente duplo, mas porque sua lealdade fora, na verdade, dividida no passado, e sua razão e suas emoções continuam divididas. No início, Snape tinha sido um Comensal da Morte; depois de seu arrependimento, Dumbledore pede que ele assuma o perigoso papel de informante quando da volta do Lorde das Trevas. Para tanto, Snape deve conquistar a confiança total de Voldemort. Ele não pode trair sua lealdade a Dumbledore nem seu compromisso de proteger os inimigos de Voldemort, e Harry em especial. Sua raiva, e às vezes até ódio, de Harry (e outros) são reais, mas, na mesma medida, sua atitude de se colocar em risco e sua coragem de combater Voldemort são reais.

Snape não decide proteger Harry e os outros inimigos de Voldemort por ter grande afeição pessoal por eles – as delicadezas cálidas associadas à atual noção superficial e pouco substancial do "amor". Ao contrário, ele decide agir por aquilo que sabe ser o melhor para eles, apesar de não gostar de muitos deles de maneira acentuada. O amor, entendido como o desejo do bem-estar do outro, pode ser encontrado não somente nas retratações descritivas feitas por Rowling, mas em escritores que trataram do tema do amor, vão desde Aristóteles a São Tomás de Aquino até M. Scott Peck, apesar da distância cultural e temporal

---

59. *As Relíquias da Morte*, p. 697.

entre eles. Eles compartilham uma compreensão do amor expresso na amizade como o desejo do bem-estar do outro apenas por causa do amor pelo outro.[60] Repetidas vezes, a decisão entre optar por promover um bem próprio aparente à custa dos outros ou sacrificar esse bem próprio pelo bem dos outros é cruel nos livros de Potter. O amor requer autossacrifício, vincula a felicidade de alguém ao bem-estar de outra pessoa, torna a pessoa vulnerável à perda e à mágoa, e fortalece seu comprometimento com o bem.

Esses pensadores enfatizam também que sentimentos fortes transformam-se em bons ou maus com relação à moral quando influenciam nossa motivação e vontade, ou seja, quando os sentimentos afetam nossa compreensão do que é bom ou mau e o modo como agimos. No caso de Snape em particular, o amor não é encontrado nos sentimentos, mas principalmente nas ações; ele se arrepende por causa do amor, e encontra a redenção ao escolher agir por amor.[61] Resumindo, é o amor de Snape por Lílian que motiva, em primeiro lugar, as ações que o levam à redenção.

Quando Dumbledore percebe que Voldemort e Harry podem compartilhar os pensamentos e emoções um do outro, ele pede a Snape que ensine Oclumência a Harry, uma técnica mágica para fechar "a mente contra a intrusão e influência mágicas".[62] Voldemort tem uma habilidade notável de obter acesso a pensamentos e lembranças dos outros, tornando a detecção de mentiras algo quase certo. "Apenas aqueles peritos em Oclumência", diz Snape, "são capazes de ocultar e bloquear aqueles sentimentos e lembranças que contradizem a mentira e assim dizer falsidades em sua presença sem que sejam detectados."[63]

---

60. Afirma Aristóteles: "Aqueles que desejam o bem de seus amigos apenas pelo bem deles ou amor a eles são os amigos mais verdadeiros, porque cada um ama o outro pelo que ele é, e não por qualquer qualidade incidental", *Ética a Nicômaco*, 1156b10. Tomás de Aquino cita Aristóteles de maneira explícita quando afirma que "amar é querer o bem do outro", *Suma Teológica*, I-II, 26, 4ad. No mesmo sentido, o mais atual M. Scott Peck define amor como "a vontade de estender o próprio eu com a finalidade de nutrir o próprio crescimento espiritual ou o de outro". Veja M. Scott Peck, *The Road Less Taken: A New Psychology of Love, Traditional Values and Spiritual Growth* (Nova York: Simon & Schuster, 1978), p. 81.
61. É claro, nem todas as ações de Snape são boas, analisadas tanto por um critério interno quanto externo. De um ponto de vista externo, o assassinato de Dumbledore cometido por Snape não é objetivamente bom, mas dentro da lógica dos livros, parece ser apresentado como bom em ao menos algum sentido, ou no mínimo admissível. Além disso, as contínuas ações hostis de Snape com relação a Sirius não são, a toda evidência, boas, e nem o são suas atitudes hostis com relação aos alunos (*bullying*). Mas o argumento não é que Snape tenha se tornado bom por meio do amor, mas que, de maneira geral, Snape enfim age pelo bem dos outros.
62. *A Ordem da Fênix*, p. 530.
63. Ibid., p. 531.

Enquanto agente duplo de Dumbledore, Snape consegue com regularidade o que poucos são capazes de fazer sequer uma vez: mentir com sucesso perante Voldemort. Snape é bem-sucedido não apenas devido à inteligência e astúcia, revelando informações suficientes a fim de parecer um informante valioso enquanto retém os pontos mais importantes, mas também por meio de uma completa proeza mágica.

A perícia de Snape em Oclumência revela tanto sua força quanto sua fraqueza de caráter. O Oclumente bem-sucedido está vazio de emoções pessoais, algo que Harry não consegue. Snape fala de maneira furiosa: "Os tolos que mostram clara e abertamente seus sentimentos através de suas atitudes, que não conseguem controlar suas emoções, que chafurdam em lembranças tristes e permitem-se ser provocados com facilidade – em outras palavras, pessoas fracas – não têm qualquer chance contra os poderes [de Voldemort]!"[64] Snape sobrevive não por renunciar ao seu amor por Lílian da maneira que Voldemort tinha renunciado ao amor e à amizade. Antes, Snape oculta seu amor de Voldemort. Embora essa habilidade de esconder lembranças e emoções seja crucial para seu papel de agente duplo, ela também isola Snape da amizade. Os capítulos finais de *As Relíquias da Morte* revelam a profundidade do sacrifício e da coragem de Snape. Quando está morrendo por conta da picada de Nagini, Snape transmite a Harry uma avalanche de lembranças revelando o seu amor por Lílian e a proteção secreta aos inimigos de Voldemort. Snape permanece o perfeito Oclumente. Suas lembranças não podem ser tiradas à força; elas devem ser oferecidas livremente. Apenas quando está morrendo ele permite a Harry o acesso aos seus pensamentos e sentimentos, relevando que Harry é uma Horcrux e mostrando a ele o que deve ser feito para derrotar Voldemort.

A Escolha de Snape

Desde a infância, Snape ama Lílian Evans, embora de maneira egoísta no início. Ele a observa com "cobiça indisfarçável" enquanto sonha com Hogwarts, como uma fuga de sua família e uma maneira de obter a aceitação do mundo da magia, apesar de sua ascendência meio-Trouxa.[65] Em Hogwarts, no entanto, ele ainda é um desajeitado forasteiro, lutando agora com Tiago Potter, para quem tudo, em especial magia e Quadribol, vem com grande facilidade. Pior, Snape sabe que Tiago também está apaixonado por Lílian.

---
64. Ibid., p. 536.
65. *As Relíquias da Morte*, p. 663.

O amor de Snape por Lílian começa a redimi-lo, ainda que de modo lento a princípio. Quando Lílian é uma criança, ela pergunta a Snape se o fato de ter nascido Trouxa faz diferença; depois de hesitar, ele responde que não. Quando Lílian é uma adolescente, tendo refutado a antiga crença falsa de Snape sobre a superioridade do sangue bruxo, ela o defende contra Tiago e seus amigos, apenas para ouvir o mortificado Snape chamá-la de Sangue-ruim. Ele pede desculpas, mas Lílian recusa-se a defendê-lo dali em diante. Com a amizade desfeita, Snape opta pela Magia Negra e os Comensais da Morte. Mais tarde, contudo, ele se lembraria dessa lição dolorosa e cara e, como diretor, repreende o retrato de Fineus Nigellus por referir-se a Hermione Granger como uma Sangue-ruim.

Depois de contar a Voldemort, de forma obediente, a profecia que ouviu por acaso sobre a criança que desafiaria o Lorde das Trevas, Snape implora a Dumbledore que proteja Lílian. Dumbledore pergunta: "Você não poderia implorar misericórdia pela mãe, em troca do filho?". Snape assegura a Dumbledore que tentou, ao que Dumbledore responde: "Você me dá nojo... Você não se importa, então, com as mortes do marido e do filho dela? Eles podem morrer desde que você consiga o que quer?".[66] O amor de Snape ainda não é puro; ele não ama Lílian como o que Aristóteles chama de um "segundo eu".[67] Antes, ele deseja o bem de Lílian no que se refere a ele. Se ele tivesse desejado o bem de Lílian por amor a ela mesma, ele teria o intento de proteger aqueles que eram os mais preciosos para ela, também. Snape cede, prometendo "qualquer coisa" em troca da proteção de Dumbledore à família. Depois da morte de Lílian, Dumbledore pede a Snape para agir conforme seu amor por Lílian, protegendo seu filho amado.

O amor romântico de Snape por Lílian está contaminado pelo egoísmo no início, mas ele aprofunda-se ao aceitar o papel que Dumbledore propõe. Platão reflete sobre uma forma similar de aprofundamento do amor em *O Banquete*, o qual apresenta vários personagens tentando descrever e louvar o amor. Em *O Banquete*, a professora de Sócrates, Diotima, afirma: "Amar é ansiar possuir o bem para sempre".[68] A "posse" do bem não é a satisfação do desejo egoísta de um eros superficial, que valoriza o ser amado por aquilo que ele oferece àquele que ama, mas é, ao contrário, um vínculo com o ser amado que leva aquele que

---

66. Ibid., p. 677.
67. Aristóteles, *Ética a Nicômaco*, 1166a31.
68. *Symposium* (O Banquete), 206a, traduzido para o inglês por Alexander Nehamas e Paul Woodruff, em *Plato: Complete Works*, editado por John M. Cooper (Indianápolis: Hackett, 1997).

ama em direção ao ser amado como um bem independente. Aquele que ama busca "dar à luz em beleza", seja a crianças ou a ideias e virtude.[69] O amor abre-se ao eterno ao estender o amor dos pais aos seus filhos ou ao construir virtude e amor a partir daquilo que é transcendente naquele que ama. Rowling dá exemplo de ambos os casos. Por amor, Tiago e Lílian sacrificam-se, de forma voluntária, um pelo outro e por Harry. O amor romântico de Snape por Lílian, embora não correspondido, de fato "traz à luz", de maneira gradual, a virtude em Snape. Depois que Snape se compromete a combater Voldemort, o egoísmo anterior, por fim, desvanece.

Refletindo sobre o refinamento do amor romântico no contexto na tradição cristã, o Papa Bento XVI comenta que "o amor visa à eternidade. Sim, o amor é êxtase, não no sentido de um instante de inebriamento, mas como caminho, como êxodo permanente do eu fechado em si mesmo para a sua libertação no dom de si."[70] O amor de Snape por Lílian o impulsiona para além do desejo egoísta e o transforma de maneira fundamental. O amor de Snape por Lílian, que continua mesmo após a morte dela, encoraja-o a escolher atitudes que, de maneira gradual, tornam o amor dele mais parecido com o dela, voltado ao bem dos outros e capaz de autossacrifício. Seu amor por Lílian o leva a se colocar, como Tiago e Lílian, entre Voldemort e Harry.

Um Trabalho em Andamento

A decisão de Snape de combater Voldemort e proteger Harry permanece firme, mas seu caráter não muda de maneira instantânea. Aqui, podemos ver o dano do vício e o trabalho da virtude: ambos são hábitos, construídos ao longo do tempo. A mudança dos sentimentos e do

---

69. *O Banquete*, 206b. Veja também 208e e os parágrafos seguintes. Os aspectos gerais sobre a natureza do amor, citados anteriormente, encaixam-se bem ao retrato de amor nos livros de Potter. O amor materno de Lílian Potter é o exemplo central de amor na série. Note, também, que o duelo de Molly Weasley com Belatriz Lestrange, no qual ela luta de maneira explícita para proteger seus filhos (e os filhos de outros), recebe destaque especial na batalha final, ficando atrás apenas do duelo de Harry com Voldemort.

70. *Deus Caritas Est*, parágrafo 6. Bento continua sua análise cristã do amor, afirmando que esse dom de si oferece tanto "o reencontro de si mesmo, mais ainda para a descoberta de Deus: 'Quem procurar salvaguardar a vida, perdê-la-á, e quem a perder, conservá-la-á'". (Lc 17, 33) (ibid.) O sacrifício que Harry faz da própria vida no fim do livro *As Relíquias da Morte* parece estar fundado neste mesmo princípio. [N. T.: – os trechos traduzidos para o português da Encíclica do Papa Bento XVI, *Deus Caritas Est* (Deus é Amor), foram retirados do site <http://www.vatican.va/holy_father/benedict_xvi/encyclicals/documents/hf_ben-xvi_enc_20051225_deus-caritas-est_po.html>]

comportamento de alguém requer vigilância e esforço. Exigindo que Dumbledore mantenha seu papel em segredo, Snape ainda se enfurece com seus atormentadores diários na escola, vendo em Harry toda a arrogância de Tiago e divertindo-se com seus fracassos e punições.[71] A semelhança física de Harry com Tiago deixa Snape cego aos traços de caráter compartilhados por Harry e sua mãe. Os padrões emocionais e de comportamento de Snape continuam a bloquear amizades, mas ao menos suas ações o unem à causa daqueles que combatem Voldemort.

Snape também continua a compartilhar, de modo parcial, a juízo falso de Voldemort de que aqueles que guiam suas ações pelo amor são fracos. Snape cospe esse insulto a Harry durante as aulas de Oclumência. Harry é fraco porque não consegue esconder seus pensamentos e sentimentos de amor. Da mesma forma, quando Snape encontra o Patrono modificado de Ninfadora Tonks, ele escarnece: "Eu acho que você estava melhor com o anterior... O novo parece fraco".[72] Em situações raras, "um grande choque... [ou] uma comoção emocional" pode modificar um Patrono.[73] Tonks apaixonou-se por Remo Lupin (um lobisomem) e seu Patrono é agora um lobo. É possível presumir que o lobo em si não "parece fraco". Em vez disso, a mudança é evidência de seu amor, ou, de maneira alternativa, evidência de que o amor a transformou. É esse amor – em particular pelo desprezado Lupin – que Snape acha fraco. Mas o próprio Patrono de Snape, uma corça, oferece testemunho eloquente contra sua assertiva. O amor de Snape por Lílian alterou o Patrono daquele para se corresponder e harmonizar ao desta. Sua defesa mais forte contra ameaças mágicas é agora um emblema de sua amada e sua transformação pelo amor – apesar da habilidade de Snape em bloquear suas emoções e lembranças.

O Patrono de Snape demonstra a noção de Aristóteles do ser amado enquanto um segundo eu; é tanto uma extensão mágica de si mesmo quanto uma manifestação de seu amor por Lílian. Da mesma forma, Harry é protegido pelo amor de seus pais: seu Patrono é o cervo de Tiago, e o amor, a ponto do autossacrifício, de Lílian transforma-se literalmente em parte de seu corpo, protegendo-o de Voldemort. Em contraste, Voldemort protege-se criando Horcruxes. Por amor, confia-se parte da própria alma ao outro, desta maneira: um amigo compartilha as alegrias e tristezas do outro e age pelo bem deste, mesmo quando o

---

71. Resignado, Dumbledore concorda: "Eu nunca revelarei o seu melhor", *As Relíquias da Morte*, p. 679.
72. *O Enigma do Príncipe*, p. 160.
73. Ibid., 340.

sacrifício é exigido. A amizade fortalece a integridade da alma: amigos tornam-se pessoas melhores agindo pelo bem dos outros e construindo virtude. Em suma, amar nos faz humanos de uma forma mais completa. Mas Voldemort confia sua alma a objetos que não podem compartilhar suas alegrias e tristezas ou exigir qualquer coisa dele. Com as Horcruxes, Voldemort tem oito "eus", mas cada divisão de sua alma o torna menos humano.

Snape consegue agir com coragem, não em razão de suas crenças e emoções anteriores terem sido expurgadas no todo, mas porque ele escolhe, de maneira deliberada, agir em conformidade com o amor – no sentido de fazer o que é melhor para os outros. Neste ponto, a coragem de Harry e a de Snape são semelhantes porque, para cada um deles, um ato de vontade é exigido para renunciar ao que se quer e escolher o autossacrifício de forma consciente. Harry mostra que o amor conquista a morte por meio do livre autossacrifício. Antes de reagir apenas (mesmo que de forma virtuosa), Harry escolhe de modo consciente. Harry observa como teria sido mais fácil uma morte escolhida no momento – como se jogar na frente de uma maldição, como seus pais fizeram.[74] De forma semelhante, Snape não fez seu sacrifício pelo bem em um único ato dramático.[75] Ele optou, de modo consciente, e por anos, pela perigosa atividade de conciliar a proteção de Harry com o disfarce de Comensal da Morte. Essa tarefa é ainda mais difícil (e um ato claro de vontade), porque Snape age principalmente pelo amor a Lílian, não a Harry. Ele quer o bem de Harry por amor à mãe, mas, apesar disso ele age para proteger Harry.

Por fim, o amor é a chave para a redenção de Snape porque permite que ele sinta remorso, um sentimento que ele compartilha com Harry, mas não com Voldemort. Atos de maldade danificam a alma, mas o remorso pode começar a emendá-la, curá-la e torná-la inteira. O remorso de Snape não erradica, por si só, anos de ressentimento; a diferença é que ele não permite que a raiva e o ódio coordenem suas ações. Apesar desses sentimentos, ele consegue escolher agir pelo bem. Tais atos são um testemunho tanto de seu amor por Lílian quanto da materialidade de sua redenção. O amor e o remorso de Snape não são principalmente

---

74. As alusões cristãs, em especial em *As Relíquias da Morte*, são evidentes; dentre elas, o herói que conquista a morte ao sacrificar sua vida, por sua própria vontade, para salvar os outros; os versos da Escritura nas lápides em Godric's Hollow; a afirmação de almas imortais e a escolha da Estação de King's Cross como o destino entre-mundos de Harry.
75. Apesar de insistir no segredo de seu papel, Snape enfurece-se com a acusação de covardia que Harry lhe dirige, e podemos presumir que isso se deve ao propósito e ao risco contínuo de sua tarefa.

evidentes em seus estados emocionais, mas o são em seus atos de vontade contínuos no sentido de buscar o bem do outro.

Harry demonstra remorso ao perdoar Snape, purificando-se da mesma forma. Ao longo da série, Snape e Harry travam uma batalha particular marcada por suspeitas cautelosas e ódio sincero. Após a morte de Sirius, Harry culpa Snape por instigar Sirius a entrar de pronto na batalha no Ministério: "Snape tinha se colocado eterna e irrevogavelmente além da possibilidade de ser perdoado por Harry devido a sua atitude em relação a Sirius".[76] Nas cenas finais de *As Relíquias da Morte*, no entanto, vemos que Harry perdoou Snape. Anos mais tarde, Harry conta ao seu filho do meio: "Alvo Severo... seu nome foi inspirado em dois diretores de Hogwarts. Um deles era da Sonserina e foi provavelmente o homem mais corajoso que já conheci".[77] Harry e Gina deram aos seus filhos os nomes de pessoas que combateram Voldemort e escolheram sacrificar seu próprio bem pelo bem dos outros – Tiago, Lílian, Dumbledore e Snape.

O amor não transforma de maneira fácil ou imediata. Mas o que vemos em Severo Snape é que o amor pode transformar uma vida de forma radical. Snape não fica com a garota, mas seu amor profundo por Lílian muda suas crenças e ações. Esse amor motiva-o a perseverar em seu papel perigoso e solitário de agente duplo. Por causa do amor, Snape é capaz de sacrificar-se a si mesmo, como Lílian – e Harry.

---

76. *O Enigma do Príncipe*, p. 161.
77. *As Relíquias da Morte*, p. 758.

A poção do amor nº 9³/⁴

Gregory Bassham

No mundo Trouxa, as pessoas gastam vastas somas de dinheiro em perfumes, *sprays* corporais, cosméticos, joias e bijuterias, feromônios, métodos para esculpir o corpo, roupas provocantes para exibir na academia, vão aos salões de bronzeamento, fazem dietas e buscam outras formas de aumentar a atratividade física e despertar o interesse romântico. No mundo da magia existem meios de atração muito mais poderosos e confiáveis: poções mágicas de amor. Existem ainda questões éticas óbvias com relação ao uso de tais poções, em particular o uso *sem consentimento*, como ocorre em dois episódios importantes nas histórias de Harry Potter. Assim, o que as poções mágicas de amor têm a nos ensinar sobre o amor, a paixão e o tratamento ético a ser dispensado aos outros? Em especial, o que podemos aprender do uso, por Mérope Gaunt, de uma poção de amor para fisgar Tom Riddle Pai (pai de Voldemort), e sua decisão posterior de parar de usar a poção, com grande custo para si e seu filho ainda por nascer?

Produtos Rosa Vibrante

Poções de amor não contribuem apenas para experimentos de análise fascinantes; elas também são uma parte importante no enredo de Harry Potter.

Em *A Câmara Secreta*, o Professor Lockhart encoraja os alunos de Hogwarts, de forma jocosa, em um determinado ponto da trama, a perguntar ao Professor Snape como fazer uma poção de amor, e em *O Prisioneiro de Azkaban*, a Sra. Weasley conta à sua filha Gina e a Hermione Granger a respeito de uma poção de amor que ela fez quando era jovem.

Mas em *O Enigma do Príncipe* encontramos diversas referências significativas às poções de amor. A primeira acontece no Beco Diagonal, na Geminialidades Weasley, a loja mágica de Fred e Jorge:

> Perto da vitrine estava uma variedade de produtos rosa vibrante ao redor dos quais um grupo de garotas empolgadas estava dando risadinhas de forma entusiástica. Hermione e Gina colocaram-se atrás do grupo, observando com cautela.
>
> "Aí está", disse Fred com orgulho. "A melhor coleção de poções de amor que se pode encontrar em qualquer lugar."
>
> Gina ergueu uma sobrancelha, cética. "Elas funcionam?", ela perguntou.
>
> "É claro que funcionam, por até 24 horas por vez, dependendo do peso do garoto em questão..."
>
> "...e do poder de atração da garota", disse Jorge, reaparecendo de repente ao lado delas.[78]

Portanto, no mundo de Harry, as poções de amor são legalizadas, funcionam, ao que parece, apenas em homens (embora isso não seja mencionado de forma explícita), variam em potencial dependendo do peso do rapaz e do poder de atração da garota, e funcionam apenas por um tempo limitado sem uma nova dose.

As poções de amor aparecem, mais adiante, em Hogwarts, na aula do recém-instalado Professor Slughorn, na qual Hermione está mostrando seu material:

> "Agora esta aqui... sim, minha querida?", disse Slughorn, agora parecendo um pouco perplexo quando o punho de Hermione levantou-se no ar de novo.
>
> "É Amortentia!"
>
> "É, de fato. Parece quase bobagem perguntar", disse Slughorn, que parecia bastante impressionado, "mas eu presumo que você saiba o que ela faz?"

---

78. *O Enigma do Príncipe*, p. 120-121.

"É a poção de amor mais poderosa do mundo!", disse Hermione.

"Certo! Você a reconheceu, suponho, por seu brilho típico de madrepérola?"

"E o vapor subindo em espirais características", disse Hermione, entusiasmada, "e ela tem um cheiro diferente para cada um de nós, de acordo com o que nos atrai; eu posso sentir o cheiro de grama recém-aparada e pergaminho novo e..."

Ela corou um pouco e não completou a frase.[79]

Mais adiante, Slughorn revela mais sobre essa poção de amor:

"A Amortentia não cria, de fato, o *amor*, é claro. É impossível fabricar ou imitar o amor. Não, ela irá apenas causar uma paixão ou obsessão poderosa. É provável que seja a poção mais perigosa e poderosa nesta sala... ah, sim", ele disse, meneando a cabeça com seriedade para Malfoy e Nott, que estavam sorrindo com desdém, céticos. "Quando vocês tiverem visto tanto a respeito da vida quanto eu vi, vocês não subestimarão o poder de um amor obsessivo".[80]

Ainda em *O Enigma do Príncipe*, nós descobrimos o quão perigosa e poderosa uma poção de amor pode ser, quando Rony inadvertidamente come uma caixa de Caldeirões de Chocolate salpicados com poção de amor e fica loucamente apaixonado por Romilda Vane. Em tal episódio nós descobrimos que as poções de amor agem de forma quase instantânea; causam pensamentos obsessivos, agitação intensa e emoções violentas; elas podem se fortalecer com o tempo e podem ser curadas por meio de um antídoto simples.

Dessa forma, que tipo de pessoa usaria, de fato, uma poção de amor? Na parte final de *O Enigma do Príncipe*, somos apresentados a uma: a mãe de Voldemort.

---

79. Ibid., p. 185.
80. Ibid., p. 186. Podemos nos perguntar o motivo pelo qual, no mundo de Harry, as poções de amor continuam legalizadas se são tão perigosas e com potencial manipulativo. Elas não são permitidas em Hogwarts, mas podem ser compradas, vendidas e usadas legalmente, inclusive por menores de idade, ao que parece. Esse é um exemplo (um dos muitos) de como coisas perigosas que nunca seriam permitidas em nosso mundo o são no mundo mágico. (É claro, os bruxos podem muito bem dizer o mesmo de nossas perigosas armas de fogo, automóveis e armas nucleares.)

Little Hangleton

Mérope Gaunt, a filha do vagabundo local, nutre uma paixão secreta e ardente por Tom Riddle, o filho do abastado senhor de terras. Um par improvável, mas Mérope é uma bruxa cujos poderes lhe dão a chance de arquitetar sua fuga da vida desesperadora que ela levava há 18 anos sob o jugo de seu pai e seu irmão. "Você não consegue pensar em nenhuma medida que Mérope pudesse ter tomado para fazer Tom Riddle esquecer sua companheira Trouxa e apaixonar-se por ela?"[81] Alvo Dumbledore pergunta a Harry. Ao que Harry oferece dois palpites: a Maldição Imperius e uma poção do amor.

A Maldição Imperius, é claro, é uma das três "Maldições Imperdoáveis" no mundo mágico; ela retira o livre-arbítrio das vítimas e é, como resultado, um exemplo excelente de como a magia no mundo de Harry *pode*, mas *não deve*, ser usada para manipular e explorar os outros, em especial os mais vulneráveis. Poções de amor, já vimos, não são ilegais no mundo de Harry. Talvez não sejam consideradas tão perigosas quanto a Maldição Imperius, porque elas não duram tanto tempo, produzem apenas sentimentos românticos (em oposição a, digamos, intenções homicidas), e não resultam em controle total da pessoa afetada. Mas é elucidativo que Harry veja um efeito particular e, de forma correta, restrinja as causas prováveis à Maldição Imperius ou a uma poção de amor, lembrando-nos das advertências sóbrias de Slughorn sobre os perigos da poção de amor.

Depois dos dois palpites de Harry, Dumbledore continua:

> Muito bem. Pessoalmente, estou inclinado a pensar que ela usou uma poção de amor. Estou certo de que teria parecido mais romântico a ela e não creio que tenha sido muito difícil, em algum dia quente, quando Riddle estivesse cavalgando sozinho, persuadi-lo a tomar um pouco de água. Em todo caso, dentro de poucos meses... a vila de Little Hangleton desfrutou de um tremendo escândalo. Você pode imaginar a fofoca que surgiu quando o filho do senhor de terras fugiu com Mérope, a filha do vagabundo.[82]

Dumbledore continua, fazendo algumas suposições:

> Veja, depois de alguns meses de sua fuga para se casarem, Tom Riddle reapareceu na casa senhorial em Little

---
81. Ibid., p. 213.
82. Ibid.

Hangleton sem a sua esposa. Pairou um rumor pela vizinhança de que ele dizia ter sido "enganado" e "ludibriado". O que ele quis dizer, tenho certeza, é que ele tinha estado sob um encantamento que agora tinha acabado, embora eu ouse dizer que ele não se atreveu a usar tais palavras precisas por medo de ser considerado maluco.[83]

Depois de Harry perguntar o motivo pelo qual a poção de amor parou de funcionar, Dumbledore acrescenta,

De novo, isso é suposição... mas eu acredito que Mérope, que estava profundamente apaixonada por seu marido, não suportou continuar escravizando-o por meios mágicos. Creio que ela escolheu parar de lhe dar a poção. Talvez, apaixonada como estava, ela estivesse convencida de que ele, a essa altura, já tivesse se apaixonado por ela também. Talvez ela pensou que ele ficaria por causa do bebê. Se foi assim, ela estava errada em ambas as possibilidades. Ele deixou-a, nunca mais a viu e nunca se deu ao trabalho de descobrir o que tinha acontecido com seu filho.[84]

Harry então pergunta de novo se é importante saber tudo isso sobre o passado de Voldemort, ao que Dumbledore responde: "Muito importante, creio", e "Tem tudo a ver com a profecia". O que essa narrativa sobre uma poção de amor acrescenta à história e o que ela pode ter a ver com a profecia da vitória de Harry sobre Voldemort?[85]

---

83. Ibid., p. 214.
84. Ibid.
85. Em *Os Contos de Beedle, o Bardo* (Nova York: Scholastic, 2008, p. 56-57), o comentário de Dumbledore em "O Coração Complicado do Bruxo" ["The Warlock's Hairy Heart"] inclui esta referência às poções de amor:

[O conto] refere-se a uma das maiores e menos reconhecidas tentações da magia: a busca pela invulnerabilidade... Ferir é tão humano quanto respirar. No entanto, os bruxos parecem propensos, de modo particular, à ideia de que podemos curvar a natureza da existência à nossa vontade... É claro, o comércio secular de poções de amor mostra que nosso bruxo fictício quase nunca está sozinho na busca do controle sobre o curso imprevisível do amor. A procura por uma poção do amor verdadeiro continua até hoje, mas tal elixir ainda não foi criado, levando os preparadores de poções a duvidar de que seja possível.

Dumbledore acrescenta até uma nota de rodapé: "Hector Dagworth-Granger, fundador da Mui Extraordinária Sociedade dos Preparadores de Poções, explica que: 'Paixões avassaladoras podem ser induzidas pelo preparador de poções habilidoso, mas nunca ninguém, até o momento, conseguiu criar o vínculo verdadeiro, inquebrantável, eterno e incondicional que, por si só, pode ser chamado Amor'".

Amor Verdadeiro ou Mera Paixão?

Então, aqui vai uma pergunta: Mérope Gaunt, a mãe de Voldemort, amava de fato Tom Riddle Pai? Ela estava, com certeza, apaixonada por ele, atraída por ele, disposta a ir o mais longe possível para tê-lo. Mas ela o amava?

Dumbledore diz que sim, mas outra resposta possível seria não, e aqui está a causa disso: ela não o amava, ou ao menos não o amava de maneira muito profunda, *exatamente porque* ela estava disposta a usar uma poção de amor nele. Presume-se que uma poção de amor, afinal de contas, retira o livre-arbítrio da pessoa. Isso é o que faz das pílulas e poções de amor um experimento de análise ideal para extrair o reconhecimento de que a verdadeira liberdade exige mais do que fazer o que se quer fazer. Fazer o que se quer fazer pode ser necessário à liberdade, mas não é suficiente; é preciso ter também a *liberdade de escolher o oposto*. Tom não teve essa liberdade "libertária".

Alguns filósofos, incluindo Harry Frankfurt, negam que a possibilidade de escolher o oposto é necessária à liberdade genuína. Essa visão agrada, em especial, àqueles que pensam que tudo o que fazemos é determinado, de maneira estrita, pelas leis do universo físico ou pelo plano soberano de Deus. Eles aceitam, em geral, o *compatibilismo*: a ideia de que o livre-arbítrio está de acordo com a estrita determinação de todas as nossas ações e escolhas. Ainda assim, mesmo os compatibilistas provavelmente negarão que Tom Riddle Pai amou Mérope de maneira livre. Por quê? Porque mesmo que Tom estivesse fazendo o que ele queria ao amá-la, ele não teria desejado amá-la como resultado de um induzimento mágico.

Quanto Mérope *pôde* ter amado Tom se, ao lhe dar a poção, ela privou-o de sua liberdade? Não é que ela o amasse *demais*; ela não o amava *o suficiente*, se é que o amava. Foi egoísmo dela. Ela queria o que era de interesse *dela*, não *dele*. Ela deve ter sentido uma afeição amorosa ou acalentado uma obsessão doentia por ele, mas, isso é claro, não sentia o amor profundo que respeita os verdadeiros interesses e considera as escolhas do ser amado.

Ela não apenas retirou a liberdade de Riddle, escravizando-o pela poção. Ela roubou-lhe a chance de crescer no "relacionamento", e eu uso esse termo de forma genérica, pois embora o amor possa ser unilateral, relacionamentos, por sua natureza, não o são. Mérope não criou um relacionamento que oferecesse um contexto para Riddle permanecer comprometido, apesar dos sentimentos flutuantes, para crescer mais no amor com o passar do tempo, para alcançar as implicações mais profundas do amor depois que a atração física e a excitação inicial desvanecem ou para se transformar em uma pessoa melhor conforme as arestas de sua personalidade fossem aparadas na doação mútua de um relacionamento amoroso verdadeiro e recíproco. Não, ela submeteu-o à magia que coagiu sua vontade a tornar-se obcecada por ela. Ela poderia tê-lo tratado como lixo depois disso e ele ainda continuaria a apreciar e aceitar, de forma estúpida, o que quer que ela fizesse dele, pois esta é a natureza da poção. Essa é, com certeza, uma situação que convida ao abuso, mas quase nunca é um paradigma do amor.

De maneira incidental, isso nos mostra o que há de errado em usar uma poção de amor até em si mesmo a fim de fazer florescer sentimentos por outra pessoa, uma pessoa que talvez se considere que valha a pena amar. Estamos propensos a pensar que ao menos não seria tão ruim usar uma poção em si, quanto o seria administrá-la a outra pessoa, porque a questão do livre-arbítrio não emerge da mesma forma. Ao escolher tomar a poção, nosso livre-arbítrio está intacto. Isso não é obviamente correto, mas suponhamos que acreditemos. Ainda existe a outra questão de se tornar um certo tipo de pessoa. Pense em quão fácil seria tomar a poção – em vez de batalhar no relacionamento para permanecer comprometido apesar dos desafios e crescer como pessoa por meio das dificuldades desse relacionamento. Com a remoção de todos esses desafios, perderíamos oportunidades incríveis de nos tornarmos pessoas melhores por meio do relacionamento.[86]

Não o Filho de Sua Mãe

Eu pude imaginar essa espécie de história para Mérope, e essa é a direção que previa, no início, que este capítulo tomaria. Não é surpresa, eu calculara, que um personagem tão mau e desprezível por completo como Voldemort tenha surgido de tais situações problemáticas. Não é difícil deduzir que um homem que nunca amou tenha vindo de uma

---

86. Aqui vai uma analogia: por vezes as pessoas precisam de medicação para lidar com problemas psicológicos. Mas imagine um caso em que um paciente com depressão tenha a chance de ser medicado a fim de lidar com o problema, quando o que ele precisa de fato é trabalhar questões de raiva e ressentimento. Quão tentador seria a tal paciente tomar tão somente uma pílula, em vez de lidar com as causas ocultas. A pílula, com certeza, seria mais fácil, mas não ofereceria a solução verdadeira – e necessária. Ela lidaria apenas com os sintomas, não com a causa real. Cortar o mal pela raiz pode ser mais difícil do que apenas mascarar o problema para parecer temporariamente que ele desapareceu, mas, em última análise, é mais efetivo e duradouro.

união sem amor, nascida e sustentada apenas por magia. Também não seria surpresa que um personagem que, desde a tenra idade, nutria tal inclinação pela crueldade e pela dominação tivesse uma mãe disposta a coagir a vontade de seu companheiro e um pai que negligenciaria seu filho de forma tão insensível depois do encanto ser desfeito.

Essa visão de Mérope e Voldemort parece fazer bastante sentido. Sua única desvantagem, até onde posso ver, é que ela é errada. Em especial no que tange a Mérope, o *contraste* entre ela e Voldemort é muito mais importante do que a *comparação*. O problema de Voldemort não é que ele seja o filho de sua mãe, o que, de muitas formas, ele não é. Não, o problema é que Voldemort é muito mais parecido com seu avô Marvolo Gaunt e seu ancestral Salazar Slytherin. O que quero dizer ao excluir Mérope da lista é que ela ilustra como, no mundo de Harry, as escolhas – e não o talento inato ou a ascendência biológica ou a raça pura mágica – são as maiores responsáveis em amoldar o caráter e os destinos.

Mérope é um personagem que deve obter a nossa compaixão e nenhuma pequena parcela de respeito. O que ela fez para conquistar Riddle foi errado e de maneira radical, mas pessoas boas às vezes fazem coisas más. Não é a maldade ocasional que nos define, mas a prática habitual, o caráter estabelecido, o padrão persistente de escolhas que nos coloca em nossa trajetória de vida. Nós somos o que fazemos *de modo uniforme*, como Aristóteles coloca. A ação dela foi errada, sim, mas não estou convencido de que ela era muito má de fato. Ao contrário, ela demonstra um caráter notável, ainda mais diante de todos os obstáculos que teve de superar e das tentações às quais teve de resistir. O que importa não é tão somente onde ela terminou, mas também a distância que ela teve de viajar para chegar até ali.

O que importa é a trajetória definitiva que sua vida tomou e não o caminho que fora apenas projetado por suas piores decisões. Infelizmente, Voldemort, na verdade, acabou seguindo os passos para onde sua mãe *foi* levada até que ela voltou à razão. Ao passo que *ela*, por fim, parou de seguir na direção do lado escuro, *ele* abraçou-o de maneira entusiástica. O sangue de Slytherin corria em cada um deles, mas suas vidas seguiram direções diametralmente opostas. Ao menos, isso ilustra, mais uma vez, a primazia da escolha no mundo de Harry.

Os críticos reclamam, por vezes, da escassez de personagens que se redimiram nos livros de Potter, mas Mérope é um exemplo excelente de um deles: um personagem cujas experiências passadas foram tão trágicas quanto as de qualquer outro, cuja capacidade de utilizar mal a magia era tão grande quanto a de qualquer outro, cujas tentações para se dedicar às Artes Negras eram tão fortes quanto as de qualquer outro, e cuja vida mostrou, no entanto, que nem mesmo uma pessoa assim está destinada à escuridão. E se mesmo *ela* não estava, então *Voldemort* também não estava, uma vez que sua criação não fora mais trágica do que a dela. Se seu destino acabou longe da redenção foi porque as suas próprias escolhas, ao longo do tempo, criaram um caráter mutilado do qual não havia como escapar. O caráter pode ser destino, mas faz mais sentido e é mais justo que o caráter seja a culminação de um conjunto de escolhas livres de fato, em vez do resultado inevitável do "sangue" ou de um destino predeterminado. Essa possibilidade de liberdade verdadeira, de bens em potencial, mas desnecessariamente perdidos, imbuem os livros de Potter com um elemento de tragédia que é uma característica frequente em grandes obras de literatura.

Considere de novo a trágica vida doméstica de Mérope: abusos físicos, verbais e emocionais, uma condição de quase escravidão doméstica; uma ausência de amor e confirmação; uma abundância de violência e maldade. Nada disso faz com que sua atitude de ludibriar Riddle seja correta, mas – e isso é parte da sutil análise moral de Rowling – deve suavizar nosso julgamento crítico de Mérope, em especial a partir do momento em que, por sua própria vontade, ela enfim desistiu de usar a poção. Mesmo correndo o risco de perder o amor de sua vida, o pai de seu filho ainda não nascido, e talvez a primeira felicidade que ela já tivesse experimentado, mesmo correndo o risco da rejeição e da dor terrível – dor que, de fato, praticamente a matou, por ter partido seu coração – ela fez a coisa certa, escolhendo o caráter e não o poder, a realidade e não a aparência, o perdão no lugar do ressentimento. E ela escolheu o amor em vez do ódio ao deixar Riddle partir porque aquela fora a escolha dele, apesar de seu amor por ele ainda existir; na verdade, *por causa* de seu amor por ele. E, apesar de Riddle abandoná-la, ela ainda colocou o nome dele em seu filho, tão benevolente era seu caráter, o que nos faz lembrar a benevolente reação final de Dumbledore com relação aos Trouxas, apesar dos maus-tratos cruéis e devastadores que estes dispensaram à sua irmã. Voldemort, ao contrário, escolheu vingar-se pelo abandono de seu pai, matando-o, e a seus avós, e rejeitando seu nome Trouxa e seu legado.

O filósofo contemporâneo William Hasker oferece uma análise da liberdade que é bastante relevante ao dilema de Mérope:

>Todas as espécies de experiências e relacionamentos adquirem um valor especial porque elas envolvem amor,

confiança e afeição, que são concedidos com liberdade. As poções de amor que aparecem em muitas histórias de fantasia (e na série Harry Potter) podem tornar-se uma armadilha; aquele que usou a poção descobre que ele quer ser amado pelo que ele é e não por causa da poção, e ao mesmo tempo teme a perda da afeição do ser amado se a poção não for mais usada.[87]

Mérope chegou a uma encruzilhada em sua curta vida trágica: por meio da magia ela poderia continuar a manipular Riddle, ou poderia parar, mas a um grande custo pessoal. Mérope fez a coisa certa. Ela desistiu de usar seus poderes mágicos por completo depois que Riddle a deixou, recusando-se a utilizá-los até mesmo para salvar sua própria vida. Deve ter sido o pesar que a levou à perda de seus poderes, mas Dumbledore tem quase certeza de que, ao contrário disso, ela não *quis* mais ser uma bruxa. Talvez ela tenha visto o potencial ao abuso, em especial em si mesma, e recusou-se a ceder a ele de novo. Ela deve ter reconhecido dentro de si o chamado ao lado escuro, por assim dizer, e percebeu que a melhor maneira de evitá-lo seria renunciar à magia por completo, nunca mais submetendo outra pessoa à espécie de tirania à qual ela própria fora submetida por sua família. Ela já experimentara, em primeira mão, a que isso levava e não queria mais participar disso.

Um certo comportamento pode pular uma geração. O filho de um alcoólatra não raro vê a fealdade do vício e reage contra ele, talvez se tornando um rígido abstêmio, e *seus* filhos reagem contra *isso* e o padrão volta a ocorrer. Mérope então reagiu contra a magia e seus abusos e manteve tal potencial para o amor que ela se dispôs a sofrer e ficar vulnerável. Exibindo o que Voldemort só poderia achar fraqueza, ela dispôs-se a ficar à mercê do que ele considerava a pior de todas as coisas: a morte. Mérope escolheu a morte de seu corpo e não a morte de seu caráter e sua própria dor ante a dominação de outrem. Seu amor por Riddle tornou-a vulnerável à mágoa e à rejeição, como todo amor o faz, e sua aversão a ferir os outros da forma como ela própria fora ferida contribuiu para sua morte prematura. Não surpreende que, dada

---

87. William Hasker, *The Triumph of God over Evil: Theodicy for a World of Suffering* (Downers Grove, IL: InterVarsity Press, 2008), p. 156. Hasker continua: "Por esse motivo, indivíduos sem vontade livre não seriam, em sentido verdadeiro, seres humanos; ao menos esse é o caso se, como parece bastante plausível, a capacidade de escolher com liberdade é uma característica essencial dos seres humanos como tais. Se for assim, então dizer que o livre-arbítrio não deve existir é dizer que nós, humanos, não devemos existir. Pode ser possível dizer isso e talvez até mesmo acreditar nisso, mas o custo dessa atitude é bastante alto". Ibid.

sua criação horrível, ela carecesse de algumas das boas qualidades da mãe de Harry. Apesar disso, Mérope fez tudo que pôde para combater as forças do implacável destino a fim de se libertar do padrão de manipulação e coerção mágica.[88]

Nesse sentido, Voldemort é radicalmente diferente de sua mãe, que, apesar de sua trágica história, ainda manteve a ternura do coração e a capacidade de amar, enquanto Voldemort nunca amara ninguém, nem sequer teve algum amigo genuíno ou quis um. E isso não se deu por causa de suas origens trágicas e com certeza não devido ao fracasso moral de sua mãe mas, entre outras razões, porque ele rejeitou a dor, a vulnerabilidade e a fraqueza que envolve, de maneira inevitável, o importar-se com alguém tanto quanto consigo próprio. Ele queria ser intocável e alcançou seu desejo, perdendo sua própria humanidade no processo.

Lembremo-nos de que Dumbledore disse não se preocupar tanto com a habilidade do jovem Voldemort em falar com as cobras como quanto com seus óbvios instintos para a crueldade, a reserva e a dominação. As habilidades de Voldemort não o fizeram como era; suas escolhas o fizeram e, semeando suas escolhas, ele colheu um caráter e um destino de escuridão.[89] Ele deve ter escolhido não amar a fim de evitar a dependência ou a fraqueza, mas essa indisposição habitual em abrir seu coração para outrem o levou à perda total de sua capacidade de fazê-lo.[90] O que vemos em Voldemort é um retrato de para onde leva a

---

88. Mérope, diz Dumbledore, desistiu, deixando seu filho para trás. Com certeza, teria sido melhor que ela não tivesse desistido mas, antes, perseverado, ao menos, por seu filho. Talvez Voldemort não tivesse emergido se ela tivesse perseverado. Embora isso seja verdade, a desistência de Mérope provavelmente não foi o suficiente, no universo de Rowling, para assegurar que Voldemort emergisse. Pode-se presumir que ele teve escolha na questão e poderia ter escolhido um caminho diferente, apesar da morte da mãe. Dessa forma, mesmo que a morte de Mérope tenha sido um fator que contribuiu para os fatos, foi apenas um dentre outros. A natureza do modo como Mérope desistiu também é uma questão interessante. Se ela cometeu suicídio, por exemplo, então minha argumentação especulativa – neste capítulo, a favor de sua redenção, uma redenção, admito, apenas parcial e imperfeita –, teria fracassado. Mas ela pode ter apenas se cansado, perdido a vontade de viver; ela teria feito o melhor que pôde. E, ao contrário de Voldemort, que faz tudo que está ao seu alcance para evitar a morte, a disposição de Mérope em aceitá-la parece quase virtuosa. Ela não é responsável por fazer mais do que o melhor que pode, e é bom lembrar que o próprio Dumbledore diz para não ser julgada muito severamente.
89. Para ler mais sobre este tema, veja meu capítulo sobre habilidades *versus* escolhas neste volume, "Escolhas *versus* Habilidades: Dumbledore e o Entendimento do Eu".
90. É uma função da literatura, lembra-nos o filósofo Noël Carroll, ampliar e depois esclarecer os padrões que dão forma às questões humanas a fim de podermos discernir tais regularidades quando aparecem menos diagramadas na vida real. Vide Noël Carroll, "Vertigo and the Pathologies of Romantic Love", in *Hitchcock and Philosophy: Dial M for Metaphysics*, editado por David Baggett e William Drumin (Chicago: Open Court, 2007), p. 112.

escolha definitiva pelo mal e a rejeição ao amor: um personagem apaixonado apenas por si próprio e que acaba por prejudicar e fragmentar a si mesmo de formas irremediáveis.

De modo trágico, Voldemort aprendeu o *pior* que sua mãe fez, em vez de aprender o *melhor*, odiando o que ele deveria ter amado e imitando, com abandono imprudente, o que ela própria rejeitou. Tudo isso, é claro, apenas reforça o contraste entre Voldemort e Harry. Muito do que distingue Harry de Voldemort é que Harry, apesar de seu passado turbulento e sua vida trágica, nunca perde sua habilidade de amar. Ele não endurece seu coração nem começa a importar-se apenas consigo mesmo. Ele não se isola dos outros. Muito mais do que Voldemort, ele permanece sendo o filho de sua mãe – a mãe cuja coragem e amor sacrificial mantém Harry a salvo do pior que Voldemort pode distribuir.[91] Seu amor desencadeia uma magia mais antiga e poderosa do que qualquer poção possa esperar imitar ou que Voldemort possa desejar derrotar ou mesmo compreender.[92]

---

91. No último livro, Snape refere-se a Harry em termos negativos, concluindo, "Ele é seu pai de volta". Ao que Dumbledore responde: "Na aparência, talvez, mas sua natureza mais profunda é muito mais parecida com a de sua mãe", *As Relíquias da Morte*, p. 684.
92. Meus agradecimentos a Mark Foreman, Laura Jones, Noah Levin e, em especial, a Dave Baggett por seus comentários esclarecedores a um esboço anterior.

Harry Potter, feminismo radical e o poder do amor

Anne Collins Smith

O amor é uma força no universo de Potter que atravessa fronteiras hierárquicas e derrota os poderosos. E, de maneira curiosa, o amor é mais eficaz no combate ao mal no mundo de J. K. Rowling quando não faz qualquer tentativa de competir. Autossacrifício e bondade trazem recompensas inesperadas; amor e compaixão sobrepujam ganância e ambição, superando-as sem tentar derrotá-las. Em outras palavras, o mundo de Rowling ressoa com os valores do feminismo radical. Talvez isso pareça estranho. Dessa forma, para desmistificar essa afirmação, iniciaremos com uma pesquisa de erudição feminista contemporânea em Harry Potter a caminho de uma compreensão do feminismo radical, culminando com um exame do papel do amor nos livros de Potter.

O Debate Feminista Até o Momento

Aqueles que estudam o feminismo estão divididos com relação à série de Rowling. Duas escolas gerais de interpretação prevalecem: a daqueles que consideram que a série é sexista ou discriminatória e a daqueles que a consideram progressista.

Algumas escritoras como Christine Schoefer, Elizabeth Heilman e Eliza Dresang argumentam que os livros de Potter perpetuam estereótipos tradicionais de gênero e reforçam retratos negativos com relação ao gênero nas mentes dos jovens leitores.[93] Ximena Gallardo-C. e C. Jason Smith, em artigo conjunto, "Cinderfella", oferecem uma interpretação feminista surpreendente e excitante dos motivos e simbolismo na série, mas elas também afirmam que os livros são sexistas, ao menos aparentemente.[94]

Outros escritores, como Edmundo Kern, Mimi Gladstein e Sarah Zettel, afirmam que Rowling oferece uma visão equilibrada dos sexos e inclui personagens femininas fortes e uma sociedade mágica igualitária.[95] Eles argumentam que os livros não são sexistas e, de fato, oferecem bons modelos aos jovens leitores.

Embora essas duas escolas de interpretação estejam, em geral, em oposição, elas não são como preto e branco total. Desang, por exemplo, oferece uma perspectiva cheia de sutilezas a respeito da capacidade de Hermione Granger quanto à autodeterminação, mesmo dentro de uma sociedade que Dresang considera patriarcal; Kern admite de boa vontade que os livros são inclinados aos personagens masculinos, ao passo em que disputa a validade de algumas acusações de discriminação.

Essa disputa entre as duas escolas de interpretação focaliza, primordialmente, a descrição de personagens femininos na série. Em *Harry Potter's Girl Trouble*, Christine Schoefer observa que não há personagens femininos na série que se aproximam do nível dos personagens masculinos: "Nenhuma garota é heroica de maneira brilhante

---

93. Christine Schoefer, "Harry Potter's Girl Trouble", em Salon.com, em 12 jan. 2000, <http://archive.salon.com/books/feature/2000/01/13/potter/index.html>; Elizabeth E. Heilman, "Blue Wizards and Pink Witches: Representations of Gender Identity and Power", em *Critical Perpectives on Harry Potter*, editado por Elizabeth E. Heilman (Nova York: Routledge, 2003), p. 221-239; Eliza T. Dresang, "Hermione Granger and the Heritage of Gender", em *The Ivory Tower and Harry Potter*, editado por Lana Whited (Columbia: University of Missouri Press, 2002), p. 211-242.
94. Ximena Gallardo-C. e C. Jason Smith, "Cinderfella: J. K. Rowling's Wily Web of Gender", em *Reading Harry Potter: Critical Essays*, editado por Giselle Liza Anatol (Westport, CT: Praeger, 2003), p. 191-203.
95. Edmund M. Kern, *The Wisdom of Harry Potter: What Our Favorite Hero Teaches Us about Moral Choices* (Amherst, NY: Prometheus Books, 2003); Mimi R. Gladstein, "Feminism and Equal Opportunity: Hermione and the Women of Hogwarts", em *Harry Potter and Philosophy: If Aristotle Ran Hogwarts*, editado por David Baggett e Shawn E. Klein (Chicago: Open Court, 2004), p. 49-59 [N. T.: *Harry Potter e a Filosofia: Se Aristóteles Dirigisse Hogwarts*, publicado no Brasil pela Editora Madras]; Sarah Zettel, "Hermione Granger and the Charge of Sexism", em *Mapping the World of the Sorcerer's Apprentice*, editado por Mercedes Lackey and Leah Wilson (Dallas: Benbella Books, 2005), p. 83-99.

como Harry, nenhuma mulher é experiente e sábia como o Professor Dumbledore".[96] Elizabeth Heilman argumenta que os livros "repetem alguns dos mais aviltantes, e também familiares, estereótipos culturais para homens e mulheres".[97] Gallardo-C. e Smith afirmam que "os livros de Harry Potter ressoam com estereótipos de gênero da pior espécie."[98]

Em resposta, Kern, Zettel e Gladstein oferecem argumentos eloquentes para a importância do contexto. Eles reconhecem a existência de personagens femininos que apresentam traços negativos, associados por tradição a estereótipos femininos, mas também observam que existem inúmeras descrições paralelas de personagens masculinos com traços masculinos negativos. Kern aponta, por exemplo, que "a 'tolice' de Lilá e Parvati espelham as palhaçadas juvenis de Dino e Simas", e que o acidente de Hermione com a Poção Polissuco deve ser lido em paralelo com o acidente de Rony com o feitiço coma-lesmas.[99] Zettel ressalta que "Madame Pince, a bibliotecária, enlouquece ao pensar que um aluno escreveu em um livro. Mas, Filch, o zelador, quer que os alunos sejam chicoteados e acorrentados por vandalismo".[100] Gladstein justapõe "a incompetente Trelawney" com "o fraudulento Gilderoy Lockhart".[101] Expandindo seus argumentos, ao se referirem a personagens que não estavam disponíveis a alguns analistas anteriores, esses autores também apontam para vilãs, tais como Dolores Umbridge e Belatriz Lestrange, que provocam tanto medo e respeito quanto qualquer um dos homens Comensais da Morte.

Entre os vários estereótipos femininos negativos, o ato de dar risadinhas tolas é um para-raios para o comentário feminista. Dresang comenta que "a difundida descrição de garotas como sendo bobas, frívolas e que vivem dando risadinhas tolas sabota a descrição mais equilibrada entre os gêneros que Rowling faz das oportunidades das garotas na hierarquia patriarcal".[102] Heilman afirma que essa atitude de dar risadinhas sabota a esportividade das garotas que jogam Quadribol: "Mesmo enquanto jogadoras do time, as garotas exibem um comportamento infantil ao dar risadinhas tolas diante da possibilidade de jogar com o novo e lindo capitão e apanhador, Cedrico Diggory... O Quadribol

---

96. Schoefer, *Harry Potter's Girl Trouble*, p. 1.
97. Heilman, *Blue Wizards and Pink Witches*, p. 222.
98. Gallardo-C. e Smith, *Cinderfella: J. K. Rowling's Wily Web of Gender*, p. 191.
99. Kern, *The Wisdom of Harry Potter*, p. 149.
100. Zettel, *Hermione Granger and the Charge of Sexism*, p. 99.
101. Gladstein, *Feminism and Equal Opportunity: Hermione and the Women of Hogwarts*, p. 59.
102. Dresang, *Hermione Granger and the Heritage of Gender*, p. 237.

não é o único contexto para as risadinhas bobas. O segundo e terceiro livros estão atulhados com referências desnecessárias a garotas dando tais risadinhas".[103] Zettel admite tais críticas e oferece réplica pungente:

> Os críticos zombam das meninas de Hogwarts porque elas são mostradas dando risadinhas bobas e gritinhos agudos e, em geral, fazendo muito barulho. Algumas meninas da vida real de fato dão risadinhas tolas e gritinhos agudos. Algumas são quietas e sérias. Algumas gostam de rosa e babados. Algumas gostam de atletismo e calças *jeans*. Nós vemos todas elas em Hogwarts. *Eu rejeito a noção de que devemos dizer às garotas que a única maneira válida de serem seres humanos é transformando-se em garotos.*[104]

Feminismo Radical *versus* Feminismo Liberal

Embora Zettel não identifique a si própria como uma feminista radical, sua resposta a essas críticas destaca um ponto importante de discordância entre o feminismo liberal e o radical. O feminismo liberal, cujo fundamento histórico encontra-se nos escritos de Mary Wollstonecraft (1759-1797), Harriet Taylor Mill (1807-1858) e John Stuart Mill (1806-1873), sustenta a visão uma vez já controvertida de que as mulheres são pessoas – isto é, seres inteligentes e autônomos – e devem ser tratadas como tais. Às vezes caracterizado como "primeira onda do feminismo", o feminismo dos séculos XVIII e XIX buscava inspiração em filósofos do Iluminismo, com ênfase nos direitos e responsabilidades individuais e argumentando que esses deveriam ser aplicados tanto às mulheres quanto aos homens.[105]

A visão feminista liberal de que as mulheres são pessoas pode parecer inteiramente razoável, mas, na verdade, é problemática de um modo surpreendente. Existe uma suposição inerente ao feminismo liberal de que *pessoas* é um termo neutro quanto ao gênero, mas na realidade nosso conceito do que *pessoas* significa foi moldado por uma sociedade cuja vida intelectual tem sido dominada por longo tempo pelos homens. Além disso, enquanto o feminismo liberal é otimista em sua crença de que as mulheres, uma vez dadas oportunidades iguais, alcançarão condições iguais às dos homens na sociedade, na política

---
103. Heilman, *Blue Wizards and Pink Witches*, p. 226.
104. Zettel, *Hermione Granger and the Charge of Sexism*, p. 98 (ênfase acrescentada).
105. Sondra Farganis, *Situating Feminism: From Thought to Action*, volume 2 da série Contemporary Social Theory (Thousand Oaks, CA: SAGE, 1994).

e na economia, ele ignora a possibilidade de que as mulheres possam ter interesses, forças e habilidades diferentes daquelas dos homens, o que pode levar as mulheres a preferir escalas ou medidas diferentes de sucesso.

Existem exemplos de feminismo liberal tanto entre os defensores quanto entre os detratores da série Potter. Gladstein, uma defensora da série, elogia a Professora McGonagall, que teve êxito em ascender a uma posição poderosa dentro da hierarquia de Hogwarts; ela também fala em defesa de Hermione, cuja sagacidade lógica e amor pelos estudos se enquadram no padrão tradicionalmente masculino de racionalidade e questionamento. Esses personagens tiveram êxito em termos masculinos, e seu sucesso é elogiado de forma merecida. Personagens que obtiveram espécies diferentes de êxitos, contudo, podem não receber sua cota completa de reconhecimento dentro do contexto do feminismo liberal. Gladstein, por exemplo, ressalta a participação "ativa e assertiva" de Molly Weasley na Ordem da Fênix nos últimos livros, mas apenas menciona de modo breve seu papel mais antigo de mãe.[106]

Podemos ver também uma tendência ao feminismo liberal em alguns daqueles que têm uma visão mais negativa da série. Heilman, por exemplo, comenta a tendência de Rowling em retratar as alunas em grupos: "Essa atitude repetitiva de se agrupar... reforça a ideia da construção sociológica da garota amistosa e que vive em comunidade comparada ao garoto individual e competitivo". Ela afirma que isso reforça "a posição inferior das mulheres", o que sugere que ela considera o fato de ter a aptidão de viver em uma comunidade em vez do individualismo, de ser amistosa em vez de competitiva, como uma indicação de inferioridade real ou percebida.[107]

Essa tendência do feminismo liberal em menosprezar papéis e traços associados, de modo tradicional, às mulheres é parte do motivo pelo qual uma forma diferente de feminismo, o feminismo radical, evoluiu como parte da "segunda onda" do feminismo nas décadas de 1960 e 1970. O feminismo radical deriva seu nome da palavra latina *radix*, que significa "raiz", e sustenta que a causa principal, ou raiz, da opressão das mulheres é o "sistema de sexo/gênero", um conjunto de expectativas sociais que forçam identidades nas pessoas de tal forma que a identificação sexual física de uma pessoa determina, de forma necessária, a personalidade daquela pessoa, os papéis sociais que lhe são

---

106. Gladstein, *Feminism and Equal Opportunity: Hermione and the Women of Hogwarts*, p. 58.
107. Heilman, *Blue Wizards and Pink Witches*, p. 228.

admissíveis e os trabalhos de ordem econômica que lhe são aceitáveis. Em uma sociedade patriarcal, essas expectativas tenderão a privilegiar os homens e enfraquecer as mulheres.[108] Por exemplo, nos Estados Unidos das gerações ainda vivas, as mulheres costumavam ser colocadas de lado, em um punhado de profissões "de colarinho rosa" aceitáveis, tais como enfermeiras, secretárias e professoras.

Embora os feministas radicais discordem exatamente quanto ao modo de resolver o problema, eles com frequência focalizam nas características que são, de maneira tradicional, rotuladas como masculinas e femininas pela sociedade e ponderam formas pelas quais tais características possam ser libertadas de categorizações rígidas, tais como os pares contrastantes que seguem:

Traços Tradicionalmente Considerados Masculinos	**Traços Tradicionalmente Considerados Femininos**
controle	amor
independência	interdependência
individualismo	comunitarismo
hierarquia	trabalho em rede ou grupo
dominação	compartilhamento
competição	cooperação
agressão	compaixão
razão	emoção

Alguns feministas radicais acreditam que nossa sociedade seria beneficiada se as pessoas em geral se tornassem mais andróginas, de forma que homens e mulheres pudessem, de forma livre, misturar e combinar quaisquer características que os atraiam mais, em níveis individuais. Desta maneira, homens e mulheres tornar-se-iam *pessoas*, mas nossa compreensão sobre o que são pessoas não seria mais limitada às diretrizes estabelecidas por uma sociedade dominada por homens. Outros feministas radicais creem que os valores tradicionalmente considerados femininos beneficiariam mais a nossa sociedade e deveriam ser adotados por homens e mulheres na mesma medida, mudando assim a definição de *pessoas* para um modelo mais centrado no feminino.[109]

Alguns comentários acadêmicos à série Potter exemplificam o feminismo radical. Por exemplo, Zettel enfatiza a importância da

---

108. Rosemarie Putnam Tong, *Feminist Thought: A More Comprehensive Introduction*, 3. ed. (Boulder, CO: Westview Press, 2009), p. 51.
109. Ibid., p. 54ff.

administração doméstica de Molly Weasley, asseverando que "ela está criando, com êxito, sete filhos em uma situação financeira desfavorável. Francamente, a mulher deveria ganhar uma medalha".[110] Em um estilo mais sério, Zettel argumenta que para "um escritor mostrar que apenas o poder e o lugar masculinos tradicionais importam é desconsiderar e menosprezar as vidas difíceis e complexas de nossas iguais e nossas ancestrais".[111] A disposição de Zettel em louvar personagens femininos que tiveram êxito em aspectos diversos dos masculinos tradicionais seria bem recebido pelos feministas radicais.

Outro artigo que oferece uma perspectiva feminista-radical sobre a série Potter é "Cinderfella", de Gallardo-C. e Smith. Embora esses autores critiquem os estereótipos de gênero apresentados na superfície da série, eles descem a um nível mais profundo para apresentar uma interpretação feminista-radical dos lados bom e mau do conflito. Os personagens maus, ressaltam, apresentam "poder e ambição fálicos" e são "agressivos e sedentos de poder".[112] Isso seria aplicado inclusive a personagens femininos como Umbridge, que, apesar de seu gosto estereotipicamente feminino nos trajes e na decoração do escritório, demonstra uma obsessão contínua por valores masculinos tradicionais, tais como controle, hierarquia e estrutura em sua tomada de Hogwarts, em *A Ordem da Fênix*, e na criação de sua própria burocracia para perseguir usuários de magia que sejam nascidos de Trouxas, em *As Relíquias da Morte*. Entretanto, as escolhas e decisões do próprio Harry "disfarçam uma preferência pelo feminino", e suas compatriotas demonstram as características femininas tradicionais, tais como "gentileza ou bondade, abnegação, um desejo de intimidade com os outros e responsabilidade".[113] Dessa forma, esses autores argumentam que Rowling associa o bem com valores que são, por tradição, considerados femininos e o mal com valores que são, por tradição, considerados masculinos.

Essa associação do bem a qualidades como o amor e a compaixão é algo que os feministas radicais têm em comum com os antigos filósofos e teólogos, que também acreditavam que tais traços precisavam ser integrados à nossa compreensão e prática da humanidade. Desde a ênfase de Santa Gertrudes, a Grande, no amor-gentileza ou amor-bondade como uma característica essencial da natureza de Deus e crucial a ser imitada pelos humanos, à campanha de Gandhi de desobediência civil

---

110. Zettel, *Hermione Granger and the Charge of Sexism*, p. 90.
111. Ibid., p. 91-92.
112. Gallardo-C. e Smith, *Cinderfella*, p. 200.
113. Ibid., p. 199, 200.

não violenta na qual ele proclamava que "a vida sem amor é morte" e à análise cuidadosa de C. S. Lewis de cada um dos vários tipos de amor como necessários à satisfação da humanidade, muitos pensadores enfatizaram a importância de traços como o amor, a gentileza ou bondade e a compaixão.[114]

Feministas radicais argumentam que não só esses traços foram tradicionalmente atribuídos às mulheres, em vez de valorizados pela sociedade como um todo, mas que isso foi feito de uma maneira prejudicial em especial. As mulheres são encorajadas a serem tão altruístas que elas não defendem a si próprias e submetem-se com docilidade a formas tradicionais de opressão, por medo de que qualquer tentativa de assertividade seja vista como falta de feminilidade.[115] Enquanto isso, os homens também são prejudicados, porque viver em função de um ideal machista que enfatiza a competição e a independência é um modo estressante e incompleto de ser humano. Como escreveram Heather Booth, Evi Goldfield e Sue Munaker: "Enquanto imagens do masculino e do feminino construídas de forma artificial e baseadas em mitos forem a única alternativa, tanto homens quanto mulheres encontrarão conflitos entre sua identidade sexual imposta e seus objetivos enquanto seres humanos".[116]

Mais Maravilhoso e Mais Terrível que a Morte

Como mencionado no início, o amor, por tradição identificado como uma característica feminina, ocupa uma posição de particular importância no universo de Rowling, e seu retrato dele ressoa com o feminismo radical. Por inúmeras vezes vemos a capacidade que Harry tem de amar e ser amado protegê-lo do mal e dar-lhe a possibilidade de proteger os outros.

---

114. Gertrudes de Helfta, *The Herald of Divine Love* (Legatus Divinae Pietatis), traduzido para o inglês e editado por Margaret Winkworth (Nova York: Paulist Press, 1993); M. K. Gandhi, *The Way to God* (Berkeley, CA: Berkeley Hills Books, 1999), p. 56; C. S. Lewis, *The Four Loves* (Nova York: Harcount Brace Jovanovich, 1960).
115. Para um exemplo recente surpreendente, veja o artigo revelador de Shankar Vedantam sobre uma pesquisa que mostra as mulheres trabalhadoras contemporâneas relutantes em pedir aumentos: *Salary, Gender and the Social Cost of Haggling*, Washington Post, 30 jul 2007, p. A7.
116. Heather Booth, Evi Goldfield e Sue Munaker, "Toward a Radical Movement", em *Radical Feminism: A Documentary Reader*, editado por Bárbara A. Crow (Nova York: New York University Press, 2000), p. 60.

Nós descobrimos a importância do amor no primeiro livro, quando o amor impresso na pele de Harry pelo sacrifício de sua mãe salva sua vida. O Professor Quirrell, cujo corpo é habitado por Lorde Voldemort, percebe que não suporta tocar Harry por conta da marca invisível deixada pelo amor da sua mãe. Esse é o primeiro exemplo na série em que vemos que o amor resiste ao mal com facilidade, sem qualquer ação deliberada da parte de Harry. Descobrimos, também, por Dumbledore, que esse mesmo amor salvou Harry da tentativa anterior que Voldemort empreendeu de matá-lo na infância. O amor não é manejado como uma arma; ele tão somente sobrepuja o mal por sua mera existência.[117]

Esse amor, contudo, é extrínseco à natureza do próprio Harry. Em *A Pedra Filosofal*, ele é salvo pelo amor de sua mãe por ele, não por seu próprio amor pelos outros. É significativo que esse amor esteja, de modo literal, em sua pele, no exterior, ou digamos, em seu coração, no interior. Com o prosseguimento dos livros, no entanto, vemos a habilidade intrínseca que Harry tem de amar os outros se tornar cada vez mais importante.

Em *O Prisioneiro de Azkaban*, Harry salva a vida de Pedro Pettigrew, não por amor ao traidor que enganou os seus pais, mas por amor a Remo Lupin e a Sirius Black. Harry não quer que os amigos de seu pai se tornem assassinos; importa-se mais com eles do que com seu próprio desejo de vingança. As consequências dessa ação de profundo altruísmo são inúmeras; por fim, o débito de Pettigrew junto a Harry salva a vida deste, embora essa não tivesse sido a motivação de Harry ao salvar Pettigrew.

Nos livros finais, Rowling continua a enfatizar o amor de Harry pelos outros. Em *A Ordem da Fênix*, próximo ao fim do confronto no Ministério da Magia, Harry é, por tempo breve, possuído por Voldemort. Harry não é forte o suficiente para repelir Voldemort, e ele resigna-se à possibilidade da morte. Surge o pensamento em sua mente de que a morte iria reuni-lo ao seu amado padrinho: "*E eu verei Sirius de novo. E conforme o coração de Harry encheu-se de emoção, as amarras da criatura ficaram frouxas, a dor se foi*".[118] Harry não posiciona seu amor por Sirius, de forma deliberada, contra a vontade de Voldemort; se o tivesse feito, o amor teria tomado seu lugar como outra arma no arsenal da competição masculina. No entanto, Voldemort apenas não suporta estar na sua presença; mais uma vez, o amor sobrepuja o mal sem esforço.

---

117. Essa noção de alcançar efeitos sem esforço, por meio da "inação", é reminiscência do conceito taoísta do wu-wei.
118. *A Ordem da Fênix,* p. 816.

Ao explicar o incidente no Ministério da Magia, Dumbledore descreve "uma força que é, ao mesmo tempo, mais maravilhosa e mais terrível que a morte, que a inteligência humana, que as forças da natureza... É o poder... que você possui em tamanha quantidade e que Voldemort simplesmente não possui. Esse poder... salvou-o da possessão por Voldemort, porque ele não suportaria permanecer em um corpo tão pleno da força que ele detesta."[119] Esse poder, óbvio, é o amor. Como Dumbledore explica: "No final, não importava que você não pudesse fechar sua mente. Foi seu coração que o salvou".[120] A explicação de Dumbledore demonstra uma preferência por características femininas por tradição sobre as correspondentes masculinas, porque a razão, o poder da mente, é identificada, desde há muito, como masculina, enquanto a emoção, o poder do coração, é tradicionalmente considerada feminina.

Em *O Enigma do Príncipe*, Dumbledore declara que o amor é o "poder que o Lorde das Trevas não conhece", mencionado na profecia a respeito de Voldemort e o inimigo escolhido por ele próprio.[121] Dumbledore explica mais adiante que esse poder impediu Harry de sucumbir às tentações das Artes das Trevas e de ceder às tentações mais corriqueiras de usar suas habilidades mágicas para atingir objetivos egoístas, tais como riqueza e imortalidade. Ele é forçado a explicar tais coisas a Harry porque ele não as percebe; de novo, o amor não funcionou como uma barreira consciente que Harry levantou, de forma deliberada, a fim de lutar contra tais tentações, mas como uma qualidade inerente a ele que evita que ele seja sequer tentado em primeiro lugar.

O amor alcança uma importância ainda maior no volume final, *As Relíquias da Morte*, atuando em níveis múltiplos em partes diferentes do livro. A habilidade que Harry tem de amar de maneira altruísta não está limitada a humanos, mas estende-se para amar a outros seres também, o que traz benefícios inesperados. Lembrando-se dos comentários críticos de Dumbledore, em *A Ordem de Fênix*, a respeito do tratamento negligente dispensado por Sirius ao elfo doméstico Monstro – comovido pela história de Monstro sobre sua jornada terrível com Régulo Black para substituir a Horcrux na forma de medalhão por uma réplica e emocionado com a explicação solidária de Hermione sobre a psicologia de Monstro –, Harry começa a tratar esse último com bondade. Como resultado, Monstro auxilia Harry, com muito empenho, a localizar o medalhão

---

119. Ibid., p. 842.
120. Ibid., p. 844.
121. O Enigma do Príncipe, p. 509.

verdadeiro, perseguindo o ladrão, Mundungo Fletcher, capaz de contar a Harry o paradeiro do objeto. O tratamento respeitoso dispensado por Harry ao goblin Griphook também torna possível a recuperação de um objeto que pode ser usado na destruição das Horcruxes, a Espada de Gryffindor. E, é claro, a constante bondade de Harry para com Dobby é recompensada quando este salva a vida de Harry à custa de sua própria.

O ato de amor mais surpreendente de Harry, contudo, é sua tentativa de redimir o próprio Voldemort. O pedido de Harry para Voldemort sentir remorso, com o reconhecimento de que isso permitiria que ele curasse e reunisse os fragmentos sobreviventes de sua alma despedaçada, é um ato impressionante de compaixão – e choca Voldemort "para além de qualquer revelação ou insulto".[122] "'É a sua última chance', disse Harry, 'é tudo o que lhe resta... eu vi o que você será dessa outra maneira... será um homem... tente... tente sentir algum remorso'."[123] Com certeza, Voldemort não reconhece o apelo de Harry como um ato de compaixão. Uma figura hipermasculina obcecada por dominação e controle, ele não consegue entender o poder genuíno dos valores tradicionalmente femininos, uma falha que já fez com que ignorasse as aptidões dos elfos domésticos e a verdadeira motivação de seu suposto aliado, Severo Snape.

A escolha das palavras de Harry aqui revela um aspecto notável da visão de mundo de Rowling. Quando Harry exorta Voldemort a "ser homem", ele está afirmando, de forma implícita, que as ações de Voldemort até então *não* haviam demonstrado masculinidade, que a hipermasculinidade de Voldemort não é, na verdade, em absoluto, verdadeira masculinidade. A compreensão de Harry de masculinidade é completamente humana, incorporando os traços considerados femininos e os considerados masculinos por tradição. Como escreveu Terri Doughty em seu ensaio comparando a série Potter a outros livros contemporâneos direcionados aos rapazes adolescentes: "Os livros de Harry Potter não problematizam a masculinidade".[124] Em contraste com os protagonistas dos livros atuais, que retratam jovens rapazes esforçando-se com pouca orientação na direção de uma vida adulta violenta e alienada, Harry tem numerosos modelos positivos do papel do homem adulto, tais como Dumbledore, Rúbeo Hagrid e Lupin, que não hesitam em expressar traços como compaixão e consolo ou conforto, e que são

---

122. *As Relíquias da Morte*, p. 741.
123. Ibid., p. 741; as reticências são de Rowling.
124. Terri Doughty, "Locating Harry Potter in the 'Boys' Book' Market", em *The Ivory Tower and Harry Potter*, editado por Lana Whited (Columbia: University of Missouri Press, 2002), p. 253.

capazes de assegurar a Harry de "que ele está se tornando o tipo certo de garoto".[125] Nos livros de Potter, o tipo certo de garoto, de fato, o tipo certo de homem, não é apenas forte e corajoso, mas bondoso, gentil e amável também.

Menos surpreendente do que a tentativa que Harry faz de redimir Voldemort é sua disposição em dar a própria vida para proteger aqueles a quem ama. O resultado de tal atitude, no entanto, também é surpreendente para Voldemort; Harry não é, na verdade, morto, e seu ato de sacrifício oferece proteção mágica aos seus companheiros. Enquanto isso, a maestria de Harry sobre a Varinha das Varinhas contrasta de forma gritante com as tentativas de outros bruxos em obtê-la; ele nunca se propõe, de modo deliberado, a consegui-la, e ele não pretende usá-la para propósitos destrutivos. O único feitiço que ele lança no último confronto é defensivo. Harry não trava um "duelo de morte" com Voldemort. O fato de que ele tem êxito sem tentar competir mostra de novo que, nesta série, o amor é mais importante que a agressão.

O Triunfo do Amor

No mundo de Rowling, o amor não entra em combate, o que significaria que ele estaria participando e promovendo, de forma implícita, a estrutura masculina. De uma perspectiva radical-feminista, quando o amor supera o ódio, ele o faz sem se dar ao trabalho de entrar em qualquer espécie de competição, mas, de maneira simples e natural, supera o mal por sua mera presença. Embora os êxitos de Hermione e McGonagall possam marcar a presença do feminismo liberal na criação de Rowling, o triunfo definitivo do amor e da compaixão sobre o egoísmo e a ambição fornece, de maneira clara, uma visão de mundo predominante que melhor se coaduna ao feminismo radical.

---

125. Ibid., p. 253-254.

Parte Três

Observatório Potter: Liberdade e Política

Patriotismo, lealdade à casa e as obrigações dos membros

Andrew P. Mills

Ao iniciar o primeiro ano em Hogwarts, o Chapéu Seletor designa o aluno a uma das quatro "Casas": Grifinória, Sonserina, Lufa-lufa ou Corvinal. Cada Casa tem suas próprias cores, mascotes e tradições, e as Casas formam a estrutura social da escola. Os membros da Casa vivem juntos, comem juntos, assistem aulas juntos e competem juntos – dentro e fora do campo de Quadribol – para conquistar honra e glória para suas Casas.

Estar em uma Casa em Hogwarts afeta o modo como alguém trata as outras pessoas. Afinal, entendemos que, como um bom membro da Grifinória, Hermione Granger deve torcer pelo time de Quadribol da Grifinória, ajudar a Grifinória a ganhar pontos para a Taça das Casas indo bem nas aulas (e ajudando Rony Weasley e Harry com a lição de casa), e, por outras formas, dar tratamento preferencial para outros membros da Grifinória. De fato, se Hermione não se importasse com o bem-estar de seus companheiros da Grifinória, ou se ela não ficasse chateada ao perder pontos para a Casa, iríamos considerar isso uma falha moral sua. Pior, se ela ajudasse Vicente Crabbe e Gregório Goyle – membros da Sonserina – com a lição de casa deles e sabotasse a Nimbus 2000 de Harry para que a Lufa-lufa ganhasse a partida de Quadribol da semana, Hermione seria, de modo correto, acusada de trair sua Casa, ser desleal e faltar com patriotismo para com a Grifinória. Uma das muitas coisas que admiramos em Hermione, Rony e, em especial, em Harry é que eles são leais e dedicados uns aos outros e aos seus amigos. Serem patriotas da Grifinória é uma de suas virtudes.

Mas um patriotismo desta espécie é uma virtude? Muitos de nós acreditamos que sim. O que mais explicaria o motivo pelo qual exigimos que nossos líderes políticos sejam patriotas, criamos nossos filhos para amar sua terra natal e admiramos soldados que arriscam suas vidas a serviço de seu país? Já em contrapartida, há alguns fortes argumentos que postulam que o patriotismo é um *vício* – que se formos favoráveis ao patriotismo, seremos parecidos com Voldemort e os Comensais da Morte em aspectos importantes. Então, do que se trata? O patriotismo é uma virtude? Um vício? Ou isso depende das circunstâncias?

Os Perigos do Patriotismo

Aqueles que consideram o patriotismo uma virtude podem estar pensando que carecer de patriotismo é ser egoísta. O patriotismo, como escreveu certa vez o político norte-americano e candidato à presidência Adlai Stevenson (1900-1965), "significa colocar o país à frente do eu".[126] Um patriota deve arriscar sua vida para defender seu país e assim sacrificar seus interesses pessoais a fim de que sua nação prospere. Que um patriota deva colocar os interesses de seu país à frente dos seus próprios é admirável, mas qual deve ser sua atitude com relação aos interesses dos *outros* países? Aqui, também, parece que o patriota deve dar preferência aos interesses de seu próprio país. Ser um patriota da Grifinória significa que Hermione deve sacrificar um pouco de seu tempo livre para ajudar Rony e Harry com a lição de casa (para que a Casa não perca mais nenhum ponto!), mas isso também significa que Hermione deve colocar os interesses da Grifinória acima dos interesses das outras Casas. Da mesma forma, ser um norte-americano patriota significa preferir o bem-estar dos Estados Unidos acima do bem-estar de todos os outros países – daí a ordem para "comprar produtos norte-americanos" e

---

126. Adlai Stevenson, "The Nature of Patriotism", em *Lend Me Your Ears: Great Speeches in History*, editado por William Safire (Nova York: W. W. Norton, 1992), p. 70.

assim sustentar a economia dos Estados Unidos. Mas é justamente este aspecto de dar preferência ao nosso país acima de todos os outros que causa os problemas e faz o patriotismo parecer um vício.

O autor russo Leon Tolstói (1828-1910) chamou patriotismo "o desejo pelo bem exclusivo da própria nação" e acreditava que era esse mesmo desejo que engendrava a guerra.[127] Emma Goldman (1869-1940), uma ativista social de origem lituana, que passou grande parte de sua vida trabalhando e escrevendo na América do Norte, pensava da mesma forma. Ela escreveu,

> Presunção, arrogância e egoísmo são as bases do patriotismo... O patriotismo supõe que nosso globo seja dividido em pequenos territórios, cada qual cercado por um portão de ferro. Aqueles que tiveram a sorte de nascer em um determinado território consideram-se melhores, mais nobres, maiores, mais inteligentes que os seres vivos que habitam qualquer outro território. É, portanto, dever de todos naquele dado território lutar, matar e morrer na tentativa de impor sua superioridade a todos os demais.[128]

Assim, o patriotismo parece envolver, se Tolstói e Goldman estão corretos, um senso de superioridade parecido com o de Voldemort: nossa nação é a melhor, os cidadãos de nossa nação são melhores que os cidadãos de outras nações e essas outras nações devem servir aos nossos interesses, fornecendo-nos os recursos de que precisamos ou comportando-se das maneiras que quisermos que se comportem – e se eles não fizerem isso de forma voluntária, nós os forçaremos a fazê-lo debaixo de vara. Ou pelo cano de uma arma.

Os Comensais da Morte e a Discriminação

Podemos compreender ainda mais esta crítica ao patriotismo se pensarmos nos Comensais da Morte. Aqueles que são aliados de Voldemort acreditam que alguns bruxos – "os sangues-puros", eles os chamam – são mais dignos quanto à moral do que outros bruxos (a quem chamam, de maneira desdenhosa, "Sangues-ruins"), e que os Trouxas mal aparecem em seu radar social. Mas qualquer visão

---

127. Leon Tolstói, "Patriotism or Peace", em *The Complete Works of Count Tolstoy*, vol. 20, editado e traduzido para o inglês por Leo Wiener (Londres: J. M. Dent & Co., 1905), p. 472.
128. Emma Goldman, "Patriotism: A Menace to Liberty", em *Anarchism and Other Essays* (Nova York: Mother Earth Publishing Association, 1910), p. 134-5135.

desse tipo, que considera uma parcela da população superior às demais em termos morais, vai contra uma longa tradição ética segundo a qual agir moralmente significa tratar a todos – homem ou mulher, negro ou branco, cristão ou muçulmano, Trouxa ou bruxo – atribuindo-lhes valor moral igual.

Utilitaristas como os filósofos ingleses Jeremy Bentham (1748-1832) e John Stuart Mill (1806-1873) discordam, em alguns aspectos fundamentais, do filósofo alemão Immanuel Kant (1724-1804) no que tange à natureza da ética. Ambas as correntes, contudo, concordam que um princípio fundamental da moralidade é que todas as pessoas têm o mesmo valor moral. Utilitaristas sustentam que os atos devem ser julgados de acordo com seus efeitos sobre as criaturas sencientes (criaturas que podem sentir prazer e dor) que são afetadas por eles. E todas essas criaturas são importantes na mesma medida. "Cada um equivale a um, e nenhum a mais do que um", como diz a famosa frase de Bentham. A dor ou o prazer sentidos pelo Ministro da Magia não são mais importantes do que os sentidos pelo menor dos elfos domésticos ou o mais feio dos Explosivins.

Embora Kant discordasse dos utilitaristas, quanto ao que é necessário para que um ser seja considerado moralmente (a mera senciência não era suficiente para ele), ele concordava que todos aqueles que tinham importância moral tinham importância igual. Para agir de forma moral, disse Kant, "aja de modo a sempre tratar a humanidade, seja em você próprio ou em qualquer outra pessoa, nunca como um simples meio, mas sempre como um fim ao mesmo tempo."[129] *Todas* as pessoas devem ser tratadas como seres cujos projetos de vida – seus *fins* – são valiosos na mesma medida e ninguém deve ser usado apenas para servir aos fins de outra pessoa. Os aliados de Harry sabem disso: nos dias difíceis descritos em *As Relíquias da Morte*, os apresentadores do programa alternativo de rádio *Observatório Potter* lembram seus ouvintes de salvar seus vizinhos Trouxas dos ataques dos Comensais da Morte, com o fundamento de que "toda vida humana tem o mesmo valor, e vale a pena ser salva."[130] Hermione vai ainda mais longe, estendendo este princípios aos não humanos, como parte de seu esforço incansável e ingrato de libertar os elfos domésticos de Hogwarts. Lembre-se do seu horror ao perceber que as refeições de Hogwarts são preparadas por elfos domésticos ou, como ela coloca, "trabalho escravo". Para fazer

---

129. Immanuel Kant, *Groundwork for the Metaphysic of Morals*, traduzido para o inglês por H. J. Paton (Nova York: Harper Torchbooks, 1964), p. 96.
130. *As Relíquias da Morte*, p. 440.

algo a respeito da situação, ela cria a Sociedade para a Promoção do Bem-Estar Élfico [PBEE – SPEW – sigla em inglês].

Esse princípio de equidade, embora expresso, explica o que existe de errado com o racismo, o sexismo, o antissemitismo e todas as outras formas de discriminação. Cada uma dessas visões viola a ideia de que todos merecem a mesma consideração moral. Racistas brancos pensam que o sofrimento dos negros é menos importante que o sofrimento dos brancos. Machistas acham que é certo que as mulheres sejam subservientes aos homens, e assim por diante. Mas, na visão de Goldman e Tolstói, o patriotismo não é diferente. Afinal, qual é a diferença entre dar tratamento preferencial aos seus compatriotas – que é o que o patriotismo parece exigir – e dar tratamento preferencial àqueles que compartilham sua linhagem, cor de pele ou sexo? A ideia de que devemos tratar todas as pessoas como detentoras do mesmo valor moral não conflita com a ideia de que se deve dar tratamento preferencial a algumas pessoas devido a certas características (tais como raça, sexo ou linhagem) sobre as quais não tiveram nenhum controle? É justificável discriminar moralmente alguém por causa de algo que esse alguém fez (como usar uma das Maldições Imperdoáveis), mas parece injustificável basear o valor moral em algo que não se pode controlar, como o fato de um dos pais de alguém ser Trouxa ou ter nascido em determinado país.

O Chapéu Seletor Fala: Divisão e Divisibilidade

Até aqui, portanto, parece que devemos ver o patriotismo como um vício – como o equivalente moral do racismo ou do sexismo – e que devemos ver a lealdade que os membros da Grifinória demonstram por sua Casa não como algo admirável, mas como uma posição moralmente equivalente à da visão dos Comensais da Morte de que apenas os bruxos sangues-puros têm valor moral, e que bruxos mestiços ou cujos pais sejam Trouxas são moralmente inferiores. Mas há outro problema com o patriotismo, um que até mesmo o Chapéu Seletor pôde ver: o patriotismo nos divide quando devemos nos unir. A resolução de crises mundiais requer cooperação internacional, mas tal cooperação é difícil quando vemos os outros países como nossos rivais. O Chapéu Seletor reconhece o problema em *selecionar* os alunos de Hogwarts no início do quinto ano de Harry:

Embora condenado a separá-los
Ainda me preocupo que isto seja errado,

Embora eu deva cumprir minha tarefa
E deva dividir todos os anos
Ainda me pergunto se selecionar
Não trará o fim que eu temo.
Ah, conheça os perigos, leia os sinais,
O aviso, a história mostra,
Pois nossa Hogwarts está em perigo
Vindo do exterior, inimigos mortais
E devemos unir-nos dentro dela
Ou iremos desmoronar internamente.[131]

Com a divisão vem a divisibilidade e o que deve ter começado como uma seleção inofensiva para fins nobres terminará sendo a base para a oposição e o ódio.

Pensem, também, no Torneio Tribruxo. Como Alvo Dumbledore o descreve, o torneio é "uma competição amigável" e "um meio excelente de estabelecer vínculos entre jovens bruxas e bruxos de nacionalidades diferentes."[132] Mas, depois que o torneio começa, Rony não consegue ver a amizade de Hermione com Vítor Krum, o campeão da escola estrangeira de Durmstrang, como outra coisa senão comportamento desleal. Por Hermione ser simpática com Krum, Rony acusa-a de ajudá-lo a solucionar o enigma em seu ovo, parte da segunda tarefa do torneio.

"Eu *jamais* o ajudaria a solucionar o ovo!", disse Hermione, parecendo ofendida. "*Nunca*. Como você pode dizer algo assim – eu quero que Harry vença o torneio. Harry sabe disso, não sabe, Harry?"

"Você tem um jeito engraçado de mostrar isso", sorriu Rony, com desdém.

"A grande finalidade deste torneio é a possibilidade de conhecer bruxos estrangeiros e fazer amizade com eles!", disse Hermione com intensidade.

"Não é não!" gritou Rony. "É vencer!"[133]

Com visões como a de Rony, não é de admirar que Dumbledore tenha que lembrar a todos sobre a finalidade do torneio – e que não é vencê-lo. "O objetivo do Torneio Tribruxo era ampliar e promover o entendimento mágico. À luz do... retorno de Lorde Voldemort, esses laços são mais importantes do que nunca", diz Dumbledore. De fato,

---

131. *A Ordem da Fênix*, p. 206-207.
132. *O Cálice de Fogo*, p. 187.
133. Ibid., p. 422-423.

Dumbledore percebe que Voldemort conta justamente com esta divisão: "Somos tão fortes quanto estivermos unidos, e tão fracos quanto estivermos divididos. O dom que Voldemort tem de espalhar a discórdia e a inimizade é muito grande. Podemos enfrentá-lo mostrando um laço de amizade e confiança que seja forte na mesma medida".[134] Dumbledore bem poderia estar apenas se referindo à ameaça ambiental oferecida pelo aquecimento global ou às guerras que acontecem devido à sede de muitas nações por mais petróleo. Laços fortes de amizade e confiança internacional são tão necessários na luta contra crises globais como o são na luta contra Tom Riddle. A formação da Armada de Dumbledore – que inclui alunos de todas as Casas com exceção da Sonserina – mostra que as divisões de Casa (ou nacionais) pouco importam quando todos são afetados na mesma medida por uma ameaça externa e que a união em face daquela ameaça pode ser uma resposta efetiva à mesma.

Patriotismo e Conflito Global

Considere mais um problema possível do patriotismo antes de procurarmos uma forma de compreendê-lo. Muitas pessoas pensam que para ser patriota basta apenas "amar seu país". Isso é até bom, mas o que alguém que ama seu país faz? Aqui vai uma resposta possível. Se você ama seu país, isso não significa querer que seus compatriotas vivam bem e tenham todos os luxos de uma vida boa? Viver a vida típica da classe média norte-americana (com uma grande casa nos subúrbios, carros, viagens de férias, televisões imensas, refeições de alta caloria, e assim por diante) ainda custa muito dinheiro e consome uma quantidade significativa dos escassos recursos mundiais. Parece que a única maneira de manter essa "vida boa" para nós e nossos compatriotas é explorar as pessoas dos outros países – sua mão de obra precisa ser barata, para que possamos pagar pelas mercadorias que produzem, e eles não podem ter carros ou casas grandes, para que o preço do combustível e outros recursos essenciais permaneçam baixos para nós – ou usarmos uma parcela maior do que fazemos jus dos recursos mundiais, negando-os, assim, aos outros. De qualquer forma, deve-se pensar que nosso bem-estar depende de que outras pessoas vivam em condições não tão boas quanto as nossas. (Pense uma vez mais nos elfos domésticos de Hogwarts: quanto do bem-estar dos alunos depende das condições

---

134. Ibid., p. 723.

horrendas de trabalho dos elfos escravizados?) Se esta linha de raciocínio estiver correta, e se concordarmos que todos contam de forma igual, então parece que, para segui-la, teremos de restringir de modo significativo nosso estilo de vida e abaixar nossos altos padrões para que outros possam sair da pobreza opressiva. Assim, se "amar seu país" significa apoiar o alto padrão de vida de que gozam seus compatriotas, isso significará agir de modo a explorar os cidadãos de outros países e é equivalente – não é? – a pensar que o bem-estar de seus companheiros norte-americanos é mais importante que o bem-estar de outras pessoas. E isso parece estar muito próximo da ideia de que as pessoas de seu país são moralmente superiores às pessoas de outros países.

É claro, há um grande número de "ses" nesta linha de raciocínio e algumas poucas objeções possíveis. Pode-se pensar que a elevação do padrão de vida em outros países servirá, de fato, para beneficiar nossa economia – quanto mais dinheiro as pessoas de outros países tiverem, mais das nossas coisas elas poderão comprar e precisarão menos de nossa ajuda. Mesmo assim, a questão dos recursos escassos nos ajuda a perceber um possível conflito entre o patriotismo e o ponto de vista moral que concede condição moral igual a todas as pessoas. Na mesma esteira, se desejamos manter a visão de que o patriotismo é uma virtude, temos de encontrar uma maneira de entendê-lo de forma que não entre em conflito com a visão muito atraente de que todas as pessoas – de qualquer nacionalidade – têm o mesmo valor moral. Vejamos agora como podemos fazer isso.

O Patriotismo Restaurado

Vimos alguns dos grandes perigos do patriotismo: ele promove um injustificável senso de que *nós* somos melhores em termos morais do que *eles*, pode levar ao imperialismo econômico e impedir ações conjuntas em situações nas quais trabalhar além das fronteiras nacionais seja crucial para resolver problemas comuns. Mas não eliminemos o patriotismo ainda; talvez não o tenhamos entendido de forma apropriada. Martha Nussbaum, uma das principais filósofas da atualidade, tenta encontrar espaço para os laços e lealdades nacionais no que ela chama de ponto de vista "cosmopolitano": no qual vemo-nos como cidadãos do mundo e reconhecemos nossas obrigações para com todas as pessoas, não apenas para com nossos vizinhos e compatriotas. Uma vez que o cosmopolitismo de Nussbaum abraça a igualdade de valor moral de todas as pessoas em uma roupagem diferente, ela pode nos oferecer um modo de ser patriota sem nos unirmos ao Lorde das Trevas.

Para entender como Nussbaum encontra espaço para o patriotismo dentro da visão moral que diz que todas as pessoas têm valor moral igual, retomemos nossa análise das Casas de Hogwarts. Imagine que acreditamos que todos os alunos de Hogwarts são igualmente merecedores de uma formação e precisamos descobrir a maneira mais efetiva de fornecer-lhes a melhor formação que pudermos. Queremos que *todos* eles sejam instalados e alimentados de forma adequada, aprendam as matérias e transformem-se em bruxos responsáveis e instruídos. A formação de cada aluno é tão importante quanto a de qualquer outro aluno. Ainda, este mesmo desejo – fundamentado, como está, na igualdade de valor moral de todos os alunos – deve levar-nos a apoiar a divisão dos alunos em Casas. Casas pequenas, com suas salas e dormitórios comuns mais privativos, pode ser a melhor maneira de tomar conta de todos, administrar Hogwarts e estimular a amizade e o apoio mútuos necessários para que os alunos tenham êxito na escola. A competição para a Taça da Casa motivará os alunos a se dedicarem às suas aulas: uma vez que eles queiram que sua Casa ganhe, estudarão com afinco de modo a responder com correção às perguntas dos professores e ganhar pontos para sua Casa. Em outras palavras, poderíamos pensar, e de forma sensata, que, como em uma família, estimular um senso de lealdade, orgulho e patriotismo com relação à Casa será a maneira mais efetiva de atingir nosso objetivo de fornecer uma educação de qualidade a todos os alunos. Ou seja, o motivo pelo qual Hermione deve dar preferência especial aos outros membros da Grifinória não é porque os alunos da Grifinória são, de alguma forma, superiores, em termos morais, aos alunos das outras Casas – é claro que não o são – mas antes porque, se todo aluno der uma espécie de tratamento preferencial aos membros de sua própria Casa, então todos os alunos terão êxito e receberão a formação que merecem. Nussbaum faz a argumentação baseada em pais cuidando de seus filhos:

> Dar cuidados especiais à sua própria esfera social é justificável em termos universalistas e eu acredito que esta é a sua justificativa mais persuasiva. Para tomarmos um exemplo, nós não achamos de fato que nossos próprios filhos sejam moralmente mais importantes que os filhos dos outros, embora quase todos nós que somos pais daríamos aos nossos próprios filhos muito mais amor e cuidados do que o faríamos pelos filhos dos outros. É bom para as crianças,

de modo geral, que as coisas funcionem desta forma e é por isso que nossos cuidados especiais são bons em vez de serem egoístas.[135]

Dessa forma, devemos promover a consideração especial aos nossos próprios compatriotas envolvida pelo patriotismo, mas é justo que façamos isso, de acordo com Nussbaum, apenas na medida em que tal atitude sirva aos interesses de todas as pessoas e não demande que outros sofram para que possamos prosperar. Se os norte-americanos dão atenção e cuidados especiais a outros norte-americanos e os chineses dão essa mesma espécie de atenção e cuidados a outros chineses e, de forma semelhante, isso aconteça com todos os cidadãos de cada país, todos estarão (ao menos em teoria) sendo cuidados e prosperarão. O patriotismo pode, portanto, ser uma virtude quando serve aos interesses dos cidadãos de todos os países; torna-se um vício quando estimula e promove injustiça e desigualdade. Perceber quando isso ocorre pode ser difícil, como demonstram as brigas de Rony com relação ao Torneio Tribruxo, mas parece que Nussbaum nos deixa um bom espaço para sermos patriotas enquanto ainda respeitamos os direitos das pessoas de outros países.

A Importância da Comunidade

Ser um membro leal e patriota de um grupo não precisa significar que você considera os membros de seu grupo moralmente superiores a qualquer outra pessoa. Essa é a diferença entre o patriotismo de um membro da Grifinória e a intolerância de um membro da Sonserina. Mas qual é o valor, em si, de participar de um grupo? O bem-estar de uma pessoa depende de sua participação em uma comunidade com limites claros e uma conexão impecável com suas tradições históricas? Ou a vida em uma comunidade cujas ricas tradições culturais estejam apartadas do resto do mundo deve ser sufocante e uma resposta falsa à nossa situação moderna?

Está bem claro como os Comensais da Morte, com seu mantra de preservação da pureza do sangue bruxo, responderiam a essa questão. Para prosperar, os bruxos devem manter sua espécie livre de qualquer intrusão do mundo não mágico. Eles temem tanto o mundo exterior que Voldemort mata o Professor de Estudos dos Trouxas, de Hogwarts, cujo

---

135. Martha Nussbaum, "Patriotism and Cosmopolitanism", em *For Love of Country* (Boston: Beacon Press, 2002), p. 13.

crime, além do de gostar de Trouxas, foi defender a mistura cultural e "o declínio dos sangues-puros".[136] Os Comensais da Morte com certeza pensam que ter sucesso como um bruxo – viver a boa vida de bruxo – requer ser membro da comunidade mágica, uma comunidade que eles acreditam deva ser mantida pura e não diluída.

A ideia de que o desenvolvimento e sucesso humanos exigem a participação em uma comunidade que é unida por tradições e práticas culturais comuns – uma ideia levada a extremos, de forma violenta, pelos Comensais da Morte – é conhecida, em filosofia política, como "comunitarismo". Comunitaristas acreditam que a participação na vida de alguma comunidade em particular dá significado a nossas vidas e é a fonte de nossos sistemas de valores. De fato, baseando-se na afirmação de Aristóteles de que os seres humanos são "animais políticos", portanto não podem alcançar sua humanidade completa fora de uma "polis" (grosso modo, uma pequena comunidade política), alguns comunitaristas afirmam que nossas próprias identidades estão vinculadas à comunidade a que pertencemos. Para compreender como nossas identidades são "construídas" pela nossa participação em comunidades, pensem na identidade de Harry como "o Garoto Que Sobreviveu". Isso é fundamental para o modo como Harry vê a si próprio, o modo como todos o veem e o que ele adota como obrigações e valores. Quase tudo em Harry está centralizado neste papel que ele atuou no mundo mágico. Retirado daquele mundo, com sua história, alianças, relações familiares e tradições, Harry não saberia quem ele é ou o que deveria fazer. Na verdade, nós temos uma visão de como é *fora* da comunidade mágica quando vemos sua vida "embaixo da escada", antes de entrar para Hogwarts. Seu sofrimento poderia ser atribuído à sua retirada da comunidade de origem.

Fortes vertentes do comunitarismo veem a participação na comunidade como uma necessidade humana básica – como a necessidade de alimento e abrigo –, que pode parecer sensata desde que reconheçamos a importância de ter um sentido de identidade, um conjunto de valores, um significado e um propósito de vida. O ponto crucial é que, de acordo com os comunitaristas, obtemos essas coisas apenas ao pertencermos a grupos unidos por tradições, lembranças e práticas culturais comuns, e assim por diante. Se tais comunidades são tão essenciais ao nosso bem-estar, há boas razões para pensarmos que devemos trabalhar para preservá-las e assegurarmo-nos de que elas não desapareçam em uma miscigenação cultural. De acordo com os comunitaristas, nosso

---

136. *As Relíquias da Morte*, p. 12.

bem-estar é ameaçado quando somos retirados dessas comunidades que conferem significado a nossas vidas ou quando nossa comunidade é ameaçada a partir do exterior pelas forças de assimilação ou modernidade.

Mas, é claro, os comunitaristas teriam problemas com a tática dos Comensais da Morte. Não há nada de errado em preservar fortes laços culturais, mas, com certeza, isso não exige violência e atos de dominação. De fato, os bruxos mestiços e outras criaturas mágicas não precisam ser perseguidos e os Trouxas não precisam ser mortos para que a comunidade mágica preserve sua identidade. Os problemas ficam um pouco mais complexos quando a preservação de tradições culturais envolve violação da liberdade de membros daquela cultura. Debates recentes sobre o tratamento dado a mulheres em certas culturas – desde a mutilação genital feminina em algumas culturas tradicionais africanas à opressão social destas em determinadas culturas islâmicas, apenas para identificar dois – levantam a questão do que é mais importante: preservar tradições culturais ou assegurar a liberdade individual. Se não pudermos encontrar um meio de preservar nossa cultura sem oprimir os outros, teremos um bom motivo para repensar o comunitarismo.

Desenvolvimento Humano e a Preservação de Culturas em Via de Extinção

Digamos que encontremos uma maneira de estabelecer esse limite e decidamos preservar certas culturas que estão sob a ameaça de desaparecer ou de serem assimiladas. Isso é bom? Isso vale nosso tempo e esforço? Algo ruim acontece quando uma cultura minoritária (como os Amish ou as tribos indígenas americanas) é engolida pela maré implacável da modernidade? Seria ruim se todos os centauros deixassem a Floresta Proibida e fossem assimilados ao mundo mágico, conseguindo empregos em Hogwarts (como Firenze o fez), no Ministério da Magia, ou na Zonko's – Logros e Brincadeiras? Medidas especiais deveriam ser tomadas para proteger culturas ameaçadas ou em extinção? O comunitarismo dá uma razão para fazer isso: o bem-estar das pessoas daquela cultura depende de sua contínua preservação. A implicação é que se uma cultura desaparece, suas pessoas serão lançadas a esmo no mundo moderno e sofrerão como uma consequência de não mais pertencerem às suas culturas de origem, com sua história e tradições ancestrais. Isso está certo? As pessoas, de fato, como o filósofo contemporâneo Jeremy Waldron coloca, "precisam de seu alicerce em uma cultura particular na qual foram educados, como seus ancestrais, da mesma maneira como precisam de comida, vestimenta e abrigo?"[137]

Logo, qual visão do bem-estar humano está correta? A visão comunitarista de que as pessoas precisam estar alicerçadas em uma cultura tradicional a fim de viver vidas humanas plenas? Ou a visão cosmopolita de que o verdadeiro desenvolvimento humano requer ser a pessoa uma espécie de imigrante cultural que se movimenta entre muitas culturas, misturando e integrando pequenas partes de tradições diferentes?

De acordo com alguns filósofos, uma razão forte a favor da visão cosmopolitana de uma boa vida é que ela é a única resposta sensata à vida no mundo moderno. Talvez alguns séculos atrás, quando as comunidades humanas eram bastante isoladas umas das outras, a qualidade de vida exigisse uma participação contínua em alguma comunidade tradicional. Mas, em um mundo moderno e interconectado, onde pessoas de diferentes crenças, etnias, raças e nacionalidades misturam-se todos os dias, seja de forma virtual ou nas ruas de Londres, Bombaim ou Nova York, o desenvolvimento humano requer uma habilidade de movimentar-se de maneira confortável entre tradições diversas. Como coloca Waldron,

> o estilo de vida híbrido do verdadeiro cosmopolitano é a única resposta apropriada ao mundo moderno em que vivemos. Vivemos em um mundo formado por tecnologia e comércio; pelo imperialismo econômico, religioso e político e seus frutos, pela migração em massa e a dispersão de influências culturais. Neste contexto, mergulhar nas práticas tradicionais de, digamos, uma cultura aborígine, pode ser um experimento antropológico fascinante, mas envolve um deslocamento artificial do que na verdade está acontecendo no mundo.[138]

Anteriormente observamos o cosmopolitismo como uma visão quanto ao valor moral igualitário de todas as pessoas; aqui, o cosmopolitismo é oferecido como uma visão quanto ao que é necessário para o desenvolvimento humano. É uma visão que tem mais a ver com o valor de misturar-se e movimentar-se entre culturas do que com o valor moral das pessoas, mas os livros de Harry Potter apresentam fortes argumentos em prol de ambas as formas de cosmopolitismo. Ao rejeitar a

---

137. Jeremy Waldron, "Minority Cultures and the Cosmopolitan Alternative", *University of Michigan Journal of Law Reform* 25, n. 3-4 (1991-1992): 762.
138. Ibid., p. 763.

visão racista de Lorde Voldemort, os livros assumem uma posição a favor da igualdade de valor moral de todos os povos. Mas, quando pensamos em como Harry conseguiu derrotar Voldemort, vemos que grande parte de seu êxito deveu-se à sua habilidade de se movimentar entre culturas e sua disposição em trabalhar em conjunto com pessoas de grupos étnicos diferentes. Harry pode movimentar-se no mundo dos Trouxas com a mesma facilidade com que o faz no mundo mágico; seus melhores amigos são o bruxo sangue-puro Rony, a bruxa, nascida Trouxa, Hermione e o meio-humano, meio-gigante Hagrid. Ele fala com cobras, trabalha com centauros e goblins e até faz amizade com um elfo doméstico, um hipogrifo e uma fênix. A fluência intercultural é, talvez, melhor demonstrada pelos muitos personagens que são parte-isso e parte-aquilo. Além de Hagrid, há o lobisomem Remo Lupin, o Animago Sirius Black, a semi-Veela Fleur Delacour e o meio-humano, meio-cavalo Firenze. Se existe uma lição moral no âmago dos livros de Harry Potter, ela é uma adesão a ambas as espécies de cosmopolitismo – a ideia de que todas as pessoas têm igual valor moral e que o desenvolvimento no mundo moderno requer uma aceitação de outras culturas e uma habilidade de navegar entre elas.[139]

---

139. Agradeço a Anne Gilson LaLonde pelos comentários úteis a um esboço anterior deste artigo.

A política de Dumbledore

Beth Admiraal e Regan Lance Reitsma

O libertarismo político ensina que o principal valor que o governo deve proteger e respeitar é a liberdade pessoal de cada um de seus cidadãos. De acordo com o pensamento libertário padrão, a liberdade pessoal tem um valor moral tão significativo que o único estado político moralmente justificável é restrito em grande medida. Sua única tarefa legítima é proteger seus cidadãos da coerção, fraude e roubo.

Alvo Dumbledore é um libertário político? Mais ainda, a série Harry Potter apoia uma agenda política libertária? Muitos analistas de Potter parecem pensar que sim. Em *Harry Potter and Imagination*, Travis Prinzi argumenta que "não é difícil ver" no comportamento e atitudes de Dumbledore um "libertário adepto do governo mínimo".[140] E Prinzi descreve a série Potter como um "conto de fadas político", com uma filosofia política "embutida", cujo "elemento libertário" é "crucial ao enredo e à moralidade de Harry Potter".[141] No artigo "Harry Potter and the

---

140. Travis Prinzi, *Harry Potter and Imagination: The Way Between Two Worlds* (Allentown, PA: Zossima Press, 2009), p. 236.
141. Ibid., p. 239. Às vezes, Prinzi reforça a importância dos veios libertários na série Potter. Por exemplo, em seu "succint summary of the political philosophy underlying the Harry Potter series", Prinzi menciona temas liberais, cristãos e do gradualismo Fabiano (p. 241).

Half-Crazed Bureaucracy", Benjamin Barton, professor de Direito da Universidade do Tennessee, argumenta que a série Potter contém "uma ofensiva inexpugnável contra o governo", um ataque do qual ele incentiva que o movimento libertário na América do Norte tire vantagem.[142] (Ouçam, ardentes amantes da liberdade.)

Os fãs de Potter devem perguntar-se o motivo pelo qual Prinzi e Barton fazem tais afirmações. A série Potter não parece, ao ser lida, um manifesto libertário. Uma argumentação abrangente em favor de uma filosofia política libertária não precisaria falar de forma aberta e em geral, como muitos libertários o fazem, sobre as virtudes do comércio livre e os vícios do moderno estado liberal de bem-estar social, para não mencionar a loucura de ingressar em "alianças confusas" com organizações internacionais como as Nações Unidas?[143] Mas a desregulamentação do mercado, oposição às políticas de bem-estar social e a concepção visivelmente robusta de soberania nacional não são, de fato, temas principais nos livros de Potter.

Ainda, não há qualquer evidência direta de que Dumbledore seja a favor de um estado "de vigilância mínima". Embora ele, em várias ocasiões, detenha diversas posições bastante influentes no mundo mágico – Diretor da Escola de Magia e Bruxaria de Hogwarts, Chefe Supremo da Confederação Internacional de Bruxos e Bruxo-Presidente da Suprema Corte dos Bruxos –, em nenhum momento Dumbledore defende qualquer filosofia política genérica: monárquica, comunista, fascista,

---

Em outras situações, Prinzi fala de forma menos pretensiosa: há, na série Potter, "muita coisa para fazer um libertário feliz" (p. 233), e "elementos libertários são evidentes na série" (p. 238). Avaliaremos as afirmações menos modestas. Em uma comunicação pessoal, Prinzi nota que ele não afirma que Dumbledore é um político liberal em um sentido veemente e aberto. Sua afirmação, antes, é que Dumbledore é largamente liberal nas suas interações pessoais com os outros, em seu respeito pela escolha moral individual e na maneira como ele detém posições de poder, e isso "empresta credibilidade a uma leitura libertária intencional da série". Somos gratos a Prinzi por este esclarecimento. Como este capítulo deixa claro, acreditamos no libertarismo como uma visão política em sua essência e assim consideramos um despropósito falar de "aspectos libertários" nos livros de Potter que não tenham referências a governo mínimo, liberdades individuais, liberdades econômicas, envolvimentos estrangeiros ou outros temas políticos característicos do libertarismo clássico e contemporâneo. Para conhecer a análise melhor articulada que próprio Prinzi faz da política de Dumbledore, veja o seu *Harry Potter and Imagination*, capítulos 11 e 12.

142. "Harry Potter and the Half-Crazed Bureaucracy", *Michigan Law Review* 104 (maio/2006): 1523-1538, disponível *on-line* no endereço <www.michiganlawreview.org/archive/104/6/Barton.pdf>. Veja também Andrew Morris, "Making Legal Space for Moral Choices", *Texas Wesleyan Law Review* 12:1 (2005): 473-480.

143. A citação completa, do primeiro discurso inaugural de Thomas Jefferson, é "Paz, comércio e amizade honesta com todas as nações. Sem fazer alianças com qualquer delas". A frase tem sido usada mais recentemente como título de inúmeros ensaios do representante norte-americano e candidato libertário à presidência, Ron Paul.

liberal democrática, libertária, anarquista ou outra. E em nenhum lugar Dumbledore pronunciou qualquer dos *slogans* de praxe que são, em geral, associados à teoria libertária. Ele nunca afirmou, por exemplo, que "o governo que governa menos, governa melhor" ou que cada pessoa tem "um direito natural da posse completa de si própria".

Em que fundamentos, então, Prinzi e Barton baseiam suas interpretações libertárias?

Dumbledore é um Libertário?

Prinzi dá três argumentos fundamentais a favor da tese de que Dumbledore "segue uma orientação libertária".[144] Primeiro, Dumbledore suspeita do poder político. Segundo, ele defende a liberdade individual e a igualdade política. Terceiro, ele adota um "estilo de administração não intervencionista" que se encaixa à crença libertária em um governo não intervencionista, de *laissez-faire*, ou de mercado livre. Consideremos estes três argumentos.

Primeiro, Prinzi ressalta que Dumbledore desconfia, de forma evidente, do poder político. Como não poderia, uma vez que vê este ser mal utilizado com tanta frequência? O Ministro da Magia, em vez de oferecer ajuda nos tempos de necessidade, é, em geral, um obstáculo à derrota de Voldemort. O Ministro foi completamente incapaz de evitar o reinado de terror de Voldemort durante a primeira assunção do Lorde das Trevas ao poder. E ao passo que as forças malignas de Voldemort reúnem-se uma vez mais, de forma gradual e abominável, em *O Cálice de Fogo*, Percy Weasley e outros no Ministério estão muito ocupados criando uma política inoportuna a respeito da espessura do fundo dos caldeirões. Enquanto isso, Dumbledore deve trabalhar nos bastidores para sabotar os planos do Lorde das Trevas. O Ministro também atua de modo injusto ao suspender Dumbledore de suas funções, em *A Câmara Secreta*, ao condenar Bicuço, em *O Prisioneiro de Azkaban*, ao acusar Harry pelo uso de magia quando menor de idade, em *A Ordem da Fênix*, e ao tentar impor controle ministerial sobre Hogwarts naquele mesmo ano. A cada situação, Dumbledore precisa encontrar uma maneira de dirigir o curso dos fatos para uma conclusão justa. Dumbledore, com certeza, é esperto o suficiente para chegar à conclusão de que não se pode, em regra, confiar nas pessoas que estão no poder.

Além disso, fica claro que Dumbledore entende por si mesmo o quanto o poder pode corromper. Em *As Relíquias da Morte*, ele admite

---

144. Prinzi, *Harry Potter and Imagination*, p. 236-239.

que "o poder foi minha fraqueza e minha tentação" e diz que ele recusou o cargo de Ministro da Magia muitas vezes porque ele tinha "aprendido que não era confiável quando no poder".[145]

Essas considerações mostram que Dumbledore "segue uma orientação libertária"? Não. Este argumento não procede. A conclusão simplesmente não advém das evidências usadas como fundamento, pois os libertários não detêm um monopólio sobre a ideia de que o poder corrompe. Teóricos políticos de uma variedade de tendências aceitam essa afirmação. O sistema político dos Estados Unidos, que está longe de ser libertário, tenta limitar a "influência corruptiva do poder" implementando um sistema de "freios e contrapesos". A nenhum ramo do governo federal – o executivo, o judiciário ou o legislativo – é dado ter poder prioritário sobre os outros dois. O propósito é que existam mecanismos para limitar o poder de qualquer pessoa ou agência governamental diversos da implementação de um sistema político libertário. Na verdade, Lord Acton, que cunhou o famoso provérbio "o poder corrompe, e o poder absoluto corrompe absolutamente", era um católico tradicional que não apoiava um estado mínimo e não moralista.

O segundo argumento de Prinzi é que Dumbledore compartilha com a tradição libertária uma forte devoção ao valor da liberdade individual. Sem dúvida, ele o faz. É um dos seus traços mais notáveis e louváveis. Por exemplo, o tratamento que Dumbledore dispensa aos elfos domésticos escravizados que trabalham em Hogwarts revela tal devoção. Dumbledore acredita que o instituto da escravidão dos elfos domésticos deveria acabar. Como Prinzi está correto ao enfatizar, Dumbledore acaba por favorecer, por razões estratégicas, uma abordagem gradual à mudança do sistema.[146] Ele opta por não requerer a imediata emancipação dos elfos domésticos porque eles, tendo sido educados (ou, como diz Hermione, "recebido uma lavagem cerebral") para ter orgulho de sua identidade de servos, ficariam ofendidos de forma profunda pela ideia de que querem ser livres. Dumbledore compreende e oferece aos elfos domésticos o direito de serem pagos por seu trabalho e terem folgas, mas não os compele a aceitar pagamento ou férias. A política de Dumbledore permite que os elfos domésticos vivam com a ideia de maior liberdade e, quando estiverem prontos, decidam por

---

145. *As Relíquias da Morte*, p. 717, 718.
146. Em especial se comparado a Hermione Granger. Quando Hermione descobre que Hogwarts tem elfos domésticos, ela forma a SPEW, a Sociedade para a Promoção do Bem-Estar Élfico, que luta por salários e condições de trabalho justos. Um elfo doméstico é libertado da servidão se seu mestre lhe der uma peça de roupa; então, Hermione começa a deixar meias e gorros de lã para os elfos domésticos.

si próprios quando gostariam de ser livres. Esse gradualismo pode ser visto, em si mesmo, como um modo de respeitar a liberdade individual dos elfos domésticos (embora isso implique deixá-los, pelo tempo que for, escolher ser menos livres).

Como os libertários, Dumbledore é tolerante com grupos minoritários mal-vistos, e ele, com frequência, defende as vítimas de discriminação. Por exemplo, ele trabalha para salvar a vida dos últimos gigantes da Bretanha. Os gigantes, devido às suas naturezas selvagens, representam de fato uma séria ameaça à segurança de Trouxas e bruxos; por isso, Dumbledore decidiu, por conta própria, aprender o que é necessário para interagir com essas criaturas obtusas e impulsivas, encontrar um lugar para que elas vivam e reprimir um "movimento pela segurança" para matá-los. Dumbledore também se dispõe a contratar professores para Hogwarts que pertencem a minorias desprezadas, tais como o meio-gigante Rúbeo Hagrid, o lobisomem Remo Lupin e o centauro Firenze. Por fim, Dumbledore opõe-se, de forma consistente, ao sangue-purismo e às afirmações de superioridade por parte de bruxos, dizendo que "não importa o que uma pessoa seja ao nascer, mas o que se torna ao crescer!"[147] Dumbledore tem, conclui Prinzi, uma atitude libertária em relação à liberdade individual e à igualdade de cada membro do mundo mágico.

Fica claro ainda que Dumbledore confere um alto valor à proteção da autonomia individual de cada pessoa. Mas, de novo, os libertários não são os únicos teóricos políticos que cantam louvores à liberdade. Muitos teóricos políticos – liberais, por exemplo – apoiariam a emancipação dos elfos domésticos e direitos iguais para grupos minoritários. Se Prinzi quer nos convencer de que Dumbledore tem o coração e a mente de um libertário, ele deveria proporcionar evidências de que a perspectiva pessoal de Dumbledore tem conteúdo que seja *distintamente* libertário. O que separa o libertarismo político de outras correntes dentro da tradição liberal é o seu comprometimento com a *primazia* da liberdade individual. Um libertário não apenas crê em um direito moral à liberdade individual, mas interpreta esse direito de modo impressionante devido à solidez que se lhe atribui.[148] Vamos considerar

---

147. *O Cálice de Fogo*, p. 708.
148. Os libertários são em regra descritos como sendo contrários a "governos abrangentes". Essa descrição, embora verdadeira, não é muito precisa. Talvez seja mais esclarecedor situar o libertarismo entre o anarquismo e o liberalismo moderno. Anarquistas, libertários e liberais modernos concordam, cada qual, que existe um direito moral à liberdade, mas discordam – de maneira significativa – quanto à solidez de tal direito. O anarquista acredita na concepção mais sólida desse direito. Ele afirma que qualquer estado político, por causa da

três modos notáveis pelos quais os libertários restringem a interferência do governo na liberdade individual, e então perguntar se Dumbledore apoia restrições semelhantes. Prinzi parece pensar que sim.

Primeiro, os libertários opõem-se às leis que restrinjam a liberdade das pessoas "para o seu próprio bem". Regimes liberais em geral exigem o uso de cintos de segurança ou capacetes para motocicletas, proíbem o uso de esteroides por atletas, proíbem as pessoas de nadarem em certas praias sem um salva-vidas e recolhem dinheiro para aposentadorias. Eles justificam essas práticas, ao menos em parte, fundamentando que tais regras impedem que as pessoas prejudiquem a si próprias. Mas, um governo adequadamente respeitoso, acreditam os libertários, não será paternalista; ele deixará seus cidadãos tomarem as próprias decisões, ainda que tais escolhas tenham efeitos negativos previsíveis. Segundo, os libertários opõem-se às leis que estabelecem "crimes sem vítimas" ou "imoralidades inofensivas", como prostituição, homossexualidade, uso recreativo de drogas e jogos de azar. Eles acreditam que o governo não deve limitar a liberdade pelo simples fato de uma atitude ser considerada imoral. Um estado está submetido a uma obrigação positiva de proteger a liberdade e a propriedade de seus cidadãos, mas, como John Locke poderia ter colocado, um "juiz civil" não deveria preocupar-se em "cuidar das almas".[149] Terceiro, os libertários são críticos profundos das tentativas burocráticas de ajudar os menos favorecidos ou da redistribuição de riquezas visando reduzir a desigualdade econômica. Quando um Estado toma dinheiro daqueles "que têm" para dá-lo àqueles "que não têm", isso é visto pelos libertários como "um roubo sancionado pelo estado" ou "trabalho forçado". Muitos libertários concordariam que um ato pessoal de caridade – uma doação particular para Oxfam, por exemplo – é louvável quanto à moral. Mas, se um governo toma pela força seu dinheiro ganho com grande esforço e o distribui como "previdência social", isso nada mais é que um roubo com outro nome.

---

sua própria natureza, viola direitos individuais de forma tão significativa que seria injustificado em termos morais. A liberdade deveria imperar; a nenhuma pessoa ou grupo deveria ser dada a autoridade burocrática de restringir a liberdade por qualquer modo. Um liberal moderno, no entanto, acredita em uma concepção consideravelmente mais fraca do direito moral à liberdade. Ele acredita, primeiro, que um estado político deveria aspirar a objetivos políticos outros que não proteger e respeitar a liberdade individual e, segundo, que a busca de alguns desses objetivos políticos justifica a restrição da liberdade individual dos cidadãos. Os libertários ficam entre essas duas visões gerais; sua concepção do direito à liberdade é menos sólida que a dos anarquistas, mas é mais sólida que a dos liberais modernos.
149. John Locke, *A Letter Concerning Toleration* (Indianápolis: Hackett, 1983; primeira publicação em 1689), p. 26.

Em seu âmago, o libertarismo político tem uma forte concepção da vida moral. Ele pensa em termos radicalmente individualistas; admira com firmeza a inteligência, a criatividade, a força e a iniciativa pessoais; vê a liberdade como o valor político "mestre"; é bastante cético quanto ao poder governamental e às soluções burocráticas; e acredita de forma considerável na "mão invisível" do mercado para criar riqueza e prosperidade.

Com esse breve esboço do libertarismo em mãos, voltemos à nossa discussão das visões políticas de Dumbledore. O terceiro argumento de Prinzi – seu apelo ao "estilo de não colocar as mãos" de Dumbledore – poderia ser interpretado como sua tentativa mais sólida de demonstrar que Dumbledore não apenas compartilha muitos valores com o libertarismo, mas tem uma mentalidade voltada, de modo notável, àquele. Dumbledore tem, como coloca Prinzi, uma "disposição de deixar as pessoas sob seu comando viverem e serem livres".[150] Os libertários, como vimos, acreditam que o Estado não deveria criar leis paternalistas; *em vez disso*, deveria permitir que seus cidadãos tomem suas próprias decisões, mesmo que sejam insensatas. Dumbledore, afirma Prinzi, também adota essa visão. Enquanto diretor, Dumbledore permite, de maneira ampla, que professores e alunos "façam o que lhes apraz", apesar das muitas decisões insatisfatórias que eles tomam com frequência e de forma previsível. Pode-se presumir que Dumbledore não concorde com a explanação bastante enfadonha do Professor Binn, o uso que Hagrid faz de criaturas mágicas perigosas ou os métodos de ensino malucos da Professora Trelawney. Dumbledore, e isso é ainda mais significativo, também não intervém para proteger os alunos contra humilhações, preconceito e crueldade. Por exemplo, ele permite que Severo Snape pendure Neville Longbottom de cabeça para baixo na frente da sala, tire pontos da Grifinória de forma injusta e negue tratamento médico a Hermione Granger quando um dos feitiços de Draco Malfoy, de maneira inadvertida, faz os dentes da garota crescerem de modo humilhante. Dumbledore não pode ser acusado, para dizer o mínimo, de ser um diretor intrometido.

Ainda mais óbvio que as muitas coisas infelizes que acontecem em Hogwarts sob o olhar de Dumbledore é sua abordagem a Harry. Parece, conforme lemos a série, que uma das características mais surpreendentes é a sua ausência. Dumbledore não cria e educa o órfão Harry. Ele mal entra em contato com o Harry solitário durante seus verões dolorosos com os Dursley. Ele não se coloca ao lado de Harry quando

---

150. Prinzi, *Harry Potter and Imagination*, p. 234-235.

este, aos onze anos de idade, confronta Voldemort pela primeira vez – ou, tampouco, da segunda e da terceira vez, na Câmara Secreta e no cemitério em Little Hangleton. Dumbledore, de fato, dá a Harry, verdade seja dita, as ferramentas necessárias para lutar contra Voldemort. Mas essas ferramentas não garantem a vitória do jovem Harry; elas deixam ainda muito para o próprio Harry fazer. Por que Dumbledore não está lá, logo ao lado de Harry? Mesmo quando Dumbledore está fisicamente presente, Harry em geral acha Dumbledore direto e emocionalmente distante. O que tudo isso diz sobre Dumbledore?

Harry não é o único que acha Dumbledore distante e descomprometido de um modo que não se pode explicar. Amico Carrow, o Comensal da Morte, zomba de Dumbledore: "Sempre o mesmo, não é, Dumby, não falando nem fazendo nada, nada".[151] Red Hen, um famoso analista de Harry, chama Dumbledore de "um dos maiores sapos (e não de chocolate) de fato" no mundo mágico, que desperdiçou a chance de reformar a sociedade mágica por décadas.[152] Prinzi tem uma interpretação mais caridosa. Ele entende que Dumbledore faz uma *escolha de princípios* de não gerir em minúcias as vidas de outras pessoas ou de aparatar o tempo todo para salvar o dia. Não é que Dumbledore seja preguiçoso, fraco ou indiferente. Mas, Dumbledore acredita que um líder está sujeito a restrições significativas ao uso do poder de coerção e ele está disposto a trabalhar dentro desses limites morais autoimpostos. Dumbledore tem, pensa Prinzi, uma concepção muito forte de autonomia individual, e isso sugere que os líderes devem abster-se de interferir nas escolhas que outras pessoas fazem. Prinzi está até mesmo disposto a afirmar que o motivo que leva Dumbledore a ficar inerte, enquanto professores de Hogwarts maltratam alunos, é profundamente libertário. Dumbledore tem, acredita Prinzi, a "sólida" visão do libertário quanto à vida humana; ele admira a autoconfiança e vê a vida como um campo de teste que dá às pessoas a oportunidade de aprender as habilidades da vida e desenvolver a determinação individual necessária para sobreviver em um mundo difícil. Como Dumbledore diz a Severo Snape: "É essencial... *deixar [Harry] testar sua força*".[153]

O argumento de Prinzi de que o estilo administrativo de Dumbledore reflete uma orientação libertária, no entanto, não é convincente. Primeiro, como os libertários ressaltariam, dirigir uma escola é muito

---

151. *O Enigma do Príncipe*, p. 594.
152. Red Hen, *Case in Point: Albus Dumbledore*, <www.redhen-publications.com/Dumbledore.html>.
153. *As Relíquias da Morte*, p. 687 (ênfase acrescida).

diferente de realizar um governo. Embora os libertários oponham-se ao uso de coerção pelo governo, eles, em geral, acham a coerção apropriada dentro da família e de instituições privadas como Hogwarts. E a ideia de que a liberdade individual deveria ser o "valor supremo" – faça ou não faça sentido em política – não faz sentido na direção de uma escola para adolescentes e pré-adolescentes. Os ideais libertários estão alicerçados na ideia de que se deve permitir aos adultos governar suas próprias vidas, porque eles têm a capacidade de deliberar e fazer suas próprias escolhas. Mas esse raciocínio não pode ser aplicado, de forma sensata, a crianças de onze anos de idade, cujas potências intelectuais ainda estão em desenvolvimento.[154]

Apenas para argumentar, no entanto, vamos permitir uma analogia entre Hogwarts e uma sociedade política, e vamos tomar Dumbledore como o burocrata-chefe dessa sociedade de professores e alunos. Ainda que aceitemos essa hipótese, o argumento de Prinzi não procede. E isso porque o pensamento libertário não levaria uma pessoa a fazer o que Dumbledore fez, a saber, ficar inerte enquanto os alunos são intimidados, maltratados e ameaçados pelo corpo docente. O libertarismo não é anarquia.[155] De acordo com o pensamento libertário, uma pessoa que

---

154. Os libertários com frequência defendem sua concepção do estado de vigilância mínima apelando a um "direito natural" de liberdade individual, interpretado em regra como um "direito moral da posse completa de si mesmo". Se você tem um direito de propriedade sobre um objeto material – um laptop, digamos – isso significa que cabe a você decidir quem pode usar o laptop; você tem direito a ressarcimento de quem quer que o furte, roube ou quebre e você tem o direito de vender ou dar o laptop a qualquer pessoa de sua escolha. Os libertários acreditam que as pessoas também têm esses mesmos direitos de propriedade sobre si próprias. Uma pessoa tem a autoridade total de decidir o que acontece com a sua propriedade, o que inclui o seu corpo. É direito seu decidir aceitar tratamento médico, tomar drogas socialmente, ter relações sexuais com outra pessoa, entrar para o serviço militar e assim por diante. Se o Estado não respeita esse conjunto de direitos, ele não trata o cidadão com a dignidade que ele, enquanto pessoa, merece. O argumento libertário-padrão para um estado de vigilância mínima toma essa teoria moral como ponto de partida. Os libertários creem que se não houvesse estado político – se todos vivêssemos "no estado de natureza", um mundo sem quaisquer instituições políticas – violações ao direito de liberdade individual seriam (muito mais) desenfreados; dessa forma, o estado político é necessário para proteger o direito moral de posse completa de si próprio de toda e cada pessoa. Mas um governo "maior" que o estado de vigilância mínima violaria, por si só, de forma significativa e consistente, esse mesmo direito. E, assim, com o devido cuidado, a sociedade humana deveria estabelecer um estado político, dotá-lo de poderes – muito limitados – e manter uma vigilância muito cautelosa dos burocratas, para assegurar-se de que não ultrapassarão seus limites. Para uma discussão clássica, veja Robert Nozick, *Anarchy, State, and Utopia* (New York: Basic Books, 1974).
155. Ao contrário dos anarquistas, os libertários acreditam que é necessário criar um estado político – com um poder legislativo, uma força policial, um sistema judiciário e um exército – e dar a esse estado político a autoridade de exercer poder coercitivo. Um regime libertário apoiaria e faria cumprir as regras legais que proíbem violações sérias de direitos, como o

detenha poder político tem a obrigação moral de intervir para proteger de abusos aqueles sob sua supervisão. Esse é o propósito central de um estado político. Um burocrata de clara orientação libertária teria intervindo para impedir que os professores ameaçassem alunos ou os tratassem com crueldade ou injustiça. Da mesma maneira, um bom líder libertário teria exigido que os professores cumprissem suas obrigações contratuais de educar os alunos. O fracasso de Dumbledore em abordar o comportamento abusivo e a pedagogia abominável de maus professores não reflete o pensamento libertário-padrão.

Prinzi afirma que Dumbledore permite que o corpo docente maltrate os alunos porque essa atitude promoverá a autoconfiança nos alunos e fortalecerá sua fibra moral. Mas esse raciocínio é de profunda incoerência com o pensamento libertário. Os libertários acreditam que o estado político não deveria responsabilizar-se por tornar seus cidadãos pessoas melhores. O Estado não tem a obrigação de tornar seus cidadãos decentes, responsáveis, fortes, corajosos ou qualquer outra coisa – e sim apenas promover sua segurança. A razão pela qual os libertários louvam a virtude da autoconfiança não é porque eles querem que os burocratas a ensinem, mas, sim, porque eles reconhecem que em uma sociedade na qual as pessoas não recebam proteção significativa de um Estado bem-intencionado e paternalista, essa virtude é crucial. Está claro que Dumbledore pensa ter a obrigação, ou ao menos a prerrogativa, de incutir virtudes morais em seus alunos. Mas é importante notar que seu "estilo de direção" não reflete suas crenças sobre a estrutura adequada de um governo. Ele reflete sua visão do comportamento adequado de diretores.

A Interpretação Libertária de Barton da Série Potter

Os argumentos de Prinzi não resistem a uma análise. Mas, e quanto à interpretação libertária de Barton? Ele argumenta que "O retrato visivelmente negativo que Rowling faz do Ministério da Magia e seus burocratas" é evidência de que a série Potter como um todo tem uma agenda política libertária implícita. É verdade?

---

furto ou roubo, quebra contratual, estupro e assassinato. Da mesma forma, promoveria a segurança e os interesses econômicos de seus próprios cidadãos, por exemplo, preservando, de forma ativa, condições de comércio livre interno e enviando embaixadores, especialistas comerciais e negociadores militares para o exterior.

Como Barton coloca, de forma persuasiva, os livros de Potter oferecem um retrato bastante crítico do Ministério. É difícil imaginar uma acusação mais dura do que a análise minuciosa do próprio Barton:

> O que você pensaria de um governo que praticasse esta lista de atividades tirânicas: torturasse crianças por mentir; projetasse sua prisão para, de forma específica, sugar toda a vida e esperança de seus internos; colocasse cidadãos em tal prisão sem uma audiência; ordenasse a pena de morte sem um julgamento; permitisse que os poderosos, ricos ou famosos controlassem as políticas da instituição; instaurasse e conduzisse os processos por crimes de maneira seletiva (os poderosos não são punidos e os malquistos enfrentam acusações falsas ou inventadas); conduzisse julgamentos criminais sem advogado de defesa; usasse soro da verdade para forçar confissões; mantivesse constante vigilância sobre todos os cidadãos; não realizasse eleições nem processos democráticos para feitura das leis; e controlasse a imprensa?[156]

Quando confrontados com uma liderança política tão brutal e opressiva como essa, é fácil nos pegarmos pensando, exasperados, se a solução adequada não seria despir o governo de seu poder. Mas, se essa é a solução que Barton pretende encorajar, seu argumento é insuficiente. Um senso justificável de exasperação quanto ao Ministério da Magia não é, em si, uma "ofensa contra o governo". Para ser mais exato, não há qualquer razão persuasiva para pensar que a série Potter renda-se a tal exasperação.

Para começar, o Ministério da Magia não é corrupto por completo. Ele dispõe de boas pessoas e boas leis. Arthur Weasley, embora tolhido por uma modesta compreensão de como funcionam os artefatos Trouxas, é trabalhador e honesto. O próprio Dumbledore, exceto por um breve intervalo, assume o cargo de Bruxo-Presidente da Suprema Corte dos Bruxos, uma posição burocrática, e ele não é um desastrado incompetente. Em *A Ordem da Fênix*, a maioria dos membros da Suprema Corte dos Bruxos, uma instituição judicial, vota a favor de Harry quando ele é apresentado sob falsas acusações. O Ministério da Magia, embora inclua muitos departamentos ao estilo de Orwell, tem sido bastante eficaz em manter a existência dos bruxos em segredo para os Trouxas por muitos séculos e em impedir que os bruxos usem seus

---

156. Barton, *Harry Potter and the Half-Crazed Bureaucracy*, p. 1523-1524.

poderes mágicos para controlar o mundo. O Ministério também apoia e executa muitas regras sensatas. Por exemplo, quando Harry é acusado de violar a lei que proíbe o uso de magia por menores na presença de um Trouxa, a lei faz uma exceção sensata para os casos de autodefesa. Além disso, foi o Ministério quem teve a sabedoria de nomear Dumbledore ao posto de Diretor de Hogwarts.

Sem dúvida, o Ministério da Magia é, com enorme frequência, desorganizado, incompetente e até muito corrupto. Muitos oficiais superiores do Ministério, incluindo o Ministro da Magia Pio Thicknesse, tornaram-se marionetes de Voldemort ao serem colocados sob a Maldição Imperius. Muitos oficiais do alto escalão, como o Ministro da Magia Cornélio Fudge e o ex-Chefe do Departamento de Execução das Leis da Magia Bartolomeu Crouch [pai], são autocratas e sedentos de poder. Outros, como Dolores Umbridge e Alberto Runcorn, são maus por completo. E alguns são apenas "velhos tolos cambaleantes", como os membros do Comitê para a Eliminação de Criaturas Perigosas.[157] Em suma, a premissa do argumento de Barton é um exagero, mas muito próximo da verdade – o Ministério da Magia é uma burocracia abominável.

O aspecto mais questionável do argumento de Barton, no entanto, não é sua premissa, mas, sim, a dedução. Por que concluir, do fato de que a série Potter apresenta um retrato de má governança, que a série defende um governo libertário de "vigilância mínima"? Será que Barton supõe que menos de algo ruim é melhor, portanto um Ministério menor seria melhor? Neste caso, seu raciocínio deveria levá-lo a favorecer a anarquia política, que implica a total abolição do governo. Ainda que deixemos essa réplica superficial de lado, por que pensar que quando se trata de governo, menor é necessariamente melhor? Se sete dos Juízes da Corte Suprema fossem corruptos e ficasse demonstrada sua parcialidade em seus julgamentos, a resposta adequada seria substituir os juízes, e não reduzir a composição da corte para dois juízes. Em resumo, o antídoto apropriado para um mau governo é um governo melhor e seria necessário um argumento, e bastante complexo, para mostrar que um governo com uma estrutura libertária é a solução adequada para as espécies de corrupção e ineficiência evidentes no Ministério da Magia. A série Potter apresenta ou sequer aponta para esse argumento?

Estamos dispostos a aceitar que uma avaliação cuidadosa do Ministério da Magia fornecerá fundamentos seguros para concluir que um bom governo colocaria em prática medidas rigorosas para proteção de seus cidadãos contra a tortura, punições bárbaras, julgamentos injustos

---

157. *O Prisioneiro de Azkaban*, p. 292.

ou parciais e a utilização de soro da verdade por burocratas. Mas essa é uma questão subsequente se, uma vez que tais medidas de proteção tivessem sido postas em prática, um bom governo *não faria mais do que* proteger a liberdade, a propriedade e a integridade física de seus cidadãos. Onde está a evidência de que a série Potter aceita um direito de liberdade tão sólido quanto o faz a teoria libertária? Ou que a série, como um todo, é antiwelfarista, ou antipaternalista, ou contrária às Nações Unidas, ou tão confiante no comércio livre quanto o libertarismo padrão?

Barton afirma – de forma muito exuberante – que J. K. Rowling "fará mais pelo libertarismo do que qualquer um desde John Stuart Mill".[158] Quem sabe? Sua previsão, embora não seja plausível em particular, pode vir a se mostrar verdadeira. Mas se um número considerável de leitores vierem mesmo a deduzir, da série Potter, que o libertarismo é a melhor teoria política, eles serão responsáveis pelo mesmo salto lógico de Barton.

Não importa que exista uma agenda libertária na série Potter, se é provável que sua existência ali não seja intento da autora. Rowling começou a escrever a série Harry Potter quando estava recebendo um auxílio da previdência e não demonstra pesar por isso. Na verdade, ao expressar suas próprias visões políticas, Rowling não patrocina valores libertários. Ao contrário, ela apoiou Barack Obama e Hillary Clinton na eleição presidencial norte-americana de 2008, doou 1 milhão de libras ao Partido Trabalhista Britânico e declarou que seu herói da vida real é Robert F. Kennedy – um improvável paradigma de "governo mínimo"![159]

Os livros de Potter com certeza levantam questões importantes sobre como seria um bom governo e uma boa liderança política. Sem dúvida, o Ministério não consegue respeitar, entre outras coisas, a

---

158. Barton, *Harry Potter and the Half-Crazed Bureaucracy*, p. 1526.
159. "J. K. Rowling Wants to See a Democrat in the White House", disponível no site <www.earthtimes.org/articles/show/184525,jk-rowling-wants-to-see-democrat-in-the-white-house.html>.
Prinzi admite que Rowling não "identifica a si própria, em termos políticos, como uma libertária e que não existem ligações deliberadas com filósofos políticos ou ativistas libertários" nos livros (Prinzi, *Harry Potter and Imagination*, p. 238). Sua afirmação é de que existem temas libertários implícitos na série Potter e que tais temas sustentam uma interpretação libertária "por parte dos leitores" (comunicação pessoal). Longe de nós impor quaisquer restrições hegemônicas na capacidade dos leitores de "responder" o que lhes aprouver quanto aos livros de Potter. Nossa afirmação é tão somente de que não há qualquer apoio explícito ou implícito ao libertarismo político nos livros e que qualquer tentativa de encontrar temas libertários neles requer muita elasticidade.

liberdade e a igualdade e seria muito interessante perguntar: "Qual é a melhor forma de consertar o Ministério da Magia?" Mas os libertários terão de fazer mais do que apontar para o parco exemplo dado pelo Ministério ou o bom exemplo dado pelo humilde Dumbledore para discutir a fundo em prol de uma filosofia libertária.

Dumbledore, Platão e a sede de poder

David Lay Williams e Alan J. Kellner

"Aqueles mais adequados ao poder são aqueles que nunca o procuraram".

Alvo Dumbledore

"Uma cidade em que aqueles que governarão são os menos ávidos por governar é necessariamente a melhor."

Platão

Lord Acton, em uma frase repetida com frequência, observou que "o poder tende a corromper e o poder absoluto corrompe absolutamente." Essa frase resume com perfeição o que a maioria consideraria senso comum. Ainda assim o mundo encontra-se, de maneira persistente, oprimido pelo abuso do poder. Os governantes encontram, com continuidade, meios novos e criativos de forrar seus bolsos, privilegiar seus amigos e assegurar ou mesmo reforçar sua própria autoridade. A lista de agressões chocaria até muitos Comensais da Morte – ou talvez os encheria de inveja.

Em uma era que se vangloria de seu progresso tecnológico, e mesmo de sua moral, por que então progredimos tão pouco em nos proteger das usurpações de nossos governantes? Talvez porque não tenhamos aprendido as lições importantes do primeiro filósofo político ocidental, Platão (428-348 a.C.). A solução de Platão para esse problema é engenhosamente simples: o poder nunca deverá estar nas mãos daqueles que o cobiçam. Antes, seria concedido apenas àqueles que prefeririam ocupar-se com outros assuntos. É o desinteresse pelo poder que, de modo paradoxal, faz os melhores governantes. Essa lição acaba sendo central ao clímax da série inteira de Harry Potter.

Platão e Dumbledore: Separados ao Nascer?

Alvo Dumbledore viveu em uma era turbulenta. Ele viu a ascensão e a queda do bruxo das trevas Gerardo Grindelwald, bem como o reinado de terror de Voldemort. Ele viu a guerra, tanto com sua varinha quanto nas formas sutis da feitura de alianças e concentração de inteligência. Ele também teve relacionamentos pessoais com os atores mais importantes da saga. Grindelwald foi um amigo íntimo de infância, e Voldemort foi um dos alunos mais talentosos de Hogwarts. Tais experiências ensinaram a Dumbledore a precariedade da paz e a necessidade de governantes justos de fato.

Platão, do mesmo modo, cresceu em uma época de impressionante comoção política. Toda a sua juventude foi consumida pela Guerra do Peloponeso, travada por décadas entre a sua cidade natal, Atenas, e a poderosa cidade-estado de Esparta. A guerra e suas consequências deram-lhe oportunidades de observar tanto o melhor quanto o pior da natureza humana. Tal qual Dumbledore, Platão testemunhou um talentoso colega sedento por poder, o tempestuoso Alcibíades, elevar-se a altas posições militares e políticas apenas para trair Atenas ao aliar-se a seus inimigos espartanos.[160] Atenas acabaria por perder a guerra e sofrer a humilhação de ter uma tirania imposta conhecida como "Os Trinta", liderada pelo temido Crítias. Crítias era um tirano sanguinário que, por acaso, era primo da mãe de Platão. Muitos anos depois, Platão foi convidado a viajar para Siracusa a fim de preparar o petulante filho do tirano Dionísio I. De fato, Platão, como Dumbledore, já tinha considerado com seriedade uma carreira na política – uma escolha natural, dados seus talentos, ligações familiares e experiências pessoais.[161]

---

160. Tanto Platão quanto Alcibíades eram alunos do grande filósofo ateniense Sócrates.
161. Platão, *Seventh Letter*, 324b-324c. [Carta Sétima]

Assim, embora Platão seja por vezes visto como um filósofo sonhador, nada poderia estar tão longe da verdade. Suas observações a respeito dos políticos e suas relações com o poder são baseadas em experiências reais.

O que Platão aprendeu em seus encontros com o poder político? Suas respostas mais detalhadas às suas próprias experiências pessoais estão registradas em sua "Carta Sétima", endereçada aos governantes de Siracusa. A carta narra seus próprios flertes com o poder político, incluindo a oportunidade de se unir aos Trinta no fim da Guerra do Peloponeso. No princípio, ele ficou profundamente tentado a unir-se a eles para moldar uma nova sociedade, talvez para promover o "bem maior", como desejaram os jovens Dumbledore e Grindelwald. Mas ele logo percebeu que não teria um papel neste novo regime, que "fez com que o governo anterior parecesse, em comparação, algo precioso como o ouro."[162] O poder ilimitado dos tiranos subiu-lhes à cabeça e manifestou-se em assassinatos por vingança, retaliação, confisco de riquezas e, por fim, sob a democracia restaurada, a injusta execução do amado professor de Platão, Sócrates. Isso foi suficiente para fazer Platão "retirar-se com repulsa" de uma vida na política e dedicar-se apenas e tão somente à filosofia, tal qual o duelo com Grindelwald, que resultou na morte da irmã de Dumbledore e mudou a opinião deste último quanto à vida política.[163]

Como Dumbledore, Platão voltou-se da política para a educação. A insatisfação com a política levou-o, de forma alternativa, a criar a Academia, a primeira universidade da civilização ocidental. A Academia é a raiz de nossa atual palavra inglesa *academic*, e foi ali que Platão experimentou alguns de seus maiores triunfos pessoais. Alunos formados na Academia incluíam Cícero e o próprio pupilo de Platão, Aristóteles. Platão também escreveu muitos dos seus trabalhos mais famosos sobre uma vasta gama de assuntos, incluindo artes, ética, ciência, matemática, filosofia e até mesmo amor, enquanto lecionava ali. Então, tanto Dumbledore quanto Platão encontraram consolo e alívio para as cargas e as tentações da política ao ensinarem os jovens.

A saída de Platão da vida política, contudo, não significou um abandono do pensamento sistemático sobre política – de forma muito parecida com que Dumbledore permaneceu fundamental à política mágica mesmo enquanto professor em Hogwarts. Platão entende ser a Academia o lugar perfeito para refletir sobre o mundo político e para

---

162. Ibid., 324d.
163. Ibid., 325a.

destilar a sabedoria que adquiriu com a experiência. Sua filosofia política está representada em sua forma mais completa e hábil em seu trabalho *A República*. Talvez a proposta mais memorável naquele trabalho seja o cargo de governante-filósofo.[164] A sociedade ideal que Platão esboça em *A República* consiste de três classes – uma trabalhadora ou operária, os soldados e os governantes. É esta última classe que possui todos os poderes de ação política, bem como a supervisão diária dos negócios estatais. Os governantes-filósofos de Platão detêm um poder enorme e é crucial que sejam as pessoas mais e melhor qualificadas para governar. Em particular, eles devem possuir cada uma das quatro "virtudes essenciais": justiça, coragem, sabedoria e autocontrole. Para assegurar que apenas os cidadãos mais sábios e virtuosos tornem-se governantes, Platão propõe um processo educacional rigoroso e prolongado feito para separar o joio do trigo. Esse processo faz até mesmo Hogwarts envergonhar-se, durante até a idade de 35 anos, seguidos por um estágio de 15 anos no serviço público. Ao final, esperava Platão, seríamos capazes de distinguir os Potters dos Malfoys.

Com certeza, para Platão, dentre as qualificações para governar, a suprema é a inteligência. Ele deixa claro repetidas vezes que os governantes devem aprender rápido e possuir uma memória incomum. É com frequência e acerto que se diz que Platão foi o primeiro filósofo a defender abertamente a junção de poder político e consistência intelectual. De fato, é por isso que ele insiste que os únicos governantes qualificados são os governantes-filósofos – aqueles que superam todos os outros em suas potências cerebrais.

Embora seja talvez o mais célebre elemento das qualificações para governar propostas por Platão, a inteligência por si só não é suficiente. A partir da cultura popular todos conhecemos muitos criminosos brilhantes que empregaram seus talentos em propósitos desonestos – Lex Luthor de *Superman*, Hannibal Lecter de *O Silêncio dos Inocentes*, Anakin Skywalker de *Guerra nas Estrelas*, e mesmo o Dr. Evil de *Austin Powers*. A inteligência por si mesma pode ser um pré-requisito essencial para governar, mas as exigências de Platão transcendem a um crânio supercrescido. Os governantes devem combinar seus cérebros com a virtude. A questão – em Platão e em Potter – é como distinguir entre os talentosos que usarão seu poder para o bem e aqueles que o usarão para fins egoístas.

---

164. Este termo é, em geral, apresentado como "rei-filósofo", mas o achamos enganoso porque Platão – à frente de seu tempo, neste ponto, e como em outros – acredita que as mulheres eram perfeitamente capazes de cumprir as tarefas deste cargo político máximo.

De forma mais notável, aqueles sobrecarregados por um amor-próprio excessivo são inadequados para governar.[165] Eles estão, em geral, entre os alunos mais talentosos quanto ao intelecto mas têm dificuldades em resistir a seus impulsos e àqueles que os bajulariam. Como Voldemort, eles veem o poder político como um meio de alimentar os desejos de alguém, e assim cobiçam o poder. Anseiam por ele e passam por cima de si mesmos para assegurá-lo. Mas é precisamente esta sede de poder que indica sua inadequação para exercê-lo, de acordo com Platão: "Quando governar é algo que se disputa... as guerras civil e doméstica destroem esses homens e o resto da cidade com eles".[166] Tiranos como Crítias, em regra, têm vidas curtas e são capazes de fazer ruir o estado todo com eles. Lembre-se, por exemplo, que a vida de Voldemort – em qualquer sentido físico ou corpóreo – também é bastante curta. Em *A Pedra Filosofal*, ele precisa beber sangue de unicórnio para recuperar sua força; ele precisa alimentar-se da vida de outra pessoa até que possa assumir uma forma física de novo. Embora Platão presumisse que a magia não poderia ser usada para salvar alguém, sua análise de tiranos também se conserva verdadeira no mundo de Harry. Nós deveríamos, portanto, antes procurar governantes que não têm interesse na detenção do poder político: "uma cidade em que aqueles que governarão são os menos ávidos por governar é necessariamente a melhor".[167]

Platão ofereceu um teste útil para que os leitores possam distinguir aqueles que podem sucumbir às tentações do poder daqueles que resistiriam a elas, uma fábula conhecida como "O Anel de Giges", uma lenda que J. K. Rowling ressuscita e mostra na história das Relíquias da Morte com a capa de invisibilidade de Harry (voltaremos a esse ponto em breve). A fábula de Platão é contada pelo personagem Glauco, que era irmão de Platão na vida real. De acordo com a história, um pastor encontra um anel mágico que é descoberto devido a um terremoto e percebe que, ao posicionar o anel na direção de si mesmo, torna-se invisível. Na posse desta nova habilidade, o antes modesto pastor, de imediato põe-se a seduzir a mulher do rei, ataca-o com a ajuda dela e o mata, tomando o poder do rei para si, tudo isso com muita rapidez. Glauco argumenta que "ninguém... seria tão incorruptível de modo a permanecer no caminho da justiça, ou abster-se das posses dos outros e não as tocar, quando puder pegar o que quiser da praça do mercado e ficar impune, entrar nas casas das pessoas e fazer sexo com quem lhe

---

165. Platão, *A República*, 494b-494d.
166. Ibid., 521a.
167. Ibid., 520d.

aprouver, matar ou libertar da prisão quem quiser e fazer todas as outras coisas que o tornariam um deus entre os humanos."[168]

A resposta implícita de Platão é que as conclusões de Glauco aplicam-se apenas àqueles que cobiçam o poder. Aqueles que são justos e bons de verdade – aqueles aptos ao poder político – conduzir-se-iam precisamente da mesma forma quer fossem invisíveis, quer não o fossem. Para esses poucos indivíduos qualificados não há ambição de promover os próprios interesses egoístas em detrimento dos interesses de amigos e concidadãos. Logo, não há qualquer benefício político para a invisibilidade. Assim, no final das contas, Platão quer que o poder político fique nas mãos dos sábios e virtuosos. Essas qualidades estão melhor manifestadas na indiferença de raros indivíduos às tentações do poder. O Anel de Giges está entre os melhores testes para selecionar aqueles a quem se pode confiar esse tipo de poder. Na verdade, essa questão de quem pode resistir às grandes tentações do poder é uma das questões centrais – se não *a* mais importante – a ser investigada na série Harry Potter.

Fudge e Umbridge: As Lições de Agentes de Poder Obviamente Inaptos

Se Platão enfrentou grandes desafios para assegurar o poder político incorruptível em sua república ideal, os desafios impostos ao governo no mundo mais prático, embora mágico, de Harry Potter devem ser quase invencíveis. Com os atos ofensivos de Dolores Umbridge em seu ano de direção tirânica em Hogwarts, a recusa de Cornélio Fudge em acreditar nas provas claras do retorno de Voldemort, as lisonjas ineptas que Rufo Scrimgeour fez a Harry em troca de seus serviços, há boas razões para questionar se um governo adequado na comunidade mágica é sequer possível. O Ministério está fadado a ser corrupto? Os personagens de Rowling têm muito a ensinar sobre a natureza do poder político, conforme examinamos alguns possíveis candidatos ao Ministério da Magia: Umbridge, Fudge, Voldemort, Dumbledore e Harry.

Nenhum fã da série Potter consideraria Dolores Umbridge uma cidadã-modelo quanto mais uma governante justa. Na verdade, o bombardeio incansável de regras, as medidas de detenção injustas e as

---

168. Ibid., 360b-360c. Pode-se encontrar o mesmo tema no filme relativamente recente *O Homem Sem Sombra*, no qual um decente cientista e pesquisador vivido por Kevin Bacon torna-se invisível e age em um desvario digno do próprio Giges.

táticas similares às da Gestapo para obtenção e manutenção do controle, usadas por Umbridge, devem fazer-nos imaginar o motivo pelo qual ela não estava ao lado de Voldemort, em vez de estar no Ministério.[169] Porém, ela detém posições de poder na série – tanto no Ministério quanto em Hogwarts. Uma avaliação platônica de seu tempo como líder deve ser negativa. Ela dá uma lição objetiva sobre como *não* governar.

Os leitores podem entender a inaptidão de Umbridge para governar por dois fatos simples. Primeiro, ela carece de todas as virtudes necessárias que Platão discute em *A República* – coragem, sabedoria, justiça e autocontrole. A falta de autocontenção de Umbridge é um ponto fraco específico. Basta uma observação maliciosa e sua fúria passivo-agressiva é desencadeada – algo que Platão dificilmente esperaria de um governante-filósofo eficiente. Segundo, e mais importante, todas as táticas de tormento de Umbridge revelam sua sede interior de poder. Vejam, por exemplo, as detenções de Harry com Umbridge, em *A Ordem da Fênix*. Ela o instrui: "Quero que escreva '*Eu não devo mentir*', ... por tanto tempo quanto seja necessário para que a mensagem *seja absorvida*".[170] Este "seja absorvida", como sabemos, é bem literal. E sua crueldade parece apenas aumentar conforme a quantidade de poder que lhe é dada. Conforme o ano passa, e ela alcança um papel de autoridade mais proeminente em Hogwarts, por conta do Ministério, seus decretos multiplicam-se, bem como suas detenções. Podemos especular que seu gradual aumento de autoridade apenas alimenta sua cobiça por mais poder. No entanto, uma coisa é certa: Platão a teria expulsado de sua Academia.

Umbridge nunca ascendeu à posição de Ministra da Magia, mas o quase tão perigoso e inapto Cornélio Fudge sim. Parte do que o tornou um Ministro tão medíocre foi seu medo perpétuo de perder o poder. Essa preocupação promoveu tendências ditatoriais, que se manifestaram em um controle sobre a imprensa. A volta do Lorde das Trevas ao poder deveu-se em parte às falhas de Fudge enquanto líder. Por exemplo, quando Harry anunciou que Voldemort tinha voltado de fato, Fudge recorreu à difamação de Harry na imprensa a fim de manter sua própria imagem pública – uma imagem que só piorou quando a verdade apareceu.

---

169. O próprio Platão suspeita, de modo profundo, da multiplicação desnecessária de regras e regulamentos, o que apenas serve para diminuir-lhes o valor. Veja *A República*, 425e-426e.
170. *A Ordem da Fênix*, p. 266.

A posição de Umbridge como Alta Inquisidora de Hogwarts é outro exemplo das tentativas de Fudge de manter o poder de maneiras injustas. Lembre-se de como, no começo de *A Ordem da Fênix*, Harry é trazido a julgamento por produzir um Patrono para proteger-se e a seu primo Duda dos dementadores. Os dementadores não deveriam estar fora de Azkaban. Para esconder o erro do Ministério, Fudge traz Harry a julgamento e faz tudo o que pode para pender a balança contra ele. Ele muda a hora da audiência, por exemplo, em uma tentativa de fazer Harry atrasar-se e impedir a presença de Dumbledore. Tudo isso nos mostra que as virtudes de Fudge enquanto governante são, quando muito, duvidosas. Ele anseia pelo poder, e sua insegurança o leva a usar esse mesmo poder em seu próprio benefício, em vez de usá-lo pelo bem público. Ele tropeça em si mesmo em suas tentativas de manter o poder, o que o impede, por fim, de mantê-lo. Como Umbridge, Fudge carece das características essenciais que Platão descreveu como necessárias para um bom governo, em especial a coragem, a sabedoria e o autocontrole.

Voldemort e Dumbledore: Dois Personagens Tentados pelo Poder

Autoconfiança e poder de decisão certamente não são qualidades que faltam a Lorde Voldemort. Mesmo durante seus primeiros anos humildes no orfanato, Tom Riddle era atraído ao poder. "Ele já estava usando magia contra outras pessoas, para amedrontar, para punir, para controlar. O... coelho estrangulado e o menininho e a menininha que ele atraiu a uma caverna foram muito sugestivos... *'Eu posso fazê-los ferir alguém se eu quiser'*."[171] Contrariando o enunciado do grande filósofo iluminista Immanuel Kant, de nunca usar uma outra pessoa apenas como meio para um fim, Riddle usou os outros como um meio para alimentar seus desejos e ambições. Os inexperientes Comensais da Morte, "um grupo de amigos dedicados", não eram amigos em absoluto – apenas seguidores.[172] "Riddle, sem sombra de dúvida, não sentia qualquer afeição por nenhum deles", Dumbledore conta a Harry.[173] A grande inteligência e a astúcia social de Riddle formaram um par mortal. Um ótimo bajulador, bem como um bruxo habilidoso, ele era uma estrela em

---

171. *O Enigma do Príncipe*, p. 276.
172. Ibid., p. 361.
173. Ibid., p. 361.

Hogwarts não apenas com seus comparsas, mas com o corpo docente também.

Essa atitude revela o egocentrismo inabalável de Riddle – uma característica que fica mais evidente quando se torna Lorde Voldemort.[174] Dois exemplos claros desse excessivo amor próprio também revelam a intensa ânsia de poder de Voldemort e sua habilidade paradoxal de ferir a si próprio para assegurá-lo: o assassinato de Lílian Potter e a criação das Horcruxes. Apesar dos desejos de seu principal seguidor, Voldemort mata Lílian, o grande amor de Severo Snape. Talvez Voldemort pense que Snape permanecerá ao seu lado, não importa o que faça; talvez ele não se importe. A busca de Voldemort é só sua e os outros são valorizados por ele apenas como ferramentas para servir aos seus próprios desejos. Sua cobiça pela imortalidade, mesmo ao custo de estilhaçar a própria alma, é a prova definitiva de sua maldade e sua propensão à tirania. Por fim, não podemos negligenciar as tramas de Voldemort para ganhar poder no Ministério. Embora ele perceba que sua reputação impede sua tomada direta do poder como Ministro da Magia, ele cobiça os poderes do cargo e coloca outras pessoas ali como instrumentos de seus desejos.

Com seu egoísmo impiedoso, sua inteligência aguda e suas tendências tirânicas, Voldemort encaixa-se com perfeição na categoria que Platão chamou de "governantes menos confiáveis". Talvez um personagem mais apto a governar seja Dumbledore. "Foi-lhe oferecido o cargo de Ministro da magia, não uma, mas diversas vezes" e ele é, afinal, o personagem mais filosófico na série Harry Potter, o que o torna a escolha óbvia para governante-*filósofo*.[175] Quase todas as fábulas terminam com uma lição do sábio, que de forma brilhante reúne e interliga os acontecimentos do ano anterior com todos os seus múltiplos significados. Em *O Enigma do Príncipe*, enquanto absorto na Penseira, Dumbledore adentra em questões a respeito da natureza humana e da psicologia moral do mal, dando a Harry e a nós, leitores, pistas importantes de como deve ser um governante. Dumbledore inclusive exibe todos os traços fundamentais que um governante-filósofo deve ter. Ele é corajoso, justo e sábio, e tem autocontrole – ou não? Em *As Relíquias da Morte*, nós descobrimos que Dumbledore foi tentado pelo poder na juventude, junto com seu amigo Gerardo Grindelwald, prestes a tornar-se um bruxo

---

174. É interessante notar que muitos defensores de um egoísmo mais iluminado sugeririam que o egocentrismo de Voldemort era autodestrutivo, porque continha as sementes de sua derrota. Se ele, em verdade, amasse a si próprio um pouco mais, teria percebido que a melhor maneira de promover seus próprios interesses era não ser egoísta de forma tão clara.
175. *As Relíquias da Morte*, p. 717.

das trevas. Sobre esse período, ele admite que "Eu tinha aprendido que eu não era confiável quando detinha poder... que o poder era minha fraqueza e minha tentação."[176] Muitos anos mais tarde, depois de ter percebido sua perigosa disposição-para-o-poder, ele é tentado de novo pelo anel de Marvolo Gaunt, o anel que por fim abrevia sua vida.

O que torna Dumbledore venerável, mesmo com essas falhas, é o conhecimento que tem de si próprio.[177] O professor de Platão, Sócrates, instruía seus alunos a conhecerem a si mesmos; Dumbledore conheceu-se o suficiente para saber que ele poderia não ser confiável se detivesse o poder. Essa percepção simples faz toda a diferença. Ela o impede de aceitar a oferta do cargo de Ministro da Magia, o que lhe conferiria o poder que tanto desejava. E assim, embora inapto para governar, como é demonstrado, Dumbledore nunca alcança as profundezas das trevas como Grindelwald ou Voldemort – apesar de poder tê-las alcançado em potencial. Dumbledore promove a justiça na comunidade mágica tão somente por conhecer a si próprio, resistindo ao poder pelo qual anseia e transmitindo suas lições aos seus alunos. Se Dumbledore tivesse sucumbido às suas próprias tentações, Voldemort poderia ter tido um oponente tal qual o mais sinistro dos personagens de Harry Potter. O autoconhecimento socrático e os ensinamentos platônicos de Dumbledore revelam as qualidades que os personagens virtuosos de Potter incorporaram. Eles conhecem a si próprios e são orientados pela justiça, coragem e sabedoria. Talvez o melhor exemplo de tais traços seja o próprio Harry.

A Capa de Invisibilidade de Harry, o Anel de Giges e as Tentações do Poder

Como fica demonstrado, Harry é confiável quando detém poder. Como podemos ter certeza? Lembre-se do Anel de Giges, de Platão. Ele mensura nossa probidade, ou incorruptibilidade, perguntando-nos o que faríamos se fôssemos invisíveis. Rowling ressuscita este medidor de caráter com a Capa da Invisibilidade de Harry. Ao longo da série, Harry tem oportunidades incontáveis de abusar de seu poder único. Ele nem uma única vez, com exceção de algumas regras sem importância que quebrou (tal como ficar fora até tarde), usou-o em benefício próprio à custa dos outros. Ao contrário de Giges, Harry com certeza não matou

---
176. Ibid., p. 717-718.
177. Para saber mais sobre este tema, veja o capítulo de Gregory Bassham sobre Dumbledore neste volume, "Escolhas *versus* Habilidades: Dumbledore e o Entendimento do Eu".

e tomou o controle político. Ele, ao contrário, buscou usar seu poder para o bem maior – o *verdadeiro* bem maior, de fato. Diante de uma oportunidade de avanço, a oferta de Scrimgeour de dar a Harry o emprego dos seus sonhos, Harry não busca seus próprios interesses, mas aqueles da comunidade mágica inteira. Quando Harry descobre sobre as Horcruxes, a ideia mais poderosa de toda a magia negra, ele não é tentado a buscar a vida eterna por meio de assassinato como foi com Voldemort. Antes, procura, sem descanso, destruir as Horcruxes, utilizando sua capa para essa finalidade. Ainda em *A Pedra Filosofal*, Harry apresenta essa admirável qualidade. Ao enfrentar Voldemort pela primeira vez, aos 11 anos, Harry olha para o Espelho de Ojesed e encontra a Pedra Filosofal em seu bolso. O feitiço de Dumbledore, que permitia que a pedra fosse encontrada apenas por alguém que não tivesse a intenção de usá-la, revela a ausência de desejo egoísta por parte de Harry.

A indiferença de Harry quanto à cilada do poder, como fica demonstrado, é exatamente a qualidade que tanto Platão quanto Dumbledore celebram como a que conduz à arte de governar de maneira sábia e justa. Harry certamente possui as outras virtudes necessárias para governar, tais como coragem, justiça e autocontrole. Mas muitos outros também as têm. Portanto, é essa parte da sabedoria platônica, revivida e colocada em primeiro plano no mundo de Rowling, que, de fato, deve orientar nossa procura por aqueles que são aptos a governar. Embora Harry seja comum e os leitores possam identificar-se com ele com facilidade, há de fato algo mágico quanto à sua imunidade à sede de poder.

Parte Quatro

A Sala Precisa: Uma Miscelânea de Potter

Dumbledore é homossexual? Quem dirá, afinal?

Tamar Szabó Gendler

Em 19 de outubro de 2007, diante de uma plateia lotada no Carnegie Hall, em Nova York, J. K. Rowling anunciou algo extraordinário. Em resposta a uma questão a respeito de Alvo Dumbledore já ter se apaixonado alguma vez, Rowling anunciou que ela "sempre tinha pensado em Dumbledore como homossexual."

A reação foi imediata e enfática. Em dois dias, quase 3 mil comentários tinham sido postados no quadro de recados do Caldeirão Furado, com outros 2.500 na MuggleNet. Houve artigos nas revistas *Times* e *Newsweek*, reportagens na CNN e na NBC e até mesmo uma parte da segunda página, dedicada a textos opinativos, do jornal *The New York Times*.

As respostas dividiram-se em três categorias. Alguns leitores ficaram encantados com a notícia. Como alguém escreveu no Caldeirão Furado: "É isso aí, Jo! Finalmente um retrato forte, sábio e fora do estereótipo de um homem homossexual!".[178] Um segundo grupo ficou desalentado. "Estou extremamente desapontado com Jo por seu comentário sobre Dumbledore. Não era necessário que ela promovesse um estilo de vida tão depravado em conexão com a série de livros pelos quais milhões de crianças terão interesse agora e no futuro", escreveu outro.[179] Mas o grupo mais interessante de respostas foi um terceiro. Esses leitores responderam à declaração desafiando a autoridade de Rowling enquanto autora. "A menos que ela decida escrever o Livro Oito, a Sra. Rowling perdeu sua chance de transmitir quaisquer novas informações sobre qualquer dos personagens de Harry Potter. Se a série de fato terminou, então a autora não tem mais a autoridade de criar novos pensamentos, sentimentos e realidades para aqueles personagens", escreveu um leitor.[180] "Insistir na propriedade (como ela faz) e no direito de definir ou redefinir tais personagens, como ela acha adequado depois de finda história, é insistir em um controle absoluto sobre a experiência literária de seus leitores que não lhe é possível ter", escreveu outro.[181]

Aparentemente, essa terceira resposta é desconcertante. Afinal, na entrevista no Carnegie Hall, Rowling revelou toda espécie de coisas que não são partes explícitas das histórias de Harry Potter. Ela contou à plateia coisas que aconteceram depois do fim dos livros de Potter, coisas que ocorreram antes do início dos livros e coisas que acontecem durante os livros. Mas ninguém escreveu para comentar que Neville Longbottom *não* iria se casar com Hannah Abbott ou que Remo Lupin, antes de ser contratado por Dumbledore, *não* levava "uma vida pobre de fato porque ninguém queria empregar um lobisomem" ou que Petúnia Dursley *não* "desejou, por pouco, sorte a Harry quando se despediu dele", no início de *As Relíquias da Morte* – tudo isso foi revelado por Rowling somente no curso da entrevista.

---

178. "J. K. Rowling at Carnegie Hall Reveals Dumbledore Is Gay; Neville Marries Hannah Abbott, and Much More", <www.the-leaky-cauldron.org/2007/10/20/j-k-rowling-at-carnegie-hall-reveals-dumbledore-is-gay-neville-marries-hannah-abbott-and-scores-more/page/8>.
179. Ibid., p. 230.
180. Brenda Coulter, "Why J. K. Rowling Is No Authority on Dumbledore's Sexual Orientation", <http://brendacoulter.blogspot.com/2007/10/why-jk-rowling-is-no-authority-on.html>.
181. Tara Weingarten e Peg Tyre, "Rowling Says Dumbledore Is Gay", <www.newsweek.com/id/50787/output/comments>. Para uma resposta parecida, veja Edward Rothstein, "Is Dum-bledore Gay? Depends on Definitions of 'Is' and 'Gay'", *New York Times*, 29 out 2007, p. E1.

O que enfrentamos aqui é uma versão do que os filósofos chamam de o problema da *verdade na ficção*.[182] Existem fatos sobre o que é verdadeiro no mundo de uma história; se existem, o que determina tais fatos? É apenas um problema sobre as declarações que são expressas de forma canônica pelo autor da história? Qual é o papel desempenhado pelos leitores da história (ou ouvintes) ou pelo que o autor estava pensando? E quanto às convenções que regem o gênero ao qual a história pertence? E assim por diante.

A Verdade na Ficção

Uma vez que estamos tentando determinar se uma declaração em particular é verdadeira em uma obra de ficção, uma estratégia óbvia seria pensar no problema em analogia à não ficção. Dessa forma, perguntamos: como um historiador ou um biógrafo age a fim de determinar se uma declaração específica é verdadeira? Bem, ele observa o modo como o mundo real se manifesta, usando coisas tais como documentos de arquivos, registros históricos e evidências arqueológicas. Com base nisso, ele pode determinar que a declaração "George Washington foi presidente dos Estados Unidos" é verdadeira. É verdadeira porque (no mundo real) George Washington *foi* presidente dos Estados Unidos.

Como isso aconteceria em um caso fictício? Podemos descobrir que "Jorge Weasley era um Batedor da Grifinória" é verdade (no mundo de Harry Potter) se descobrirmos que (no mundo de Harry Potter) Jorge *era* um Batedor da Grifinória? No caso de George Washington, nós observamos o mundo real. No caso de Jorge Weasley, temos apenas de observar o mundo de Harry Potter. O problema é que não sabemos de fato qual mundo é aquele. Afinal, presume-se que exista algum *outro* mundo imaginário – vamos chamá-lo de o mundo de Harry Schmotter – no qual Jorge Weasley vem a ser o Apanhador da Sonserina. E outro – vamos chamá-lo de o mundo de Harry Plotter – no qual Jorge é o Artilheiro da Lufa-lufa. E quanto ao mundo de Harry Putter, onde se joga golfe em vez de Quadribol? Ou o mundo de Harry Hotter, no qual as pessoas vestem roupas de banho no lugar de túnicas? O problema, como apontou o

---

182. Para algumas discussões influentes e recentes sobre essa questão, veja David Lewis, "Truth in Fiction" (1975), republicado em *Philosophical Papers:* Volume I (Nova York: Oxford University Press, 1983), p. 261-280; Gregory Currie, *The Nature of Fiction* (Cambridge, Reino Unido: Cambridge University, 1990); Kendall Walton, *Mimesis as Make-Believe* (Cambridge, MA: Harvard University Press, 1990).

filósofo David Lewis (1941-2001), é que "o modo como qualquer mundo possa ser é um modo como algum mundo (imaginário) é."[183]

Portanto, não é útil simplesmente pensar que a tarefa do contador de histórias (fictícias) é semelhante à tarefa do historiador ou do biógrafo (do mundo real). É bem claro que o historiador está engajado em um ato de *descoberta* e são bastante claros quais tipos de coisas ele está descobrindo. Apenas um mundo é o mundo real e a dificuldade do historiador ou do biógrafo é imaginar o que aconteceu nele. Mas existem tantos mundos imaginários quantas são as possibilidades criativas existentes; o complicado ao contador de histórias fictícias é decidir sobre *qual* mundo imaginário irá nos contar. E não é muito claro se devemos chamar isso de um ato de descoberta ou chamá-lo de um ato de *criação*.[184] Para fazer a mesma colocação de um modo um pouco diferente, o problema de descobrir se "Jorge Weasley era um Batedor da Grifinória" é verdade (para o mundo de Harry Potter) é descobrir *qual* dos mundos imaginários infinitamente possíveis é o mundo de Harry Potter. E isso nos leva de volta ao início.

Vamos tentar abordar nosso problema a partir de uma direção um pouco diferente. Pensemos em Harry Potter como um ato de comunicação por meio do qual a escritora J. K. Rowling está tentando dar aos seus leitores acesso a um mundo imaginário particular que ela concebeu. Ela faz isso escrevendo certas palavras que espera sejam entendidas por seus leitores de uma determinada forma. (Vamos presumir, neste momento, que não existem dificuldades envolvidas no entendimento dos significados literais das frases que ela escreveu.) Escrevendo tais palavras, ela permite aos leitores conhecer com exatidão qual mundo está concebendo, ou seja, ela os deixa saber que mundo é o mundo de Harry Potter.

Tentemos de novo, a partir dessa perspectiva, perguntar: O que é verdadeiro no mundo de Harry Potter? Podemos começar com uma simples proposta composta de duas partes, uma das quais precisaremos, por fim, revisar. De acordo com esta proposta, o que é verdadeiro no mundo de Harry Potter é (a) *tudo* e (b) *apenas* aquilo que aparece nas 4.100 páginas que, no total, compõem os sete volumes principais de

---

183. David Lewis, *On The Plurality of Worlds* (Malden, MA: Blackwell Publishers, 2001), p. 2.
184. De fato, essa distinção entre criação e descoberta parece aplicar-se a objetos abstratos em geral. Pense no que um compositor faz quando escreve uma sequência de notas: cria uma nova peça musical, ou especifica uma das infinitas sequências de sons já existentes (mas que não foram percebidas antes)? Essas não são, basicamente, duas descrições da mesma coisa?

Harry Potter (talvez com o acréscimo de *Quadribol ao Longo dos Tempos*, *Animais Fantásticos e Onde Encontrá-los* e *Os Contos de Beedle, O Bardo*).

Como podemos avaliar a parte (a) dessa proposta? Ela, por certo, parece um bom começo, mas existe um pequeno problema. Se exigirmos que as histórias sejam coerentes (podemos falar em um minuto se essa é uma exigência sensata), então *não* podemos considerar tudo que aparece naquelas páginas como verdadeiro na ficção, pois existem incoerências banais ao longo dos livros. Em *A Pedra Filosofal*, por exemplo, o distintivo de monitor de Percy Weasley é descrito como prateado, enquanto em *A Ordem da Fênix* nos é dito que os distintivos de monitores são vermelhos e dourados; em *A Câmara Secreta*, vemos que a Murta Que Geme assombra a curva S do banheiro, mas em *O Cálice de Fogo* é dito que ela assombra a curva U do banheiro. Se exigirmos coerência, precisaremos aceitar *ou* a afirmação da curva em S ou a da curva em U – mas não ambas. (Qual delas deveríamos escolher? Presume-se que aquela que Rowling nos diga ser a mais adequada. Voltaremos a essa questão em uma seção posterior.) Posta essa advertência, parece razoável dizer que tudo o que está escrito naquelas mais de 4.100 páginas é verdadeiro no mundo de Harry Potter. Quer dizer, parece razoável dizer que o mundo de Harry Potter é um dos mundos no qual as coisas escritas naquelas mais de 4.100 páginas são verdadeiras. Vamos chamar essas coisas de *as verdades fundamentais* do mundo.

Antes de voltarmos para (b), vamos à afirmação de que se supõe que o mundo de Harry Potter seja coerente em seu interior. Sobre qual sentido de "se supõe" estamos falando? Bem, parece bastante claro que para a maioria, o mundo descrito nos livros de Potter *é* coerente – como se prova pelo fato de serem as incoerências tão raras. E os leitores de Rowling *esperam* que ela esteja descrevendo um mundo internamente coerente – como se evidencia pelo fato de que quando há incoerências, os leitores as apontam como perceptíveis. Também é óbvio que Rowling *pretende* descrever um mundo coerente – como se prova pelo fato de que ela corrigiu essas incoerências nas edições posteriores. Além disso, parece evidente que os livros de Harry Potter são o tipo de livros em que se aprecia a coerência interna; eles pertencem a um gênero (isso é, uma categoria de composições literárias caracterizada por certas convenções) na qual a coerência interna é um sinal de autenticidade.

Voltaremos a esses quatro critérios – evidência textual, resposta do leitor, intenção do autor e restrições de gênero – em nossa discussão mais adiante. Mas para chegar até lá, vamos considerar (b) – a sugestão de que as *únicas* coisas que são verdadeiras no mundo de Harry Potter são as verdades fundamentais. Ao contrário de (a), (b) parece ser mais problemática. Pois aqui estão algumas coisas que não são verdades fundamentais no mundo de *Harry Potter*: que Hermione Granger tem dez dedos, que Lilá Brown tem mais de meio metro de altura, que Helga Hufflepuff nunca foi governadora do Estado de Missouri e que Cedrico Diggory não joga para o Boston Red Sox. Afinal, não há qualquer frase em qualquer dos livros de Potter em que se leia: "Hermione tinha dez dedos" ou "Cedrico Diggory, embora um excelente jogador de Quadribol, não era membro de um time de beisebol da liga principal." E se parece razoável pensar que essas coisas *são* verdadeiras no mundo de Harry Potter, em conjunto com toneladas de outras que não estão declaradas de forma explícita no texto, então o que as torna verdadeiras? Que princípios regem a geração do que podemos chamar de *verdades secundárias*?

Uma das fontes principais de verdades ficcionais secundárias são as verdades não ficcionais importadas do mundo real. Presume-se que a maior parte dos leitores pense que no mundo de Harry Potter, a Terra gira em torno do Sol, os gatos têm quatro patas e janeiro precede fevereiro. Embora tais coisas não estejam declaradas de modo explícito nos livros, elas são coerentes com as verdades fundamentais da história e ajudam a preencher o mundo imaginário de uma maneira que parece útil e natural. Mas, é verdade, no mundo de Harry Potter, que Cristóvão Colombo saiu em sua jornada de navegação em 1492 ou que John Lennon cantou com os Beatles? Apesar de tais coisas serem coerentes com as verdades fundamentais da história, elas não parecem necessárias para ajudar a preencher o mundo imaginário. E quanto a fatos como o divórcio da princesa Diana e do príncipe Charles durante os anos de Harry em Hogwarts ou que durante aqueles anos os iPods tornaram-se populares? Essas coisas não são diretamente incoerentes com relação às verdades fundamentais da história, mas parecem estar, de alguma forma, em atrito com o mundo imaginário. E quanto aos fatos do mundo real sobre a própria saga de Harry Potter: que a versão para o cinema de *O Cálice de Fogo* foi dirigida por Mike Newell ou que *As Relíquias da Morte* vendeu mais de 11 milhões de cópias em suas primeiras 24 horas? Nada nas histórias as elimina de antemão, de forma explícita, mas, com certeza, não queremos dizer que *esses* fatos sejam verdadeiros no mundo de Harry Potter.

Esses exemplos revelam o problema em aceitar o que podemos chamar de princípio da *máxima inclusividade*: tudo o que é verdadeiro no mundo real é verdadeiro no mundo ficcional, a menos que seja contradito de forma explícita por uma verdade ficcional fundamental. Isso porque esse princípio tornaria verdadeiro *no mundo de Harry Potter* você estar lendo este capítulo neste exato instante! Além do mais, não está claro se nós sequer *queremos* um princípio tão preciso. Nós pensamos, de fato, que existe alguma importância se, no mundo de Harry Potter, é verdade que Isaac Newton e Gottfried Leibniz descobriram (ou inventaram) separadamente o cálculo? (Obrigado, rapazes!) Será que queremos dizer que se alguém negar isso como verdadeiro no mundo de Harry Potter está errado ou não entendeu a história de maneira adequada? E uma questão semelhante não seria levantada, seja qual for o princípio específico que escolhamos?

Como bem disse Aristóteles: "Nossa discussão será adequada se sua clareza adequar-se a seu objeto em questão... A pessoa instruída busca a exatidão em cada área na medida permitida pela natureza do objeto... É tão errôneo exigir demonstrações de um retórico quanto o é aceitar meros argumentos persuasivos de um matemático".[185] Assim, parece que ao perguntarmos sobre as verdades secundárias de uma história, deveríamos procurar por *regras de ouro* sobre o que nos permite compreender melhor – ou apreciar melhor – o trabalho de ficção. De fato, o que mais poderia haver? A menos que voltemos a um quadro em que a tarefa de um escritor de ficção seja semelhante àquela de um jornalista, e cujo trabalho seria nos contar sobre um único mundo especificado por completo, parece estranho exigir que deva existir um ponto crucial definitivo da questão sobre se cada verdade secundária em potencial é ou não parte do mundo da história.

Então, Dumbledore É Homossexual?

Vamos voltar à nossa questão central – é verdade, no mundo de Harry Potter, que Dumbledore é homossexual? – e pensar em que espécies de considerações podemos usar para orientar a resposta à questão. Como notamos, parece que existem quatro ângulos pelos quais podemos olhar: evidência textual, resposta do leitor, intenção do autor e restrições de gênero.

---

185. Aristóteles, *Ética a Nicômaco* [Nicomachean Ethics], traduzido para o inglês por Terence Irwin (Indianápolis: Hackett, 1985), 1.3 (1094b13).

No que tange à evidência textual, resta claro que "Dumbledore é homossexual" não é uma verdade fundamental em Harry Potter: essa frase não aparece em lugar nenhum das mais de 4.100 páginas oficiais. Portanto, a questão é se aquela é uma verdade secundária. É evidente que essa não é a espécie de verdade secundária que pode ser importada diretamente do mundo real, porque Dumbledore é um personagem de ficção. Mas é a espécie de verdade secundária implícita que se pode esperar que leitores mais astutos captem – por exemplo, pela maneira como Rowling descreve o relacionamento intenso de Dumbledore com Gerardo Grindelwald, em *As Relíquias da Morte* ("Você não pode imaginar como as ideias dele... inflamavam-me"), e do fato de que nunca são mencionados quaisquer interesses românticos heterossexuais de Dumbledore.[186] Parece justo dizer aqui que embora isso seja *compatível* com as verdades fundamentais da história (e talvez até *sugerido* por elas – voltaremos a este ponto no final desta seção), não é *estritamente insinuado* por elas. E, na verdade, essa foi a resposta de alguns dos leitores mais cuidadosos dos livros: quando disseram à atriz Emma Watson (que interpretou Hermione) que Dumbledore é homossexual, ela respondeu: "Isso nunca tinha mesmo me ocorrido, mas agora [que] J. K. Rowling disse que ele é homossexual, até que faz sentido".[187]

Por que ainda deveria importar o que Rowling diz? Como reclamaram os leitores: "Se a série de fato terminou, então a autora não tem mais a autoridade de criar novos pensamentos, sentimentos e realidades para aqueles personagens... Insistir na propriedade... depois de finda história, é insistir em um controle absoluto sobre a experiência literária de seus leitores que não lhe é possível ter".[188] De fato, esse tipo de opinião sobre a autoridade do autor é adotada – em várias formas – por importantes críticos dos motivos dos escritores, como William K. Wimsatt, Monroe C. Beardsley, Hans-Georg Gadamer, Roland Barthes, Michel Foucault e Jacques Derrida.[189] Eles apontam, por exemplo, que a língua é uma criação social e que os escritores não têm o poder para fazer simplesmente com que suas palavras tenham o significado que escolherem. Se um professor universitário anuncia à sua classe que

---
186. *As Relíquias da Morte*, p. 716.
187. Tim Masters, "Potter Stars React to Gay Twist", <http://news.bbc.co.uk/1/hi/entertainment/7085863.stm>.
188. Coulter, "Why J. K. Rowling Is No Authority on Dumbledore's Sexual Orientation"; e Weingarten e Tyre, "Rowling Says Dumbledore Is Gay".
189. Para uma síntese dessas questões, veja Sherri Irvin, "Authors, Intentions and Literary Meaning", *Philosophy Compass*, vol. 1, n. 2 (2006): 114-128 (disponível *on-line* no endereço DOI10.1111/j.1747-9991.2006.00016.x) e os artigos coletados em Gary Iseminger, ed., Intention and Interpretation (Philadelphia: Temple University Press, 1992).

haverá uma prova na quinta-feira, mesmo que sua intenção tenha sido dizer "terça-feira", ele não pode apenas afirmar que o que suas palavras *significaram* foi que haverá uma prova na terça-feira. (É claro, pode afirmar que ele *quis dizer* "terça-feira" – mas não pode afirmar que *ao dizer* "quinta-feira", usou palavras que significavam terça-feira.) Da mesma forma, se um escritor faz com que um personagem recite uma poesia que o autor *pretende* seja um trabalho de grande beleza e profundidade, mas que consiste das palavras: "Olha que coisa feia, o Monstro pegou minha meia", isso não implica que "Olha que coisa feia, o Monstro pegou minha meia" seja um grande poema. Nesta linha de raciocínio, não cabe a *Rowling* dizer se Dumbledore é homossexual: deve-se permitir que seus textos falem por si e cada um de seus leitores será um ouvinte qualificado.

Uma implicação dessa opinião é que não há um único significado ou interpretação "corretos" de um dado texto. Leitores diferentes abordam o texto a partir de contextos históricos e culturais diferentes e seu envolvimento com o texto levantará, com certeza, múltiplas interpretações. Os livros de Harry Potter podem querer dizer uma coisa para mim, outra coisa para você e outra ainda para J. K. Rowling – sem que nenhuma das interpretações tenha privilégio sobre qualquer das outras. De acordo com esse ponto de vista, a própria ideia de tentar descobrir o que está acontecendo *no* mundo de Harry Potter é mal direcionada: não há um mundo único que seja o "mundo de Harry Potter" – existem tantos mundos de Potter quantos sejam seus leitores.[190]

Em contrapartida, teóricos literários "intencionalistas" como E. D. Hirsch Jr. argumentam que a intenção do autor é o que fixa a correta interpretação de um texto. Sem tal limitação, sustenta Hirsch, usa-se o texto "apenas como brasa para sua própria sardinha".[191] E, ao menos na medida em que a principal preocupação dos leitores seja entender o que um escritor quis comunicar, a intenção *é*, evidentemente, central. Se lhe pergunto se você me ama e você responde recitando um poema, meu interesse principal não será tentar interpretar o poema da minha perspectiva histórico-cultural única: meu interesse primordial será tentar entender *o que você quis expressar* ao recitar o poema. Da mesma forma, se eu estiver tentando entender uma ordem militar obscura; interpretar o que acredito ser um texto de autoria divina; descobrir,

---

190. Para uma discussão geral dessas questões, veja Terry Eagleton, *Literary Theory: An Introduction* (Mineápolis: University of Minnesota Press, 1983), em especial o capítulo 2.
191. E. D. Hirsch Jr., *The Aims of Interpretation* (Chicago: University of Chicago Press, 1976), p. 91.

como juiz, a "intenção original" de uma legislação; ou oferecer o que eu espero seja a interpretação definitiva do *Timeu* de Platão, meu principal interesse, senão exclusivo, será em reconstruir a intenção relevante do autor. Isso também é verdadeiro para muitos dos leitores dos livros de Harry Potter.

Por quê? Porque para a maior parte dos fãs de Potter, Rowling é a óbvia proprietária e criadora do universo de Potter. Ela é a narradora original que tem o direito – de fato, a prerrogativa única – de completar, embelezar e continuar de modo autêntico a sua história. A própria Rowling parece apoiar essa visão, afirmando que Dumbledore "é meu personagem. Ele é o que é e eu tenho o direito de dizer o que eu digo sobre ele".[192] E ao nos informar, de maneira extraoficial, que Dumbledore é homossexual, Rowling está nos dando, em uma espécie de apêndice verbal aos livros de Potter, detalhes da história que ela quer que seus leitores conheçam. Os leitores são livres, é claro, para ler os textos pertinentes de forma diferente – estamos, como é dito, em um país livre. Mas a maioria dos fãs de Potter está interessada principalmente em como *Rowling* escolheu preencher o mundo que imaginou. E a menos que tenhamos um motivo específico para rebater o que ela diz neste caso – como podemos fazer, por exemplo, se pensarmos que ela se confundiu e disse "Dumbledore" quando quis dizer "Madame Hooch" – é difícil imaginar como poderíamos aceitar de forma sistemática todos os outros detalhes e histórias anteriores que Rowling revelou apenas nas situações de suas centenas de entrevistas e postagens.[193]

Especulações Finais: o Gênero

Embora, para muitos leitores, a declaração de Rowling resolva o problema, é, todavia, interessante pensar na questão a partir da perspectiva de nosso tema final – o gênero. Uma das maneiras pela qual um leitor pode argumentar contra a sugestão de que Dumbledore é homossexual seria sustentar que Harry Potter pertence a um gênero de histórias infantis no qual não são tratadas questões sobre a sexualidade adulta. De acordo com essa espécie de posicionamento, dizer que Dumbledore é homossexual simplesmente não é fiel à história – não porque ele seja heterossexual ou assexual, mas porque não faz nenhum sentido falar sobre sua sexualidade.

---

192. "J. K. Rowling on Dumbledore Revelation: 'He Is My Character'", <www.the-leaky-cauldron.org/2007/10/23/j-k-rowling-on-dumbledore-revelation-i-m-not-kidding>.
193. Para uma coletânea maior, veja <www.accio-quote.org/>.

Mas enquanto este pode ser um argumento plausível no caso de *Boa Noite, Lua* ou *O Mágico de Oz*, é difícil ver como pode ser mantido em Harry Potter, uma vez que Rúbeo Hagrid e Madame Maxime têm uma longa história de flerte e que o ódio de Severo Snape por Harry é explicado, em parte, pelo amor não correspondido que tinha por Lílian Potter. Na verdade, pode-se inclusive contrapor que fatos sobre gênero *apoiam* a causa de que Dumbledore é homossexual, pois os livros de Harry Potter pertencem *de fato* a um gênero de ficção para jovens adultos no qual as necessidades pessoais e desejos dos adultos são, em grande parte, invisíveis aos jovens protagonistas. E isso ajudaria a explicar porque não há menção à sexualidade de Dumbledore no texto, apesar de ser um fato importante sobre o mundo imaginário mais amplo.

Ou, ainda, pode-se argumentar que Harry Potter pertence a um gênero de histórias imaginárias no qual o número de identidades minoritárias é limitado. Embora seja verdade que Cho Chang é chinesa, as irmãs Patil são indianas e Lino Jordan é negro, também é verdade que a decoração do Baile de Inverno não parece incluir menorahs de Hanukkah judaicos e que não ouvimos nada a respeito de alunos jejuando durante o Ramadã ou acendendo fogueiras no Holi indiano – ou fazendo uso de cadeiras de rodas, comunicando-se por linguagem de sinais ou lendo em Braile.

Que seja. Mas é possível contrapor que a abordagem de Rowling às questões das minorias na verdade é bastante sutil. No âmbito da narrativa literária, a tolerância é a norma clara: o namoro inter-racial é uma questão de tão pouca importância que não justifica menção explícita. Mas, em um âmbito metafórico, questões de identidade minoritária são levantadas ao longo dos livros: pense na disposição de Tonk em se casar com Lupin apesar de sua condição de deficiência (lobisomem), a missão de Hermione de libertar os elfos domésticos ou a menção recorrente a Sangues-ruins e sangues-puros e supremacia dos bruxos. Nesta esteira, a limitada abordagem literal de questões sobre identidade minoritária nos textos *corrobora* a causa de que Dumbledore é homossexual. Mais uma vez, ela dá uma explicação do motivo pelo qual não é feita nenhuma menção explícita deste fato nas mais de 4.100 páginas oficiais. Ao apresentar Dumbledore como um personagem com quem os leitores venham a se identificar, Rowling enreda seus leitores em uma atitude de tolerância involuntária; ela os leva a reconhecer que tal qual o namoro inter-racial, a orientação sexual é uma questão de tão pouca importância que não justifica menção explícita.

Por fim, pode-se argumentar que Dumbledore não é homossexual justificando-se que isso não traz qualquer esclarecimento para a história, o que dá à declaração de Rowling, no máximo, um bônus irrelevante. Mas parece óbvio que o amor de Dumbledore por Grindelwald exerce um papel muito importante na trama. Como Rowling assinalou no Carnegie Hall, "Em certa medida, podemos dizer que Dumbledore é um pouco mais digno de perdão devido ao fato de que se apaixonar pode deixar-nos cegos até certo ponto? Mas ele encontrou alguém tão brilhante quanto ele próprio, e... foi muito atraído por essa pessoa brilhante e desapontado por ela de forma horrível, terrível".[194] Ao longo da série de Harry, personagens apaixonam-se de verdade por aqueles que são seus autênticos pares: Tiago Potter e Lílian Evans são ambos valentes e encantadores; Molly e Arthur Weasley são decentes e leais; Tonks e Lupin são corajosos e desventurados; Bill Weasley e Fleur Delacour são elegantes e atraentes. O grande poder de Dumbledore é seu intelecto. Seria possível Dumbledore ser homossexual porque Rowling não conseguiu conceber a existência de uma mulher que lhe fosse igual intelectualmente?[195]

---

194. "J. K. Rowling at Carnegie Hall Reveals Dumbledore Is Gay; Neville Marries Hannah Abbott, and Much More".
195. Por seus comentários e discussões de enorme ajuda, agradeço a Elliot Paul e Mary Beth Willard.

Escolhas *versus* habilidades:

Dumbledore e o entendimento do eu

Gregory Bassham

"Conhecer a si mesmo", dizia Sócrates, é o início da sabedoria. Quem sou eu? Quais são meus desejos mais profundos? Quais são meus talentos? Como posso viver da forma mais autêntica? Minha vida tem um propósito? A que objetivos devo aspirar? Desde os primórdios da filosofia ocidental, tais perguntas têm estado no coração da busca por sabedoria e perspectiva.

A procura pela autocompreensão é um tema central nos livros de Harry Potter. No início de *A Pedra Filosofal*, Harry não sabe quase nada sobre quem é e de onde vem. Ele acha que é um pobre garoto comum e desconhecido que mora em um mundo monótono e sem mistérios. Com o desenrolar da história, Harry percebe que nada disso é verdadeiro e adquire uma compreensão progressivamente mais profunda de si, suas habilidades e seu lugar no mundo. Em linguagem filosófica tradicional, os livros de Potter são uma fábula de entendimento pessoal. Eles descrevem a longa e árdua jornada de Harry da "aparência" à "realidade".

A busca de Harry pelo entendimento do eu apresenta muitas curvas e viradas e ele luta com frequência com seu senso de identidade. Vamos nos lembrar do fim de *A Câmara Secreta*? Harry fica alarmado ao descobrir que compartilha muitas qualidades com Voldemort, inclusive a rara, e de alguma forma sinistra, habilidade de falar a língua das cobras, ou ofidioglossia. Lembrando-se de como o Chapéu Seletor quase o colocou na Sonserina, em vez de na Grifinória, Harry pergunta-se se existe um lado de trevas em seu caráter. O Professor Dumbledore assegura-lhe que não, ressaltando que suas *ações* têm sido muito diferentes daquelas de Voldemort e acrescenta: "São as nossas escolhas, Harry, que nos mostram quem de fato somos, muito mais do que nossas habilidades".[196] O filósofo e estudioso de Potter, Tom Morris, descreveu isso de forma apropriada como "uma das percepções filosóficas mais importantes nos livros de Harry Potter".[197] O que Dumbledore quer dizer? O que são escolhas? De que modo são diferentes das habilidades? E é verdade que nossas escolhas dizem-nos mais sobre nós mesmo do que nossas habilidades?

Escolhas

"Escolha" é um tópico sobre o qual os filósofos têm escrito muita coisa. Um dos mais antigos filósofos a debater-se com esta questão foi Aristóteles (384-322 a.C.), que em sua *Ética a Nicômaco* distinguiu de forma cuidadosa "escolha" (*prohairesis*) de conceitos relacionados tais como desejo, apetite, emoção e decisão voluntária. Ele concluiu que escolha é uma espécie de "desejo deliberado" por coisas que estão dentro de nossas possibilidades. Aristóteles argumentava que as escolhas são "um teste de caráter melhor do que as ações" e a observação semelhante de Dumbledore pode muito bem fazer eco ao famoso debate de Aristóteles.[198]

Os filósofos notaram que a palavra "escolha" é usada em vários sentidos. Por vezes refere-se a um evento mental apenas interno, um ato de decisão que pode ou não resultar em qualquer ato físico exterior

---

196. *A Câmara Secreta*, p. 333.
197. Tom Morris, *If Harry Potter Ran General Electric: Leadership Wisdom from the World of the Wizards* (Nova York: Doubleday, 2006), p. 23.
198. Aristóteles, *Ética a Nicômaco* [Nicomachean Ethics], traduzido para o inglês por J. A. K. Thomson (Londres: Penguin Books, rev. ed., 1976), p. 116 (1111b5).

ou declarado. Alguém que diga, "Draco Malfoy escolheu assassinar Dumbledore, mas no fim não pôde fazê-lo" está usando "escolheu" neste sentido interno apenas.[199] Chamemos este tipo de escolha de "escolha interna".

Outras vezes, "escolha" não se refere a qualquer decisão mental interior, mas a um ato físico observável realizado em um contexto de alternativas presumidas.[200] Dizer que "Dumbledore fez algumas escolhas lamentáveis em sua juventude" é usar "escolha" neste segundo sentido. Chamemos este tipo de escolha de "escolha por ação".

Existe um terceiro sentido de escolha que combina ambos os elementos, interno e externo. Consideremos um famoso exemplo oferecido pelo filósofo alemão Immanuel Kant (1724-1804). O lojista A e o lojista B escolheram não enganar seus clientes. O lojista A o faz por medo de ir para a cadeia. O lojista B o faz porque é honesto e quer fazer a coisa certa. O lojista A e o lojista B fizeram a mesma escolha? Kant diz que não: a escolha do lojista B é um ato diferente e de maior valor moral do que a escolha do lojista A.[201] Neste cenário, existem três aspectos que podem ser distinguidos na escolha do lojista B: um ato de decisão interno (a decisão de não enganar os clientes), uma atitude física observável (lidar com os clientes de maneira honesta) e uma motivação interna (tratar os clientes com honestidade porque é a coisa certa a ser feita). Neste terceiro sentido de "escolha", não podemos saber de fato que escolha uma pessoa fez a menos que saibamos a motivação daquela pessoa para fazer o que fez. Chamemos este terceiro e mais complexo sentido de "escolha por motivação".

Quanto Nossas Escolhas Podem Revelar?

Agora que determinamos os vários significados de *escolha*, podemos perguntar se Dumbledore está certo ao afirmar que nossas escolhas, antes de nossas habilidades, são mais reveladoras de "quem somos verdadeiramente".[202]

---

199. Andrew Oldenquist, "Choosing, Deciding, and Doing", em Paul Edwards, ed., The Encyclopedia of Philosophy, vol. 1 (Nova York: Macmillan, 1967), p. 96.
200. Ibid., p. 97.
201. Immanuel Kant, *Metaphysical Foundations of Morals*, traduzido para o inglês por Carl J. Friedrich, em *The Philosophy of Kant*, editado por Carl J. Friedrich (Nova York: Modern Library, 1949), p. 144-145. Kant molda sua discussão em termos de "atos" em vez de "escolhas", mas acho que concordaria que os lojistas fizeram escolhas diferentes.
202. A frase "quem somos verdadeiramente" é ambígua. Ela pode referir-se ao eu metafísico (seja esse eu uma substância espiritual, por exemplo, ou basicamente idêntico ao Divino).

Resta claro que as escolhas internas, por si sós, podem dizer muito pouco sobre nosso verdadeiro eu. Por exemplo, o simples fato de Duda Dursley ter decidido parar de comer doces não lhe dará (ou a nós) uma percepção profunda de seu caráter a menos que saibamos o motivo pelo qual ele decidiu não mais comê-los, se poderá manter-se firme em sua resolução por algum período de tempo, e assim por diante.

Da mesma forma, escolhas de ação podem não revelar muito sobre nosso eu interior. Caráter, como nos lembra Aristóteles, é uma questão de disposição estabelecida – de *hábito*, não de ações individuais. O simples fato de Hermione Granger quebrar regras ocasionalmente (por exemplo, ao ajudar a organizar a Armada de Dumbledore) não significa que ela é uma infratora habitual. Além disso, como o exemplo de Kant dos dois lojistas deixa claro, as atitudes materiais públicas de uma pessoa podem nos dizer pouco sobre suas motivações internas. Nos livros de Potter, este ponto é ilustrado de forma brilhante no personagem de Severo Snape. Para os observadores externos, as atitudes de Snape parecem ser, em geral, aquelas de um devoto seguidor de Voldemort. Porém, no final, percebemos que a verdadeira lealdade de Snape era dedicada a Dumbledore e à memória de Lílian Potter.

As espécies de escolhas mais reveladoras serão, em regra, as escolhas por motivação. Ações por motivação transmitem mais informações do que as escolhas internas e as escolhas por ação. Elas nos dizem não apenas que escolha fizemos (no plano mental), mas também o que nos motivou a fazê-la e se tivemos a força e a firmeza de caráter para agir de acordo com ela. Dumbledore, é provável, está pensando em escolhas neste terceiro e mais complexo sentido quando elogia Harry no final de *A Câmara Secreta* e declara que as escolhas são mais reveladoras que as habilidades. As escolhas a que Dumbledore se refere (por exemplo, a decisão de Harry de arriscar sua vida entrando na Câmara Secreta a fim de salvar Gina Weasley) não são meras decisões internas de Harry ou simples atos materiais. Dumbledore louva o pacote completo: (a) a *decisão* de Harry (b) de entrar na Câmara Secreta *a fim de salvar Gina Weasley*, (c) o que ele *realizou, apesar dos obstáculos e dos perigos conhecidos*. Neste sentido, a escolha de Harry foi de fato altamente reveladora de seu caráter.

Existem casos em que nossas escolhas por motivação não revelam tanto sobre nosso verdadeiro caráter? É óbvio que sim. Escolhas triviais,

---

Ou pode referir-se ao eu psicológico – nosso caráter ou personalidade. Uma vez que não há razões para pensar que nossas escolhas revelariam nossas identidades metafísicas últimas, Dumbledore deve estar falando do eu psicológico.

tais como pegar pastéis de abóbora em vez de bolos de caldeirão do carrinho de doces do Expresso de Hogwarts, não nos dirão muito sobre nosso eu mais profundo. E ainda mais importante que isso, nossas escolhas por motivação podem não trazer qualquer informação ou podem mesmo ser de todo enganosas se estivermos errados sobre nossos *motivos verdadeiros* para fazer uma escolha em particular ou quanto *à natureza ou valor real* daquela escolha. Com essa ampla capacidade de enganar a si próprio, Válter Dursley pode pensar que sua motivação para tratar Harry de modo tão desprezível é protegê-lo de "coisas mágicas estranhas" para seu próprio bem. Mas se sua motivação real é punir Harry por possuir poderes especiais ou por sobrecarregar os Dursley com sua presença indesejada, a escolha por motivação de Tio Válter, da maneira como ele a concebe, ocultará seu verdadeiro caráter ao contrário de revelá-lo.[203]

Ações por motivação também podem enganar aqueles que não têm consciência da verdadeira natureza de suas ações. Válter e Petúnia Dursley acham que são pais excelentes, que banham seu especial "Dudiquinho" com amor e afeto. Na realidade, é claro, são péssimos pais que estragam e mimam Duda com toda ousadia. Por causa da sua ignorância a esse respeito, eles erroneamente acreditam que suas escolhas, como pais, mostram suas personalidades sob uma luz positiva. Assim, em vez de aprender com essas escolhas, eles são, na verdade, iludidos por elas.

No mundo mágico de J. K. Rowling, existe mais uma razão pela qual as próprias escolhas por motivação de alguém podem não contribuir para o entendimento do eu. Naquele mundo, pode ser difícil saber se foi mesmo *você* quem tomou aquela decisão em particular.

Pense na cena de *A Ordem da Fênix* em que Harry acha que foi ele quem atacou Arthur Weasley na forma de uma serpente gigante. Somente mais tarde descobre que foi Voldemort quem tentou matar o Sr. Weasley e que Harry estava compartilhando as experiências do Lorde das Trevas por meio do fragmento da alma de Voldemort que ele carrega dentro de si.

Ou analise o episódio em *O Enigma do Príncipe* em que Voldemort rouba a varinha de Morfino Gaunt, utiliza-a para matar seu pai e avós Trouxas e implanta uma lembrança falsa na mente de Morfino, fazendo-o pensar que tinha sido *ele* quem matara os Riddle.

---

203. Para saber mais sobre o talento dos Dursley para enganar a si próprios, veja Diana Mertz Hsieh, "Dursley Duplicity: The Morality and Psychology of Self-Deception", em David Baggett e Shawn E. Klein, eds., *Harry Potter and Philosophy: If Aristotle Ran Hogwarts* (Chicago: Open Court, 2004), p. 22-37. [N. T.: *Harry Potter e a Filosofia: Se Aristóteles Dirigisse Hogwarts*, São Paulo: Madras.]

Por fim, pense nas perplexidades que podem surgir devido aos feitiços como a Maldição Imperius, a Poção Polissuco e a modificação da memória. Imagine que Fred e Jorge Weasley tenham enfeitiçado uma garrafa do Velho Uísque de Fogo Ogden de maneira que pareça e tenha o sabor de cerveja amanteigada. Você toma a bebida e adormece em estupor. Na manhã seguinte é chamado à sala de Dumbledore e acusado de transfigurar a gata de Filch, Madame Nora, em um tatu. Você fez isso? Você não se lembra de nada, mas três alunos da Lufa-lufa juram tê-lo visto enfeitiçar a gata. Dumbledore realiza o feitiço Priori Incantatem em sua varinha e decide que foi sua varinha que lançou o feitiço. Três possibilidades lhe ocorrem: (1) Você realizou o feitiço, mas não consegue lembrar-se devido à bebedeira (ou talvez porque sua memória tenha sido modificada); (2) você realizou o feitiço, mas apenas porque estava sob o domínio da Maldição Imperius e não tem qualquer lembrança do ato porque ninguém se lembra de nada do que fez sob o efeito daquela maldição; (3) alguém, tomando a sua aparência com a Poção Polissuco, realizou o feitiço usando a sua varinha. Se 1 for verdade, então foi escolha sua transfigurar a gata e você pode ser, ao menos de alguma forma, responsável por uso inadequado de magia. Se, contudo, 2 ou 3 forem verdadeiros, você não realizou (de modo voluntário) o feitiço e não é culpado de uso inadequado de magia. O que aconteceu de fato? Talvez não haja como saber. Portanto, nenhuma conclusão sólida sobre o seu caráter pode ser tirada do episódio (exceto que você foi um idiota por confiar, ao menos uma vez, em Fred e Jorge).

Como tais exemplos deixam claro, existem algumas dificuldades específicas no mundo mágico em saber que escolhas alguém fez. As fronteiras entre o eu e os outros são menos claras naquele mundo do que o são no nosso e as possibilidades de manipulação, controle e ilusão são maiores. Ainda assim, no mundo de Rowling, como no nosso, as escolhas, em regra, revelam percepções valiosas sobre nós mesmos. De acordo com Dumbledore, as escolhas são "muito mais" informativas neste sentido do que o são as habilidades. Para vermos se ele está certo, precisamos compreender o que são habilidades e como elas diferenciam-se das escolhas.

Habilidades

A noção de *habilidade*, como observa o psicólogo Michael J. A. Howe, é um "conceito confuso".[204] Em geral, uma habilidade é o poder ou a capacidade de fazer algo. Assim, Voldemort tem a rara habilidade de voar sem uma vassoura porque possui as técnicas mágicas necessárias que o permitem voar dessa forma. Da mesma maneira, Sirius, por seu um Animago, tem a habilidade de se transformar em um enorme cão negro porque tem a capacidade, que aprendeu sozinho, de fazer isso.

Tudo isso é claro, mas o que faz o conceito de habilidade ser "confuso" é que habilidades vêm em graus e, em regra, variam com as circunstâncias. Eu falo cerca de 70 palavras de Serêiaco (a língua dos sereianos); você fala 300 palavras. Eu tenho a habilidade de falar Serêiaco? Em certa medida, sim, mas não tão bem quanto você. Eu posso conjurar um Patrono na forma de esquilo, mas somente quando estou muito despreocupado e relaxado, o que é raro. Eu tenho a habilidade de conjurar tal Patrono? Às vezes, mas não com muita frequência. Em outras palavras, nem sempre é claro se alguém "tem" ou não certa habilidade.

Este é um modo pelo qual as escolhas diferem das habilidades – escolhas tendem a ser mais delineadas do que habilidades. Como vimos, escolhas são *ações*, sejam mentais ou físicas. Em geral, existe uma resposta definida sobre se alguém fez ou não fez uma escolha em particular.[205] Pedro Pettigrew escolheu trair os pais de Harry em vez de ser morto por Voldemort? Não há dúvida. Harry escolheu terminar com Gina no final de *O Enigma do Príncipe* para protegê-la? Com certeza. Pelo contrário, habilidades são *poderes* ou *capacidades* e não atos.[206] Como tais, elas tendem a vir em graus e ser mais variáveis do que as escolhas.

Quanto Nossas Habilidades Podem Revelar?

Dumbledore sugere que nossas escolhas tendem a ser mais reveladoras do que nossas habilidades. Ele está certo? Bem, alguns tipos de

---

204. Michael J. A. Howe, *Principles of Abilities and Human Learning* (Londres: Psychology Press, 1998), p. 55.
205. É claro, às vezes é difícil saber se alguém fez uma escolha específica. ("Marietta está com um olhar malicioso. Ela decidiu trair a Armada de Dumbledore?")
206. Nas palavras de Aristóteles, as escolhas pertencem à categoria dos atos, ao passo que as habilidades pertencem à categoria da potencialidade. Veja Aristóteles, *Metaphysics*, V. 7.

habilidades revelarão pouco ou nada sobre o caráter ou o eu interior de uma pessoa. Em geral, isso inclui habilidades que:

- são triviais (por exemplo, a habilidade de movimentar as orelhas);
- são largamente compartilhadas (por exemplo, a habilidade de digerir granola);
- estão fora do controle consciente da pessoa (por exemplo, a habilidade de respirar enquanto dorme);
- são inatas e não adquiridas (por exemplo, a habilidade de chorar)[207];
- são irreconhecíveis (por exemplo, a habilidade de Harry de falar a língua das cobras antes que tomasse consciência do dom em *A Pedra Filosofal*).

Mais importante, muitas espécies de habilidades não serão reveladoras em particular, porque são *capacidades neutras quanto à moralidade* que podem ser usadas de forma sensata ou insensata, ética ou antiética. Essa parece ser a abordagem de Dumbledore quando observa que Harry compartilha "muitas qualidades que Salazar Slytherin apreciava nos seus seletos alunos. Seu próprio dom bastante raro, a Ofidioglossia – engenhosidade – determinação – e um certo desprezo por regras."[208] Notemos que cada uma das qualidades que Dumbledore menciona pode ser usada para fins bons *ou* maus. Por exemplo, tanto Voldemort quanto Harry são engenhosos. Contudo, Voldemort usa sua engenhosidade para perseguir seus objetivos de dominar o mundo e conseguir a imortalidade pessoal, ao passo que Harry usa a sua para salvar seus amigos e combater a tirania. Na mesma esteira, tanto Dumbledore quanto Voldemort possuem habilidades mágicas excepcionais. No entanto, Dumbledore utiliza seus talentos mágicos para fazer o bem, enquanto Voldemort utiliza os seus para o mal. Então, o simples fato de *ter* qualidades como engenhosidade ou habilidades mágicas avançadas não revelará muito sobre que espécie de pessoa alguém é. É o modo como são usadas essas habilidades que importa de fato.

Isso significa que as habilidades *nunca* revelam muito sobre o caráter de uma pessoa? De modo algum. Habilidades que podem ser adquiridas apenas por meio de dedicação, autossacrifício e determinação podem nos dizer muito sobre uma pessoa. O mesmo se aplica às habilidades éticas, tais como a capacidade de ter empatia pelo sofrimento dos

---

207. Como observa Dumbledore, "Não importa o que alguém é ao nascer, mas como vem a ser ao crescer", *O Cálice de Fogo*, p. 708.
208. *A Câmara Secreta*, p. 333.

outros, pensar nas necessidades dos outros antes de pensar nas próprias, planejar o futuro de forma prudente e permanecer resistente em face da decepção. Assim, se Dumbledore quer dizer que as escolhas são, *em geral,* mais reveladoras do que as habilidades, ele, sem dúvida, está correto. Mas, ao mesmo tempo, deveríamos também ser honestos e autorreflexivos com relação às habilidades, porque elas, na mesma medida, podem nos dizer muito sobre nós mesmos e como podemos viver mais felizes e com mais sucesso.

Além das Escolhas: Em Direção a Um Entendimento Mais Profundo do Eu

Refletir sobre nossas escolhas passadas pode nos dizer muito sobre nós mesmos, mas também pode não dizer. Considere Gilderoy Lockhart. Ele pensa muito em si mesmo – o tempo todo, na verdade. Mas sua autoimagem é equivocada por completo. Ele imagina ser um excelente professor de Defesa Contra as Artes das Trevas, mas não consegue sequer lidar com uma gaiola de diabretes da Cornualha. Embora faça pose de perito duelador, é lançado ao ar com facilidade pelo feitiço Expelliarmus de Snape. Ele imagina, em vão, que todos são seus fãs e quando, confiante, afirma ser capaz de restaurar o braço ferido de Harry, acaba, em vez disso, removendo todos os ossos do seu braço. Por que a grande desconexão? Porque Lockhart é cego às suas próprias falhas. Ele olha mas não as vê.

Esse é o problema básico na busca do entendimento do eu apenas por meio da reflexão sobre as próprias escolhas. Se você está usando óculos cor-de-rosa – o que os psicólogos chamam de viseiras cognitivas – você não conseguirá ver seu eu real.

Logo, qual seria uma estratégia mais adequada para alcançar o entendimento do eu? Se olharmos para o que os grandes pensadores disseram sobre este tópico, podemos identificar quatro estratégias principais:

- cultivar o hábito de analisar a si próprio;
- estar alerta às suas tendências irracionais;
- buscar ajuda de seus amigos;
- desafiar a si mesmo.

Como veremos, cada um desses princípios é bem ilustrado nos livros de Potter.

Cultivar o Hábito de Analisar a Si Próprio

Autoconhecimento requer tempo, abertura e humildade. Quais são meus valores e compromissos mais profundos? Do que eu gosto? Do que eu não gosto? Pelo que sou mais apaixonado? Quais são minhas maiores forças e fraquezas? Sou a pessoa que quero ser? Como posso aproveitar ao máximo meu tempo e meus talentos? Pelo que gostaria de ser lembrado depois de morrer? Essas são perguntas difíceis e respondê-las leva tempo. Isso também requer abertura e humildade, porque, como Sócrates ressaltou, a maioria de nós acha muito difícil encarar verdades desagradáveis sobre nós mesmos e admitir nossas próprias limitações.

Como observou o filósofo Thomas Pangle, a maior parte das vezes em que refletimos com seriedade é porque estamos com problemas. Uma crise acontece em nossa vida – perdemos um emprego, divorciamo-nos, somos reprovados na escola, escolhemos um péssimo penteado. Parece que só assim avaliamos com seriedade onde estamos em nossas vidas e as escolhas que fizemos. Mas a vida não deve ser vivida no piloto automático. Assim como precisamos desenvolver bons hábitos alimentares e praticar exercícios, precisamos criar hábitos positivos de consciência e autoavaliação. Apenas conhecendo a si mesmo é possível viver com honestidade e encontrar o próprio caminho.

Dumbledore é um exemplo de indivíduo reflexivo e autoconsciente. Quando era jovem, ele percebeu que sua fraqueza inveterada era o amor pelo poder. Percebendo isso, nunca aceitou o cargo de Ministro da Magia, embora este tenha sido oferecido a ele inúmeras vezes. Dumbledore também tirou uma lição importante de sua fixação pelo futuro bruxo das trevas Gerardo Grindelwald. Em uma entrevista em 2008, Rowling afirmou que Dumbledore "perdeu sua orientação moral por completo" quando se apaixonou por Grindelwald.[209] Em consequência, Dumbledore tornou-se muito suspeito de seu julgamento em questões do coração e decidiu viver uma vida celibatária e acadêmica.

Em seu esforço para viver o que Sócrates chamou de "a vida examinada", Dumbledore usa, com regularidade, a Penseira, uma bacia mágica de pedra que permite que as pessoas vejam suas próprias lembranças e as de outras pessoas da perspectiva de um terceiro. Dumbledore diz a Harry que sempre que tem muitos pensamentos e lembranças sobrecarregando sua cabeça, ele usa a Penseira para libertar-se de alguns desses pensamentos em excesso. Isso desobstrui a mente, remove lem-

---

209. Adeel Amini, *Minister of Magic*, <http://gallery.the-leaky-cauldron.org/picture/207262>.

branças dolorosas ou obsessivas e melhora o foco mental. A perspectiva de terceira pessoa também "facilita identificar padrões e elos" e notar coisas que não foram observadas conscientemente nas experiências originais.[210] É claro que tal objeto seria uma ótima ferramenta para o entendimento do eu – para não mencionar que poderia ser um aparelho de *replay* instantâneo na Copa Mundial de Quadribol!

Estar Alerta às Suas Tendências Irracionais

Aristóteles definiu, de forma clássica, o humano como o "animal racional" – mas, certamente, ele nunca tinha assistido a um episódio de *The Jerry Springer Show*. O fato é que nós, humanos, somos, com regularidade, vítimas de inclinações irracionais, preconceitos, egocentrismo, intolerância ao diferente, ilusões e estereotipização. E, como vimos, suas escolhas podem não falar muito sobre seu verdadeiro eu se, como os Dursley ou Lockhart, sua autoimagem está distorcida por hábitos mentais inadequados.

A solução é reconhecer e combater de modo ativo as tendências irracionais. Não importa o quanto possamos gostar de pensar em nós mesmos como indivíduos excepcionalmente autoconscientes e perceptivos, somos todos humanos e, assim, herdeiros de todas as falhas de pensamento a que os humanos estão propensos com tanta frequência.

A extensão completa da irracionalidade humana está em muito demonstrada nos livros de Potter – pense no fetiche de comando e amor ao poder de Percy Weasley, o racismo e o classismo venais de Malfoy, o ciúme irracional de Rony Weasley, o afeto cego de Rúbeo Hagrid por criaturas mágicas perigosas, a inflexibilidade e intolerância ao novo de Cornélio Fudge ou a credulidade de Luna Lovegood em fábulas sobre o que é incomum ou misterioso. Mas o melhor exemplo de Rowling de pensamento irracional é o tratamento dado pelos bruxos aos elfos domésticos.

Elfos domésticos são, de fato, escravos no mundo mágico. Eles estão presos por toda a vida a famílias ricas de bruxos ou a instituições, como Hogwarts. Eles realizam tarefas subalternas sem qualquer pagamento, recebem educação limitada, vestem peças que não servem mais para o uso, tais como fronhas velhas, são proibidos de usar varinhas e podem ser espancados, atormentados ou mortos por seus senhores com aparente impunidade. Entretanto, poucos bruxos veem essa espécie de

---

210. *O Cálice de Fogo*, p. 597.

servidão imposta como moralmente problemática, no mínimo. Por que essa cegueira ética? Porque, como observam Rony e Hagrid, com a exceção de "esquisitos" como Dobby, quase todos os elfos domésticos *gostam* de ser escravos e mesmo consideram a liberdade, como o faz Winky, algo deprimente e vergonhoso.[211]

Como ressalta Hermione, contudo, o fato de que os elfos domésticos tenham sido condicionados a concordar com sua própria opressão não justifica a prática.[212] Embora Harry, a princípio, compartilhe dos preconceitos convencionais com relação aos elfos domésticos, no fim ele aceita o ponto de vista de Hermione, cavando o túmulo de Dobby com suas próprias mãos e escrevendo "Aqui jaz Dobby, um Elfo Livre" na lápide.[213] Nesse processo de crescimento moral, Harry recebe grande ajuda de sua amiga Hermione, uma defensora incansável dos direitos dos elfos. Isso nos leva a nossa terceira estratégia.

Buscar Ajuda de Seus Amigos

Os humanos não são como os Borgs de *Jornada nas Estrelas*. Não temos uma consciência coletiva com a qual experimentamos, de maneira direta, os pensamentos e emoções das outras pessoas. Pelo contrário, vivemos nossa vida a partir de nosso "interior", a partir do ponto de vista de nossa minicâmera pessoal sobre a vida. Isso nos confere um acesso privilegiado ao que está acontecendo dentro de nossas próprias cabeças. Mas, às vezes, estamos perto demais de nós mesmos para nos ver como somos de verdade. Carecemos de perspectiva, objetividade. É onde os amigos podem ajudar. Os amigos podem lhe dizer quando está sendo egoísta ou rude ou enganando a si próprio por completo. No entanto, eles podem lhe mostrar quando está sendo gentil ou generoso ou quando precisa ser menos rígido consigo mesmo. Nos livros de Potter, os amigos desempenham, com frequência, um papel vital para ampliar o entendimento do eu uns dos outros. Por exemplo, Hermione ajuda Harry a entender porque estava sendo insensível com Cho Chang na viagem para Hogsmeade; Harry, Rony e Hermione auxiliam Neville Longbottom a superar sua dolorosa timidez e falta de autoconfiança; e

---

211. Veja, por exemplo, *O Cálice de Fogo*, p. 224, 265; e *A Ordem da Fênix*, p. 385.
212. Não é incomum os povos subordinados internalizarem os valores de seus opressores e acabarem vendo sua própria opressão como algo natural ou justo. Isso é uma forma do que os marxistas chamam de "consciência falsa".
213. *As Relíquias da Morte*, p. 481.

Hagrid ajuda Rony a compreender o motivo pelo qual amizades não devem ser arruinadas por ciúmes insignificantes. Na mesma esteira, personagens que aparentemente carecem de amizades íntimas e solidárias, tais como os Dursley, Lockhart e o Professor Slughorn, tendem a não progredir no entendimento do eu. Amigos honestos e afetuosos podem ser um espelho no qual vemos a nós mesmos como somos de fato.

Desafiar a Si Mesmo

Na vida comum e corriqueira, as pessoas tendem a se comportar de maneiras estereotipadas. Não se pode dizer muito sobre uma pessoa observando o modo como ela escova os dentes ou caminha até o ponto de ônibus. São nas situações excepcionais – em especial situações de desafios ou adversidade – que as diferenças mais significativas entre as pessoas revelam-se. É por isso que, como observou o filósofo-poeta romano Lucrécio: "É mais útil perscrutar um homem em risco ou perigo, e discernir na adversidade que espécie de homem ele é; pois só então as palavras da verdade emergem do âmago do coração, a máscara é despedaçada, a realidade permanece".[214]

Nos livros de Potter, Harry e seus amigos são testados repetidas vezes. Sempre e uma vez mais são colocados em situações que testam sua coragem, lealdade, inteligência e engenhosidade. Com algumas poucas exceções que se pode notar (como quando Rony abandona temporariamente Harry e Hermione em *As Relíquias da Morte*), eles passam em tais testes com sucesso total e provam sua verdadeira índole. Como resultado, crescem em autoconfiança e conhecimento de si próprios e mostram-se, no final (de forma muito parecida com Frodo e seus amigos hobbits em *O Senhor dos Anéis* de J. R. R. Tolkien), heróis humildes mas experimentados na batalha.

A Medida Última de Uma Pessoa

Na análise final, Dumbledore está certo quando diz que nossas escolhas tendem a ser mais reveladoras do que nossas habilidades. Nossas habilidades mostram-nos o que *podemos* fazer, mas nossas escolhas revelam com muito mais clareza nossas qualidades de caráter e as coisas com que nos importamos de forma profunda. Neste sentido, é verdade, como o escritor Tobias Wolff observa, que "definimos a nós

---

214. Lucrécio, *De Rerum Natura*, Livro 3, linhas 55-59.

mesmos e a nossos valores mais profundos por meio das escolhas que fazemos, dia a dia, hora a hora, ao longo da vida".[215] Mas, como vimos, algumas escolhas são mais reveladoras que outras. A medida última de uma pessoa é onde ela se posiciona ao ser testada pelo desafio ou pela adversidade. Por essa medida, Harry e seus amigos recebem notas E, de Extraordinário!

---

215. Citação retirada de *Moments That Define Spirituality*, cnn.com/2008/LIVING/wayoflife/06/10/o.spirituality.2.u/index.html.

A magia da transformação pessoal

S. Joel Garver

Quando encontramos Duda Dursley pela primeira vez, ele era um completo idiota. Duda despreza Harry e o trata como "um cachorro que tivesse rolado em algo fedorento".[216] Duda sempre quer tudo à sua maneira, e quando se trata de seus pais, Petúnia e Válter, ele sabe como conseguir. Duda pensa que está sempre certo e que não existe possibilidade de fazer algo errado. Ele não consegue ver a si próprio como outra coisa senão um presente de Deus para o mundo – um modelo de perfeição juvenil, com direito a tudo de bom que apareça em seu caminho. E Duda não consegue ver em Harry nada além de um incômodo – uma distração inútil, uma ameaça potencial ao conforto e tranquilidade do piquitico Dudiquinho.

Já no início de *As Relíquias da Morte*, Duda havia mudado de forma dramática. Ele deixa uma xícara de chá para Harry do lado de fora de seu quarto na Rua dos Alfeneiros, n. 4, e desafia seus pais para que façam o que Harry diz. Duda, por fim, consegue expressar algo semelhante a afeição e gratidão por Harry, mesmo diante da incompreensão de seus pais e de seu próprio embaraço. No final, quando Duda dá um

---

216. *A Câmara Secreta*, p. 5.

aperto de mão para se despedir de Harry, este vê uma "personalidade diferente".[217]

O que aconteceu? Como Duda passou a ver Harry de um modo novo, não como um incômodo, mas com um respeito recém-descoberto? E isso significa que Duda passou a ver *a si próprio* de maneira diversa de antes? Se for este o caso, como essa mudança ocorreu?

Essas são questões sobre como Duda se desenvolve como pessoa, mas também levantam temas epistemológicos fascinantes. "Epistemologia" é a parte da filosofia que pergunta e tenta responder perguntas sobre o modo pelo qual conhecemos as coisas. De forma específica, vamos considerar como Duda e Harry passam a conhecer melhor do que antes tanto a si mesmos quanto aos outros. Pelo exame de como esses dois personagens crescem e desenvolvem-se, podemos entender como Rowling apresenta o conhecimento como um processo de transformação pessoal. Como veremos, quando encontramos nós mesmos e os outros de maneiras significativas, crescemos em mente e coração e tornamo-nos melhores conhecedores.[218]

Posicionando Nossos Pré-Julgamentos

A fim de conhecer e interpretar nosso mundo, disse o filósofo alemão Hans-Georg Gadamer (1900-2002), devemos vir ao mundo com "pré-julgamentos".[219] Toda vez que tentamos interpretar uma situação, uma pessoa ou um texto, trazemos conosco questões, preconceitos e expectativas, como se estivéssemos trazendo um punhado de ferramentas de uma caixa bem equipada. Sem tais pré-julgamentos, não teríamos como "adentrar" ao que quer que estivermos tentando entender. Seria como um contêiner hermeticamente fechado, e restaríamos ali parados, desamparados e de mãos vazias.

---

217. *As Relíquias da Morte*, p. 42.
218. Os filósofos distinguem diversas formas de conhecimento. Conhecimento "pessoal" é uma questão de aproximação imediata (conhecer Luna Lovegood, conhecer o Caldeirão Furado). Conhecimento "proposicional" é uma questão de saber o que determinada coisa é ou a que se aplica, conheça o sujeito ou não, pessoalmente, o objeto relevante (saber que a taça da Lufa-lufa está em Gringotts, saber que testrálios são visíveis apenas àqueles que já viram a morte). E conhecimento "prático" ou "procedimental" é uma questão de como fazer algo (saber como Aparatar, saber como infligir a Maldição Cruciatus). Em geral, essas várias espécies de conhecimento entrelaçam-se. Aqui, focaremos mais nos atos de entendimento do eu, que envolvem tipicamente tanto o conhecimento pessoal quanto o conhecimento do que algo é ou a que se aplica.
219. Hans-Georg Gadamer, *Truth and Method*, 2. ed. rev., traduzido para o inglês por J. Weinsheimer e D. G. Marshall (Nova York: Crossroad, 1989), em especial p. 265-379.

Nossos pré-julgamentos, por sua vez, moldam os tipos de informação que conseguimos extrair do que estamos tentando entender. Mas se formos até as coisas com ferramentas inadequadas, não conseguiremos fazer muito progresso. O que estivermos tentando interpretar e entender resistirá aos nossos avanços. Afinal, não podemos soltar parafusos com facilidade usando um alicate, quanto mais um martelo.

Gadamer disse que não adianta fingir que não temos pré-julgamentos que moldam o modo como pensamos ou percebemos. A questão é se nossos pré-julgamentos nos ajudarão a entender melhor ou se atrapalharão. Não são apenas os tipos errados de questões ou expectativas que não nos levarão muito longe. Que elas nos ajudem a compreender depende também de quão flexíveis somos com relação a tais pré-julgamentos e se permitimos que as situações que enfrentamos desafiem e remodelem nossas estratégias. Quando estamos face a face com uma caixa parafusada, temos a intenção de deixar de lado o martelo e sair procurando uma chave de fenda em seu lugar?

A Ignorância do Piquitico Dudiquinho

Se a percepção de Gadamer aplica-se ao nosso mundo, deverá aplicar-se ao de Harry também? Duda vê a si próprio como o centro do universo e interpreta seu mundo por meio de seu próprio ego inflado. Isso se deve, em especial, devido à maneira como Petúnia e Válter idolatram-no constantemente. A seus olhos, "não há melhor garoto no mundo" que seu "anjinho".[220] Eles constroem e reforçam o sentido do eu de Duda às custas de Harry, demonstrando que preferem seu filho em detrimento de Harry com presentes, roupas e agrados especiais. Tia Guida, da mesma forma, adora visitar seu Duda "fofo" e dar-lhe uma nota de 20 libras. Como poderia qualquer criança tratada desta forma sentir outra coisa senão que é especial e privilegiada?

Além disso, o senso do eu de Duda resiste a qualquer espécie de lapidação ou mudança. Qualquer informação que tenha a possibilidade de desafiar ou modificar os pré-julgamentos de Duda é logo ocultada ou adaptada por seus pais. Eles são capazes de "encontrar desculpas para suas notas ruins", insistindo que Duda é um "garoto muito talentoso", mas incompreendido por seus professores, e descartam acusações de intimidação e *bullying* com a alegação de que embora Duda seja um "garotinho exaltado... ele não machucaria uma mosca." Mesmo quando

---

220. *A Pedra Filosofal*, p. 1, 21.

Duda é forçado a fazer uma dieta, tia Petúnia insiste que ele tem somente "a estrutura óssea avantajada", um "garoto em fase de crescimento" que simplesmente ainda não tinha se livrado da "gordura da infância".[221] Esse ambiente de bajulação e indulgência esculpe a própria perspectiva intelectual de Duda pela qual entende seu mundo, seu lugar nele e seu primo, Harry. Como disse Mark Twain, *denial ain't just a river in Egypt**. Mas, quando Duda defronta-se tão de perto com o terror frio dos dementadores, ele é balançado gravemente e forçado a confrontar a si mesmo de uma nova maneira, o que exige um reajustamento radical do seu anterior senso de si próprio. Como Harry sabe, os dementadores fazem com que Duda reviva os piores momentos de sua vida. Todos os hábitos intelectuais de Duda que foram programados para reconfigurar ou ignorar a verdade terrível são arrancados. Pela primeira vez, Duda vê com clareza quem ele é de fato – "caprichoso, mimado, truculento" – e começa a interpretar seu lugar no mundo de forma adequada.[222] Quando Dumbledore fala, mais adiante, sobre o "dano pavoroso" que Petúnia e Válter "infligiram a [esse] pobre garoto", talvez Duda esteja enfim em condições de ouvir e aceitar o diagnóstico de Dumbledore, ainda que seus pais não o estejam.[223]

Os pré-julgamentos obstinados de Duda por fim mudam de modo que ele possa receber e compreender a verdade. Essa nova perspectiva da realidade e de seu próprio lugar dentro dela permite que Duda reconheça, afinal, a coragem e a capacidade de ajudar que Harry tem, e sinta gratidão por este tê-lo salvado e talvez inclusive uma certa admiração, se não afeto, por seu parente mágico.

Traído por Preconceitos

A experiência de Duda não é única, mas reflete as experiências similares de outros personagens de J. K. Rowling. O temperamento, preconceitos e expectativas de Harry moldam seus próprios hábitos intelectuais. Considere o contínuo preconceito de Harry contra Severo Snape, seu medo inicial de Sirius Black estar à solta para apanhá-lo, sua confiança equivocada em Olho-Tonto Moody, sua crença na veracidade de seus próprios sonhos e sua fé no livro de poções do Príncipe Mestiço.

---

221. *O Cálice de Fogo*, p. 26-27.
*[N. T.: *Denial*, em inglês, tem a mesma pronúncia de "the Nile", o rio Nilo. O provérbio equivaleria a "o pior cego é o que não quer ver".]
222. *A Ordem da Fênix*, p. 30.
223. *O Enigma do Príncipe*, p. 55.

Esses hábitos, por sua vez, tornam Harry cego à realidade das situações à sua volta. Ele não consegue ver onde estão os perigos reais, quem de fato quer fazer-lhe mal e o que está, em verdade, acontecendo. Ele esquece-se de sua própria responsabilidade pela trapaça e do dano potencial do feitiço Sectumsempra. Harry, em geral, vem a seu mundo com as expectativas e perguntas erradas e, como resultado, acaba sem as respostas corretas. Devido ao fato de que é a perspectiva de Harry que os leitores experimentam, nós, também, estamos propensos a interpretar o desenrolar dos eventos por um filtro inadequado.

Da mesma maneira, outros personagens julgam de forma errônea as situações e as pessoas à sua volta. A paixão juvenil de Dumbledore por Gerardo Grindelwald alimenta seus sonhos equivocados de bruxos governando o mundo "para o bem maior".[224] Mérope sente-se atraída pelo abastado Tom Riddle e deseja fugir de sua vida doméstica infeliz, levando-a a pensar que Riddle poderia de fato apaixonar-se por ela, mesmo que ela tenha de auxiliar o processo com uma poção. Em *As Relíquias da Morte*, Hermione Granger, Harry e Rony Weasley têm seus próprios medos, suspeitas e preconceitos ampliados pela Horcrux em forma de medalhão. Eles acabam interpretando mal uns aos outros até que Rony por fim foge em um acesso de paranoia, ciúme, inveja e mágoa. Da mesma maneira, a cobiça dos Malfoy pelo poder dos sangues-puros os impele a subestimar as profundezas da maldade a que Voldemort afundaria.

Em cada caso, os pré-julgamentos fazem com que os personagens interpretem mal a verdade até que a dor de se deparar com as forças da realidade faça-os repensar. Por isso, a verdade é algo com que é preciso importar-se: falsas crenças não representam o mundo com exatidão e, assim, provam ser um mapa nada confiável para navegar por ele.

Sonhos Perigosos

Consideremos um exemplo específico envolvendo Harry. Em *A Ordem da Fênix*, Harry fica compreensivelmente perturbado por sua percepção dos pensamentos de Voldemort. Tais vislumbres de visão acontecem a maior parte das vezes quando Harry está dormindo e sonhando, quando a mente está mais "relaxada e vulnerável".[225]

Harry permanece convencido, com petulância, do seu próprio sentido de missão de se opor a Voldemort, acreditando, de forma errônea,

---
224. *As Relíquias da Morte*, p. 357.
225. *A Ordem da Fênix*, p. 531.

que ele é o único que entende a verdadeira natureza e as capacidades deste. Harry começa a acreditar na verdade de seus sonhos como uma janela transparente e uma perspectiva privilegiada de acesso à mente do próprio Voldemort. Dumbledore, contudo, adverte Harry de que se ele pode ver dentro da mente de Voldemort, então é provável que Voldemort também possa ver dentro da mente de Harry. E se Voldemort descobrir essa conexão com Harry, poderia usar seus formidáveis poderes de Legilimência para manipulá-lo e enganá-lo.

Harry, confiante em suas próprias ideias, desconsidera os avisos de Dumbledore. Mesmo quando Dumbledore alerta-o, de forma enfática, de que ele "deve estudar Oclumência", Harry negligencia tal prática e rapidamente é vítima de novos sonhos.[226] Embora o próprio Dumbledore tenha mandado Harry a Snape para ter aulas de Oclumência, as suspeitas de Harry contra Snape levam-no a resistir ao treinamento. Harry sugere que, ao contrário, as aulas estão piorando as coisas. Quando Hermione o exorta a continuar praticando Oclumência e esforçar-se mais, Harry, da mesma forma, rejeita seu conselho em um acesso de frustração. Sua posterior conversa com Sirius Black sugere que Harry nunca viu o motivo pelo qual a Oclumência era importante de alguma maneira. É tentador, portanto, pensar que a acusação de Snape está muito próxima da verdade: "Talvez você, na realidade, goste de ter essas visões e sonhos, Potter. Talvez eles o façam sentir-se especial – importante?"[227]

O Custo do Excesso de Autoconfiança

Neste caso, o custo dos preconceitos de Harry é alto: a morte de seu padrinho, Sirius Black. Em seu NOM de História da Magia, Harry cochila e vê Sirius sendo torturado por Voldemort no Departamento de Mistérios. Sua reação imediata é começar a planejar alguma forma de chegar até o Ministério da Magia para salvar Sirius.

Hermione levanta uma série de objeções sensatas,[228] mas ao colocar sua própria certeza em dúvida, no entanto, Harry contradiz Hermione. Ele até mesmo distorce os avisos de Dumbledore a fim de sustentar suas próprias crenças, interpretando as aulas de Oclumência como prova de

---

226. Ibid., p. 622, 635.
227. Ibid., p. 591.
228. Hermione argumenta que Harry nunca estivera de fato no Departamento de Mistérios e que, portanto, não pode saber ao certo como ele é; que essa virada nos eventos é "simplesmente muito improvável"; que não há, em absoluto, "provas" para quaisquer das especulações de Harry; que Voldemort deveria aproveitar-se da conhecida (embora nobre) tendência de Harry de salvar as pessoas e agir como herói.

que seus sonhos devem ser reais. Hermione, por fim, convence Harry a verificar primeiro se Sirius ainda está em Grimmauld Place antes de tentar um resgate. Utilizando a lareira da sala da Professora Umbridge para conectar-se à casa de Sirius, Harry encontra apenas o lúgubre e nada confiável elfo doméstico Monstro ali. Monstro está apenas feliz demais em confirmar a crença de Harry de que Sirius saíra para o Departamento de Mistérios. Isso é tudo o que Harry precisa. Então, de forma resoluta, decide empreender o "resgate" que levará à morte de Sirius.

O que devemos pensar sobre isso? O testemunho de Monstro foi prova suficiente para justificar a tentativa de resgate de Harry? Ou Harry foi, de novo, mal conduzido pela inclinação de seu próprio intelecto e emoções, agora distorcidos nas mãos da astúcia de Voldemort? O perigo de não pensar com clareza é que Harry começa a ver certas "evidências" como confiáveis em vez de considerá-las suspeitas. Com muita frequência, Harry subestima as muitas formas pelas quais ele é bem menos objetivo ao avaliar as evidências do que gostaria de imaginar.

Nada até este ponto da história poderia sugerir que o testemunho de Monstro valeria ser levado a sério. O comportamento de Monstro parece bastante sombrio quando Harry o interpela; ele parece "bastante feliz por algo", com sinais de ferimentos recentes em suas mãos, dando risadinhas e gargalhadas conforme Harry o interrogava.[229] De fato, como Dumbledore ressalta mais tarde, ele tinha avisado Sirius de que sua falta de preocupação e sua frieza com relação a Monstro poderiam ter consequências perigosas. Harry, além disso, está agindo *apenas por si mesmo* em sua confiança no testemunho de Monstro porque ele nunca se dá ao trabalho de contar aos seus amigos que sua fonte de informação foi o elfo doméstico.

No entanto, não devemos ser muito duros com Harry. Ele ainda é apenas um garoto de 15 anos e está agindo com intenções nobres. Os perigos de que se torna vítima lembram-nos tempos em que nós mesmos – graças à juventude ou ousadia, indolência ou impetuosidade – vimos o que quisemos ver, graças às viseiras que bloquearam ou distorceram nosso quadro da realidade.

Lembranças Ajudam a Compreender

As lembranças desempenham um papel crucial em como nossos preconceitos e hábitos intelectuais se formam, desenvolvem e modificam.

---
229. *A Ordem da Fênix*, p. 740.

Se nos esquecermos do passado, como indivíduos ou como cultura, perdemos o conhecimento que já foi adquirido e ferramentas valiosas por meio das quais nosso conhecimento pode crescer. Assim, o tempo pode ser o inimigo da compreensão, afastando-nos dos recursos do passado que são necessários para conhecermos o presente. O que já aconteceu pode desaparecer e perder-se para sempre, esquecido por completo, a menos que vestígios do passado persistam de alguma forma até o presente. Podemos falar sobre esses vestígios do passado como "lembranças", em especial por ficarem registradas em nossa experiência e consciência.

Em sua clássica autobiografia, *Confissões*, o filósofo Santo Agostinho (354-430 d.C.) tentou explicar a natureza do tempo e a relação entre o tempo e a memória. Ele notou que o passado não existe mais e o futuro ainda não veio à existência. Como, então, pode o passado ficar conosco? Além do mais, o presente, enquanto o lugar onde o passado e o futuro se encontram, não tem duração própria. O que é, dessa forma, essa coisa espectral e passageira que chamamos "tempo"?[230] A resposta de Agostinho foi que o tempo só é conhecido por completo na experiência humana. Por nosso intermédio, a lembrança do passado vem juntamente com a expectativa do futuro em nossa consciência presente. O modo como experimentamos o "agora" é uma função de como o passado nos traz até este momento com todos os padrões e hábitos lembrados que possuímos. Isso, por sua vez, ajuda-nos a esperar e seguir em direção ao futuro.

Podemos interligar a ideia de Agostinho com um ponto de Gadamer. Quando se trata de conhecer e interpretar a realidade, os pré-julgamentos são uma espécie de memória da qual não podemos prescindir. Por meio de nossos pré-julgamentos, o que aconteceu no passado afeta o modo como abordamos o presente e vemos o futuro. Quando percebemos que os pré-julgamentos funcionam quase como a memória, podemos ver porque Gadamer os conecta com "tradição", uma palavra que deriva de um verbo do latim que significa "transmitir" do passado.[231]

Em nossos pré-julgamentos, a memória é antes de tudo pessoal. Nossas experiências passadas pessoais – como somos criados e educados, o que acontece durante nosso crescimento, que respostas parecem funcionar conosco – modelam a pessoa que nos tornamos. O modo como Hermione valoriza os livros e a instrução foi, sem dúvida, moldada por seus cultos pais. As malandragens dos gêmeos Weasley,

---

230. Os pontos que seguem são retirados de ou inspirados em Agostinho, *Confissões*, Livro XI.
231. Com relação ao que Gadamer chama de "tradição", veja *Truth and Method*, p. 277-305.

para não mencionar a inclinação do Sr. Weasley de brincar com artefatos Trouxas, parecem reforçar a concepção de Rony de que as regras são burladas com facilidade e existem para ser quebradas.

A memória, contudo, também é inteiramente social por natureza. No seu sentido mais amplo, a memória não é apenas o conjunto de vestígios de eventos e experiências passados que carregamos por aí em nossas cabeças. A memória também inclui todos os vestígios do passado que nos foram transmitidos por nossa língua e cultura, nossos artefatos e instituições.[232] Esses aspectos, da mesma forma, moldam os hábitos, conjecturas e expectativas intelectuais que usamos para interpretar nosso mundo e avançar em conhecimento, em geral, por meios dos quais sequer temos consciência.[233]

Nos livros de Rowling, é a Penseira que simboliza o poder da memória – tanto individual quanto social – e o seu papel tão necessário na comunicação e formação do conhecimento. Na verdade, quando Dumbledore explica a Penseira, ele descreve sua função principal como epistemológica: preservar e organizar o conhecimento. Dumbledore assevera que ele às vezes tem "muitos pensamentos e lembranças sobrecarregando [sua] cabeça." Com a Penseira, a pessoa apenas "retira os pensamentos em excesso da mente de alguém, despeja-os dentro da bacia e examina-os à vontade." Ela não apenas preserva os pensamentos e experiências, mas "facilita identificar padrões e elos... quando estão nesta forma."[234] A Penseira permite a seus usuários dar um passo atrás e olhar com mais cuidado a si mesmos a fim de obter uma perspectiva nova.

Contudo, a Penseira não é apenas para uso pessoal. Ela também disponibiliza as lembranças aos outros, lembrando-nos que a memória é, em sua base, um fenômeno *social*. Por meio da magia da Penseira, Dumbledore coloca Harry em contato com eventos passados que, por outro modo, jamais saberia a respeito. E esses eventos fornecem evidências e contextos que se levantam contra as suposições de Harry, oferecem-lhe percepções sobre aqueles que o cercam e ajudam-no a entender melhor as ameaças e oportunidades que encontra.

---

232. Nós dependemos dos outros para falar uma língua, de livros e professores para muito do que aprendemos, dos pais e avós para a história familiar, de mentores para chegar à sabedoria e habilidade já adquiridas, e de descobertas anteriores para os avanços tecnológicos que fazemos.
233. Além de Agostinho e Gadamer, podemos também mencionar aqui o trabalho de Michael Polanyi sobre a epistemologia das ciências, em especial suas discussões sobre tradição, aprendizado e conhecimento tácito em *Personal Knowledge* (Chicago, University of Chicago Press, 1974).
234. *O Cálice de Fogo*, p. 597.

A maior parte das experiências de Harry com a Penseira ocorre sob a direção de Dumbledore e proporcionam ao garoto informações de que precisa para entender e derrotar Voldemort. Assim, Harry descobre sobre a infância de Tom Riddle no orfanato, seu sadismo ainda jovem, seu potencial enquanto aluno e a abominação de si próprio que o levou a assassinar sua família Trouxa e embarcar na ideologia dos sangues-puros. Harry também descobriu como Riddle perseguiu a imortalidade, embora ela exigisse terríveis atos de maldade para dividir sua alma e preservar suas partes por meio de magia negra.

Além disso, a Penseira apresenta lembranças reconstruídas, extraídas de Hokey e Morfino Gaunt com muita dificuldade. Hokey era a elfa doméstica que trabalhava para Hepzibah Smith, de quem Voldemort conseguiu o medalhão de Slytherin e a taça da Lufa-lufa. Morfino era irmão de Mérope, tio de Voldemort, a quem o jovem Riddle incriminou pelo assassinato de seu pai e avós Trouxas. A cada nova lembrança, Harry obtém maior percepção da história e caráter de Voldemort, suas atividades passadas e presentes e, mais importante, suas vulnerabilidades. Tal qual Duda precisou de crenças verdadeiras para substituir as falsas, Harry precisou de um retrato mais completo de Riddle e sua história, bem como de detalhes cruciais da vida de Snape, para descobrir como derrotar o Lorde das Trevas.

Ultrapassando Escolhas Inadequadas

Em cada livro da série, Rowling permite que os pré-julgamentos de Harry e aqueles dos outros personagens levem-nos a falsas interpretações de seu mundo. Mas, quando se atinge um nível de tensão suficiente e as evidências acumulam-se, seus pré-julgamentos são alterados até que sejam forçados a adequar-se à realidade. Os sonhos de Dumbledore quanto a uma supremacia mágica evaporam-se quando seu relacionamento com Grindelwald acarreta a morte de sua irmã. O desejo de Mérope pelo amor de Tom Riddle transforma-se em desespero quando ela cessa de usar a poção de amor e ele a abandona. Rony recobra a lucidez quando se afasta de Harry e Hermione e da influência da Horcrux. Inclusive os Malfoy começam a ver Voldemort como ele é de verdade uma vez que as próprias ambições de Voldemort ameaçam a vida de seu filho, Draco.

Acima de tudo, Harry transforma-se. Quando o encontramos pela primeira vez, ele é uma criança ingênua e hesitante, adentrando ao mundo mágico, cheio de curiosidade e perguntas. Apesar de estar aberto ao aprendizado, ele às vezes é desencaminhado ou superestima suas habilidades por lealdade aos seus amigos, desrespeito às regras e desejo por um sentido de importância e inclusão. Mais tarde, Harry cresce como um adolescente impetuoso e teimoso, frequentemente insolente por conta de suas próprias percepções e rápido em rejeitar amigos e autoridades em quem deveria acreditar. Por meio dos erros, tragédias e batalhas, Harry por fim amadurece e torna-se um jovem rapaz de notável coragem, capaz de discernir o que está acontecendo e o que deve ser feito.

Conhecimento adequado e boas habilidades intelectuais são necessários não apenas para ver os fatos com exatidão, mas também para exercitar virtudes como valentia, lealdade e generosidade. Harry não pode ser valente de verdade, afinal, a menos que compreenda a natureza do perigo que o confronta, a espécie de confiança de que deve dispor em face dele e o futuro de quais pessoas depende de suas ações. Da mesma forma, a lealdade verdadeira a Dumbledore não é uma questão de minimizar suas falhas reais ou apegar-se a uma imagem falsa e idealizada de quem Dumbledore é. Antes, é entender que, apesar das falhas conhecidas de Dumbledore, seus passos em falso e seu fracasso em revelar informações essenciais, suas motivações e julgamentos merecem confiança. Assim, a transformação pessoal de caráter depende de ultrapassar julgamentos inadequados, estar aberto à correção e cultivar uma sensibilidade crescente ao que é correto e verdadeiro. Desta forma, a epistemologia é inseparável da ética.

Tudo aquilo por que Harry e seus amigos passam como personagens, nós também experimentamos como leitores, porque Rowling convida-nos a ver o mundo de Harry de forma ampla através dos olhos dele. Embora possamos por vezes ver além do horizonte limitado de Harry antes que o próprio Harry o faça, Rowling se vale de uma narrativa que leva em direções equivocadas de modo a reforçar nossas suposições errôneas e afastar-nos de questões cruciais. Muitos dos *nossos* prejulgamentos permanecem não desafiados e nós, também, junto com Harry, passamos por um processo de descoberta e reinterpretação a caminho do conhecimento. Voltando para o ponto de partida, se uma pessoa como Duda Dursley pode vir a gostar de Harry, existe esperança mesmo para o leitor mais resistente e incompreensivo.

A genialidade do trabalho de Rowling não está apenas em sua narrativa poderosa, mas também em seu poder de mudar-nos enquanto leitores. Se permitirmos que a magia de Rowling trabalhe em nós, ela irá comprometer, desafiar e transformar nossos hábitos intelectuais. Ao seguirmos Harry e os outros personagens, nós não apenas nos tornamos leitores melhores, mas, sim, tornamo-nos pessoas melhores.

Apenas na sua cabeça?
J. K. Rowling separando a realidade da ilusão
John Granger com Gregory Bassham

Existem muitas maneiras de descobrir os mistérios ocultos dos livros de Harry Potter, mas neste capítulo consideraremos um ponto em particular.[235] Chegamos quase ao final da série de sete partes de J. K. Rowling e ela diz que "esperei 17 anos" para usar duas linhas em particular. Portanto, se existe um código para desvendar, esse é um bom lugar para observar. "Sim, é isso mesmo", ela disse. "Todo esse tempo eu trabalhei para poder escrever aquelas duas frases; escrever a cena de Harry entrando na floresta e de Harry tendo aquele diálogo."[236] Logo, quais são essas duas linhas e qual a importância filosófica delas?

---

235. Veja os livros mais recentes de John Granger sobre Harry: *Harry Potter's Bookshelf: The Great Book Behind the Hogwarts Adventure* (Nova York: Penguin Books, 2009); *How Harry Cast His Spell: The Meaning behind the Mania* for J. K. Rowling's Bestselling Books, 3. ed., (Carol Stream, IL: Tyndale, 2008); *The Deathly Hallows Lectures: The Hogwarts Professor Explains the Final Harry Potter Adventure* (Allentown, PA: Zossima Press, 2008); e *Unlocking Harry Potter: Five Keys for the Serious Reader* (Wayne, PA: Zossima Press, 2007).
236. Entrevista de J. K. Rowling com Pais, 9 fev. 2008, <www.snitchseeker.com/harry-potter-news/entire-spanish-j-k-rowling-interview-54113/>.

Diga-me Uma Última Coisa

Depois de Harry sacrificar-se e acordar na King's Cross do limbo, nos últimos momentos de sua conversa com Dumbledore ele pergunta:

> "Diga-me uma última coisa", disse Harry. "Isso aqui é real? Ou está acontecendo dentro da minha cabeça?"
> Dumbledore abriu-lhe um grande sorriso e sua voz soava alta e forte nos ouvidos de Harry embora a névoa brilhante estivesse descendo de novo, obscurecendo sua figura.
> "É claro que está acontecendo dentro de sua cabeça, Harry, mas por que, por Deus, isso deveria significar que não é real?"[237]

A afirmação singular de Rowling é que ela esteve escrevendo as mais de 4.100 páginas da série para chegar a este exato ponto, para que Harry pudesse ouvir essas duas frases: "É claro que está acontecendo dentro de sua cabeça", e "por que, por Deus, isso deveria significar que não é real?" Essas linhas também estão entre as mais interessantes, em termos filosóficos, da série toda; elas concedem a chance ideal de explorar tanto sua importância para a história quanto sua relevância mais profunda.

O Que é Real?

A pergunta de Harry é profundamente filosófica; perguntas sobre o que é real estão no âmago da busca filosófica. O ramo da filosofia chamado metafísica faz exatamente essas perguntas. As almas, ou Deus, ou os números existem? Essas são perguntas metafísicas, pois lidam com a questão do que é real em última análise. O objetivo da metafísica é libertar-se das meras aparências e capturar a realidade, substituir opiniões por conhecimento. A metafísica pergunta o que é real, enquanto o ramo da filosofia chamado epistemologia trata de como podemos vir a descobrir o que é real, para que não possamos confundir o que é irreal ou ilusório com o que é realidade genuína.

É bastante natural que Harry se preocupasse com quão real sua experiência era, uma vez que todos nós podemos ser enganados por experiências que parecem reais mas não o são. Todos nós somos vulneráveis à fantasia, a perspectivas tendenciosas e outras espécies de julgamentos errôneos que podem nos iludir, fazendo-nos confundir aparência com

---

237. *As Relíquias da Morte*, p. 723.

realidade. Talvez esse seja o motivo pelo qual o famoso ateu A. J. Ayer, depois de ter uma vívida experiência de quase morte perto do fim de sua vida, permaneceu impassível, escolhendo considerá-la uma alucinação em vez de uma experiência genuína de uma realidade transcendente. Harry, da mesma forma, pergunta-se se sua experiência é real ou apenas inventada.

Muito antes de Dumbledore e Harry explorarem juntos uma caverna escura e bastante assustadora, Platão (428-348 a.C.) ofereceu uma imagem de uma caverna que permaneceu como um exemplo do que trata a filosofia. Platão pede-nos para imaginar homens acorrentados a vida toda dentro de uma caverna, capazes de ver apenas imagens bruxuleantes em uma parede, produzidas por uma fogueira que está atrás deles. De forma compreensível, eles consideram aquelas sombras como realidade e não reflexos imperfeitos de coisas reais. Mas, um dia, um homem liberta-se de suas correntes e sai da caverna. No início, ele não consegue ver devido à luz ofuscante, mas, por fim, ele é capaz de ver o mundo como é de fato. Ele percebe que, por toda sua vida, confundiu meras aparências com realidades, imagens oscilantes na parede de uma caverna com o mundo real. A fim de compartilhar sua revelação maravilhosa com seus companheiros, o prisioneiro retorna à caverna, mas é recebido pelos cativos com ceticismo hostil. Platão estava convencido de que toda a nossa peregrinação terrestre acontece em um mundo de aparências e que a realidade última aparece mais tarde. A tarefa do filósofo é conduzir a visão das pessoas para essas realidades mais profundas, ajudando-as a parar de confundir as sombras e aparências com a realidade autêntica.

Mesmo antes de Platão, os filósofos debateram-se com questões sobre o que é real e como passamos a conhecer a realidade. Assim, a pergunta de Harry sobre o que é real é em essência um questionamento filosófico e a distinção que ele faz entre "real" e "na cabeça" oferece-nos um ponto de partida útil para nossa discussão.

Descontrolando-se

Podemos distinguir com facilidade as coisas que existem apenas em nossas cabeças das coisas que existem tanto em nossas cabeças quanto no mundo exterior. Hermione Granger, por exemplo, por ser um personagem de ficção, existe em nossas cabeças mas não na realidade; da mesma forma, Sherlock Holmes, o Papai Noel, unicórnios e centauros. Emma Watson, Oxford e a Estação de King's Cross, por outro lado, não são meras ideias em nossas mentes mas pessoas, lugares e coisas que existem na realidade. Embora possamos ter a ideia de Oxford em nossas mentes, Oxford em si tem uma realidade objetiva e independente que ideias puramente fictícias não têm. Assim, embora tanto a ideia de uma coisa quanto a coisa em si possam existir, dizer que algo existe na cabeça em geral significa "apenas na cabeça", portanto não na realidade externa. A pergunta de Harry não é, em outras palavras, boba ou estúpida de imediato. Ele estava preocupado de que seu diálogo com Dumbledore tivesse sido um simples sonho ou uma alucinação, uma imagem sombria na parede da caverna. A resposta de Dumbledore é, no entanto, reveladora. Ele não nega que a experiência de Harry está em sua cabeça, mas insiste que isso não quer dizer que não seja real. A pergunta de Harry, em outras palavras, é baseada em uma falsa escolha: ou na cabeça ou real. Harry tomou as duas opções como exaustivas e excludentes entre si. A verdade de uma implica a falsidade da outra. Mas Dumbledore assegura-lhe que elas não são nada incoerentes. Experiências mentais também podem ser "reais".

Numerosos filósofos ao longo dos séculos tiveram uma percepção semelhante, que é o que faz com que a afirmação de Dumbledore seja tão fascinante em termos filosóficos. Vejamos alguns desses exemplos da história da filosofia. Como a ideia de Platão já foi mencionada, vamos começar com ele. Ele foi um racionalista, acreditava que todo o conhecimento estava fundamentado na razão e não na percepção sensorial. Por quê? Porque a razão coloca-nos em contato com o que Platão considerava ser real em última instância: as formas. Observe as vassouras. No mundo de Harry vemos diversas e variadas vassouras, mas o que as faz vassouras de fato, de acordo com o que Platão diz, é que elas têm a aparência, imperfeita, da forma platônica ideal ou da essência abstrata do que seja uma vassoura. Nossos sentidos colocam-nos em contato apenas com cópias imperfeitas, não com o ideal platônico. A razão é a maneira de entrarmos em contato com o que é real em definitivo. Se Platão ouvisse um insatisfeito aluno de filosofia reclamar de ter que deixar a aula e ir para o "mundo real", insinuaria que não estamos em maior contato com o mundo real do que quando estamos pensando de forma filosófica.

Platão não é o único filósofo ocidental a afirmar que a realidade verdadeira pode ser conhecida apenas por meio da razão. O grande filósofo racionalista francês René Descartes (1596-1650) argumentava que a essência das coisas tanto materiais quanto mentais não pode ser conhecida pela experiência sensorial, mas apenas pela análise racional.

O filósofo alemão Immanuel Kant (1724-1804) afirmava que objetos físicos, como pedras, cadeiras e árvores, são construções mentais que resultam da interação de nossas mentes modeladoras e categorizadoras com a realidade externa. "Idealistas absolutos" como G. W. F. Hegel (1770-1831) e neo-hegelianos como F. H. Bradley (1846-1924) foram ainda mais longe que Kant em enfatizar a supremacia dos valores mentais e espirituais.

Visões semelhantes são encontradas em algumas correntes do empirismo britânico. Para os empiristas, a experiência sensorial, e não a razão, é a fonte de todo o conhecimento humano. O empirista britânico George Berkeley (1685-1753) é famoso por sua visão "imaterialista" de que objetos físicos não existem de fato, mas são meras ideias nas mentes de Deus e outros observadores. Berkeley acreditava que, com relação a coisas externas, como nuvens e montanhas, "ser é ser percebido[a]". Dessa forma, tudo o que experimentamos como realidade externa está, de certo modo, "na cabeça" mas não é menos real por isso. Dois séculos mais tarde, o empirista britânico John Stuart Mill (1806-1873) defendia uma explicação "fenomenalista" do conhecimento humano, de acordo com o qual toda a temática da realidade material pode ser desconsiderada como temática de experiências reais ou possíveis.

Tais ideias também são encontradas em uma diversidade de tradições filosóficas orientais, inclusive algumas escolas como o hinduísmo, o budismo e o taoísmo. Por exemplo, os budistas da escola Yogacara acreditam que tudo o que os humanos experimentam como "real" é criado pela consciência e, portanto, é *sunya*, vazio e carente de qualquer natureza ou essência definitiva.

Se a mente cria a realidade, no todo ou em parte, ou coloca-nos em contato com uma realidade já existente, ou ainda se comunica de alguma forma com uma realidade independente, filósofos de um vasto espectro de correntes concordariam com a assertiva de Dumbledore de que o que é real e o que está na cabeça não estão necessariamente em conflito.

Rowling Como Uma Inkling

Vamos explorar, agora, uma possibilidade sugestiva que Rowling talvez tivesse em mente quando escreveu este curto, mas intenso, diálogo entre Harry e Dumbledore. Isso não pressupõe que ela estivesse vigiando um território bem definido entre as matas obscuras da metafísica, mas lança uma luz, em potencial, sobre questões de como é a realidade e como podemos vir a conhecê-la.

Essa interpretação depende de levar a sério a afirmação de Rowling de que ela foi fortemente influenciada por C. S. Lewis e seus companheiros Inklings, como J. R. R. Tolkien. Os Inklings foram um grupo de catedráticos de Oxford e seus amigos que se encontravam com regularidade para discutir os escritos uns dos outros e outros assuntos, em geral no Eagle and Child, um bar em Oxford. Dentre os Inklings estavam Owen Barfield, Tolkien, Charles Williams, o irmão de Lewis chamado Warnie e outras figuras conhecidas de Oxford.

Rowling falou de seu débito em particular com Lewis, atribuindo sua decisão de escrever sete livros à obra de Lewis composta por sete partes, *As Crônicas de Nárnia*, que ela amava quando criança. Com certeza, os livros de Potter são bem diferentes dos livros de *Nárnia*; em nenhum lugar Rowling promove de forma quase tão óbvia uma mensagem religiosa em particular. Na medida em que ela o faz, considero que isso se dá por meio de símbolos e formas, de maneira mais implícita do que explícita e de modo algum desastrada. Ainda, ela admitiu que o que ajudou a inspirar as histórias foi sua luta pessoal para manter a fé e afirma ser uma cristã cujas convicções religiosas, se conhecidas, teriam tornado boa parte da história previsível. Por isso, não seria surpreendente encontrar indicadores de tais influências dentro das histórias.

O que poderia explicar a adequação entre o conteúdo de nossas mentes e o mundo real? Por que as nossas melhores percepções filosóficas são janelas para a realidade? Como é que a razão é tão bem-sucedida em colocar-nos em contato com a verdade?

Para uma possibilidade intrigante, considere essa afirmação de Lewis, na qual ele expôs uma grande lição que aprendeu com seu amigo Barfield. Lewis disse que Barfield

> convenceu-me que as posições [materialistas] que tínhamos sustentado até então não deixavam espaço para qualquer teoria satisfatória do conhecimento. Nós éramos, no sentido técnico do termo, "realistas"; isto é, aceitávamos como realidade última o universo revelado pelos sentidos. Mas ao mesmo tempo continuávamos a fazer, por certos fenômenos de consciência, todas as afirmações que de fato associavam-se à visão teísta ou idealista. Nós sustentávamos que o pensamento abstrato (se obediente a regras lógicas) levava à verdade indiscutível, que nosso julgamento moral era "válido" e nossa experiência estética era não

apenas agradável, mas "valiosa". ... Barfield convenceu-me de que isso era incoerente. Se o pensamento fosse um fato puramente subjetivo, essas afirmações sobre ele teriam que ser abandonadas. ... Eu fui, portanto, compelido a desistir do realismo. ... Devo admitir que a mente não era um epifenômeno tardio; que o universo todo era, em última instância, mental; que nossa lógica era participação em um Logos cósmico.[238]

Alguns leitores podem reconhecer aqui o germe do argumento que Lewis desenvolveria mais tarde em 1947, em seu livro *Miracles*, assim denominado argumento da razão.[239] Foi exatamente neste tópico que Lewis fez seu famoso debate com a filósofa Elizabeth Anscombe (1919-2001), um debate que exigiu que Lewis alterasse o capítulo.[240] Alvin Plantinga, um importante filósofo cristão, ofereceu há pouco tempo um argumento da razão contra o naturalismo que deve muito a Lewis.[241] A ideia básica do argumento é que, para mantermos a confiança nas deliberações da razão, devemos nos assegurar de pensar que a racionalidade é mais que mera subjetividade. Antes, a racionalidade deve, de alguma forma, ser capaz de nos colocar em contato com a realidade externa. Se os motivos pelos quais sustentamos várias razões são apenas porque aquelas convicções formaram-se por meio de um processo naturalístico segundo as leis da natureza, não há necessariamente nenhuma base válida para considerar nossas conclusões, de forma confiável, verdadeiras.

Não é meu objetivo avaliar esse argumento aqui, mas apenas mencioná-lo como uma linha de raciocínio que pode ter influenciado Rowling. Ele pode oferecer alguma percepção quanto à sobreposição entre a realidade e o que está em nossa cabeça. Observemos o modo como Lewis pensou a realidade como "mental" e nossa lógica como participação em uma estrutura mais ampla de racionalidade dentro do universo. Como cristão, ele estava inclinado a interpretar isso como participação no *logos* divino, pelo qual um cristão significa o próprio

---

238. C. S. Lewis, *Surprised by Joy: The Shape of My Early Life* (Nova York: Harcourt Brace, 1955), p. 208-209.
239. C. S. Lewis, *Miracles* (Londres: Fontana Books, 1960), cap. 3.
240. Nestes últimos anos, Victor Reppert vem argumentando de maneira enérgica por uma formulação filosoficamente sofisticada do argumento de Lewis. Veja seu trabalho *C. S. Lewis's Dangerous Ideia: In Defense of the Argument from Reason* (Downers Grove, IL: InterVarsity Press, 2003).
241. Alvin Plantinga, *Warrant and Proper Function* (Oxford: Oxford University Press, 1993), cap. 12.

Cristo. Jesus, como retratado em João 1:1, é a encarnação do *logos* divino, a palavra da qual derivamos nossa palavra *lógica*.

Alguns antigos filósofos gregos conceberam o *logos* como o princípio animador impessoal que sustenta a realidade. Mais tarde, os filósofos estoicos gregos e romanos viram o *logos* como a razão divina que permeia e guia, de forma providencial, o cosmos. Quando João, o Evangelista, veio e anunciou que Jesus era a encarnação do *logos*, ele estava adotando uma postura radical. Sua posição, expressa em linguagem que teria sido compreendida no contexto, era de que existe de fato um *logos* divino pelo qual a realidade toma sua forma e tem sua existência sustentada. Mas o *logos* não é um mero princípio animador ou força impessoal, mas uma pessoa, o Deus Filho. De acordo com essa visão, a razão e a lógica humanas, nossa capacidade de empreender reflexões críticas e pensamento racional, são possíveis e confiáveis porque, por meio do uso correto de nossas mentes, estamos participando do *logos* divino. Como Rowling ressaltou em uma entrevista, não foi uma coincidência que o encontro predestinado de Harry com Dumbledore tenha sido em "King's Cross".

A posição de Lewis sobre o *logos* divino levanta outra possibilidade sugestiva para compreender a conexão que Dumbledore faz entre o que é real e o que está na cabeça. A sugestão concerne tanto à metafísica quanto à epistemologia. Como o trabalho de nossas mentes parece estar, de forma inexplicável, relacionado de maneira íntima ao modo como o mundo é, se formos evitar várias hipóteses céticas, algo precisa justificar a óbvia sobreposição entre a realidade externa e o funcionamento da racionalidade humana. Como acontece com tanta frequência com a filosofia, o que parece, a princípio, uma conexão óbvia acaba abrindo espaço ao reflexo de um quadro que pode ilustrar alguns dos maiores mistérios da vida.

A Experiência de Quase Morte de Harry

A observação de Dumbledore de que as coisas podem ser reais mesmo que ocorram apenas na cabeça de alguém ocorre como parte da experiência de quase morte de Harry em King's Cross. Em nenhuma outra situação a diferença entre "o que é real" e "o que está na cabeça" é colocada de forma mais contundente do que em experiências de quase morte. Vale a pena analisar tais experiências como uma pista adicional para o que Rowling quis expressar.[242]

O interesse atual em Experiências de Quase Morte (EQMs) começou com a publicação, em 1975, do livro que foi sucesso de vendas *Life after Life*.[243] Em tal livro, Moody documentou as experiências de mais de cem pessoas que foram declaradas clinicamente mortas ou chegaram perto da morte e então reviveram.

Desde o aparecimento do livro de Moody, uma quantidade enorme de pesquisas sobre as EQMs foi feita. Para a maioria, essas pesquisas deram suporte às descobertas de Moody. Estudos mostraram que as EQMs são relativamente comuns (cerca de 10% a 20% das pessoas que sobrevivem a paradas cardíacas reportam EQMs lúcidas e estruturadas); que tendem a ser, basicamente, semelhantes em pessoas de todas as idades, classes e culturas; e que, em geral, têm muitas das características que Moody descreve.[244] Com base nos estudos realizados até agora, os pesquisadores identificaram as seguintes características principais das EQMs:

1. Sentimentos de paz e serenidade.
2. Um barulho como zunido ou batidas de sino.
3. Separação do corpo.
4. Uma experiência de descer um túnel escuro com rapidez.
5. Encontrar e ser recebido por outros (em regra amigos ou familiares já falecidos).
6. Encontrar um "ser de luz" acolhedor e amável.
7. Uma revisão instantânea da vida.
8. Uma barreira ou fronteira que marca a separação entre a existência terrestre e "o outro lado".
9. Relutância em voltar ao corpo.

Os estudos mostram que esses elementos tendem a ocorrer nessa ordem e que as primeiras características são mais comuns do que as outras.[245]

---

242. Parte da linguagem nos próximos parágrafos é adaptada de Gregory Bassham, William Irwin, Henry Nardone e James M. Wallace, *Critical Thinking: A Student's Introduction*, 2. ed. (Nova York: McGraw-Hill, 2005).
243. Raymond A. Moody, *Life after Life* (Nova York: Bantam Books, 1975).
244. "Scientists to Study 'White Light' Near-Death Experiences", *Fox News*, 15 set. 2008, <www.foxnews.com/story/0,2933,422744,00.html>.
245. Susan Blackmore, *Dying to Live: Near-Death Experiences* (Buffalo: NI: Prometheus Press, 1993), p. 25-26.

As experiências de quase morte são "reais" no sentido de serem vislumbres paranormais genuínos de um mundo pós-morte? Os céticos apontam dois problemas principais nesta interpretação.

Primeiro, como a destacada pesquisadora de EQMs Susan Blackmore observa, as EQMs não são, de forma alguma, sempre as mesmas. Algumas pessoas têm experiências aterrorizantes e infernais.[246] Apenas uma pequena porcentagem daqueles que tiveram EQMs relatou ver uma luz, encontrar outras pessoas ou experimentar uma revisão panorâmica da vida. Algumas pessoas relatam ter um corpo "astral" transparente acinzentado, enquanto outras não. Crianças em regra relatam que são encontradas por amigos de brincadeiras que ainda estão vivos (ou animais) em vez de parentes falecidos ou um ser de luz. E pessoas de crenças religiosas diferentes reportam, com frequência, o encontro com figuras religiosas ou o recebimento de mensagens que são específicas de suas próprias tradições.[247]

Segundo, ainda que as EQMs sejam, em geral, coerentes quanto aos detalhes básicos, não significa que as experiências sejam genuinamente paranormais. Como argumenta Blackmore, isso deve apenas significar que temos cérebros semelhantes que reagem de formas semelhantes às pressões físicas e psicológicas da morte. Ela observa, por exemplo, que a falta de oxigênio no cérebro pode produzir muitos dos efeitos das EQMs, incluindo sons altos de zumbidos ou sinos, sensações de estar flutuando, experiências fora do corpo e luzes brilhantes.

Tais objeções demonstram, de forma conclusiva, que as EQMs não são "reais"? Não, como a fábula de Rowling da experiência de quase morte de Harry em King's Cross mostra muito bem.[248]

Suponhamos que uma criança tenha uma EQM na qual seu cachorro Sparky saúda-a e recebe-a "no outro lado". Sparky ainda está vivo, então a criança deve estar tendo apenas uma alucinação, certo? Não necessariamente. Pois a experiência pode ser "real" no sentido de ser uma genuína visão "do outro lado", criada de forma divina. A visão

---

246. Ibid., p. 98-102. Um editorial em um jornal médico britânico, o *Lancet*, reportou que "dos sobreviventes masculinos a paradas cardíacas, 80% tiveram sonhos de violência, morte e agressão, tais como ser atropelado por uma cadeira de rodas, acidentes violentos e promover um tiroteio para sair do hospital apenas para ser morto por um enfermeiro ou enfermeira." Citação em James Rachels e Stuart Rachels, *Problems from Philosophy*, 2. ed. (Nova York: McGraw-Hill, 2009), p. 46.
247. Blackmore, *Dying to Live*, p. 17, 25-27, 126, 181.
248. Ao descrever o encontro de Harry com Dumbledore na estação de King's Cross como uma "experiência de quase morte", não pretendo sugerir que Harry morreu e está tendo uma experiência de "vida depois da vida". Como Dumbledore deixa claro, Harry não está morto, mas poderia escolher morrer se quisesse.

poderia ser "verdadeira" (real) no sentido de ser uma autêntica revelação sobrenatural (nada diferente da visão de Paulo na estrada para Damasco). Em outras palavras, ao perguntar se uma EQM é real, não estamos necessariamente perguntando se é uma genuína experiência fora do corpo em outro mundo. Uma EQM pode ser real (por exemplo, sobrenatural e reveladora de fato) mesmo que aconteça, por completo, dentro da cabeça da pessoa que tem a experiência.

É com essa ambiguidade do termo *real* que Dumbledore brinca quando diz a Harry que uma experiência não é, de forma imediata, "irreal" apenas porque está acontecendo dentro da cabeça de alguém. Em outra oportunidade, eu defendi uma leitura iconográfica dos livros de Potter que vê Harry como um símbolo da faculdade "noética" ou espiritual da alma.[249] Nesta leitura, a estação de King's Cross é um "lugar" real, a saber, a terra do *logos* ou o paraíso. (Daí, por exemplo, a habilidade de Harry em criar objetos lá e sua aparente semionisciência.) Ainda questionando se a experiência de Harry é real ou não, a questão crucial não é *onde* Dumbledore e Harry se encontram, mas se é mesmo *Dumbledore* quem está falando com Harry.[250] Afinal, no mundo mágico,

---

249. Veja *The Deathly Hallows Lectures*, em especial o capítulo 5, "The Seeing Eye", para uma explicação mais completa sobre meus pontos de vista aqui. A "viagem" de Harry para o Reino dos Céus dentro da sua cabeça depois de sua morte sacrificial explica as palavras de despedida de Dumbledore. Harry perguntou se o que ele experimentava era real em termos estritamente empíricos, ou seja, "este lugar é um lugar de medida e quantidades objetivas ou um lugar de percepção apenas subjetiva e pessoal não fundamentada em tais quantidades?" A resposta de Dumbledore: "É claro que está acontecendo dentro de sua cabeça, Harry, mas por que, por Deus, isso deveria significar que não é real?" destrói o falso dilema da epistemologia empírica ao ligar, em vez de separar, "o real" e "em sua cabeça". Esse princípio criativo do *logos* e o "poder além do alcance de qualquer magia" nas fábulas infantis sobre as quais Dumbledore diz, "Voldemort não sabe nem entende nada. Nada".
A resposta de Dumbledore a Harry exige uma junção epistemológica e metafísica na palavra divina ou *logos*. Rowling, tal qual outros escritores simbolistas de tradição inglesa, oferece esta junção em forma de narrativa para dar a seus leitores uma experiência imaginária dessa realidade que é "maior no interior do que no exterior". A tradição aponta também, como a Rainha Lucy diz ao final do livro *The Last Battle*, de Lewis, para o *logos* encarnado que, como um recém-nascido, fez com que um estábulo abrigasse "dentro de si o que era maior que o mundo todo". Separar a realidade da ilusão em um mundo simultaneamente criado e conhecido ou pensado pelo *logos*, "sendo o universo inteiro mental", só é possível em Cristo.
250. Em *The Great Divorce*, C. S. Lewis imagina uma espécie de antecâmara do paraíso que ele chama de O Vale da Sombra da Vida. De forma significativa, os personagens na história de Lewis têm experiências bastante diferentes de vários "lugares" no além-vida, de acordo com o estado de suas almas. Desde que o inferno, como um personagem de seu livro ressalta, é "um estado de consciência", precisamente a mesma ambiguidade do "real" *versus* "na cabeça" ocorre tanto na fábula de Lewis quanto em *As Relíquias da Morte*. É possível que a cena de King's Cross de Rowling tenha tido como modelo, em parte, a descrição do além-vida de Lewis em *The Great Divorce*.

os bruxos podem "canalizar" a si próprios por meio de seus retratos, "imprimir" seus eus antigos em formas fantasmagóricas, possuir outras mentes e sondar os pensamentos de outros bruxos pela Legilimência. Assim, por que Dumbledore não deveria estar de fato presente na mente de Harry mesmo que Harry, atingido pela maldição mortal de Voldemort, não tenha deixado seu corpo mas ainda esteja caído semiconsciente no chão da floresta?[251]

O poeta-filósofo norte-americano Ralph Waldo Emerson disse certa vez: "Nossa fé vem em momentos... E ainda existe uma profundidade em tais momentos que nos compele a atribuir-lhes mais realidade do que a todas as outras experiências".[252] Da mesma forma, talvez, Rowling esteja dizendo: "Não desdenhe as pistas e vislumbres do divino apenas porque eles ocorrem 'em sua cabeça'". Se o amor é, em verdade, a força mais poderosa no universo, como pensa Rowling, onde mais ele falaria conosco, senão em nossas cabeças?

---

251. Em uma entrevista recente, Rowling observa que "é a imagem de Harry que vemos [na cena em King's Cross], não necessariamente o que está ali de fato". "Webchat with J. K. Rowling", 30 jul. 2007, disponível em <www.bloomsbury.com/harrypotter/default.aspx?sec=3>.
252. Ralph Waldo Emerson, "The Over-Soul", em *The Complete Essays and Other Writings of Ralph Waldo Emerson* (Nova York: Modern Library, 1950), p. 261.

Uma Penseira para seus pensamentos?

Harry Potter e a magia da memória

Amy Kind

> "Eu às vezes acho, e estou certo de que você conhece a sensação, que simplesmente tenho muitos pensamentos e lembranças sobrecarregando minha mente."
>
> Alvo Dumbledore[253]

De todos os instrumentos mágicos disponíveis no mundo dos bruxos, a Penseira é um dos mais intrigantes. Tão importante quanto foi o Deluminador para Rony Weasley e a Espada de Gryffindor para Harry, desejaria obter a Penseira se Dumbledore tivesse escolhido a mim como herdeiro quando escreveu sua última vontade e testamento.

Embora não haja muita coisa para se ver – apenas uma bacia rasa coberta com runas e símbolos – a Penseira permite que sejam transferidas para ela as lembranças da mente com tanta facilidade quanto se transfere dados de um disco rígido. Deve ser maravilhosamente libertador ser

---
253. *O Cálice de Fogo*, p. 597.

capaz de tirar algo de sua mente, de forma literal, ao menos por um tempo – para evitar ficar obcecado por aquilo que se deveria ter feito ou dito, para parar a reprise infindável de um momento embaraçoso ou apenas para conseguir alguma distância de uma experiência inquietante em particular. E deve ser maravilhosamente iluminador poder rever suas próprias lembranças de uma perspectiva externa a seu bel-prazer à luz límpida de um novo dia. Como Dumbledore explica a Harry, quando você revê pensamentos e lembranças na Penseira, fica mais fácil estabelecer os padrões e ligações entre eles.

Mas não é apenas o potencial da Penseira em aprimorar a paz e a clareza da mente que a torna tão especial. Mesmo pessoas comuns, como os Trouxas e os Abortos que não têm poderes mágicos, podem conseguir algo semelhante por meio de meditação ou medicação. Antes, o que é de fato intrigante na Penseira são as implicações filosóficas para as fronteiras da mente, da memória e do eu. Em regra, vemos a memória de uma pessoa como uma parte fundamental de sua própria identidade. Filósofos já até tentaram compreender a existência contínua de uma pessoa ao longo do tempo em termos da memória e da mente. Mas nossa compreensão sobre o que é – e onde está – a memória é questionada se os pensamentos podem ser extraídos dela, adulterados, estocados em outro lugar e mesmo descartados com facilidade. E de quem é a mente, uma vez que os pensamentos são compartilhados com outro alguém?

"Uma Massa Espiralada e Prateada"

Os poderes da mente e da memória são misteriosos o suficiente mesmo sem as possibilidades mágicas disponibilizadas pelo mundo dos bruxos. Enquanto assistia ao filme *In Bruges*, há pouco tempo, irritou-me não conseguir, por mais que tentasse, lembrar o motivo pelo qual o ator que fazia o personagem principal, Ken, parecia tão familiar para mim. Muito depois, a resposta enfim veio como um estalo na minha cabeça. Era Brendan Gleeson, o mesmo ator que faz Alastor "Olho-Tonto" Moody nos filmes de Harry Potter. Com frequência, é quando *paramos* de pensar sobre algo que encontramos, por fim, a resposta. Por que conseguimos nos lembrar de toda a espécie de informações inúteis, enquanto as coisas que queremos lembrar escapam pelas rachaduras, não importa o quanto tentemos com afinco recordá-las? Por que a memória funciona de maneira tão bizarra?

A ciência desvendou muitos dos mistérios da memória, mas é assustador o quanto ainda não compreendemos. De fato, nós realmente não entendemos a própria mente – seja o que ela é ou como está relacionada ao cérebro. Severo Snape é certeiro quando diz a Harry que "a mente é uma coisa complexa e cheia de camadas, Potter... ou ao menos, a maioria das mentes é."[254]

Os filósofos que estudam a mente há muito se dividem em duas vertentes. Os materialistas, da tradição do filósofo britânico Thomas Hobbes (1588-1679), acreditam que tudo o que existe deve ser algo físico, feito de matéria e existente no espaço. Certos habitantes do mundo mágico, tais como Nick Quase Sem Cabeça e outros fantasmas, pareceriam colocar um problema para o materialismo. Mas os materialistas podem aceitar a existência de fantasmas desde que eles sejam feitos de matéria – talvez não matéria sólida, mas alguma espécie de matéria.[255] O mesmo dá-se com a mente. Os materialistas afirmam, em regra, que a mente é algo material e que não há distinção entre a mente e o cérebro. Algumas das descrições nos livros de Harry Potter apontam na direção do materialismo. Considere, por exemplo, as descrições de pensamentos pendurados a varinhas como fios de cabelo e escorrendo de bruxos moribundos como sangue gotejando.

Os dualistas, da tradição do grande filósofo francês René Descartes (1596-1650), acreditam que em conjunto com substâncias materiais existam também substâncias imateriais – coisas que não têm extensão ou localização espacial. De acordo com a visão dualista, o cérebro, que é feito de matéria, encontra-se na primeira categoria, ao passo que a mente, que não é feita de matéria, está na segunda. A ideia comum de que a mente poderia, ao menos em teoria, existir sem o corpo pressupõe essa visão dualista. Harry considera essa possibilidade quando encontra a si mesmo no que parece a Estação de King's Cross depois que Voldemort tenta matá-lo na Floresta Proibida. Embora conclua, por fim, que ainda deve ter seu corpo "porque estava deitado, de fato deitado, sobre alguma superfície", ele, a princípio, pensa que deve existir apenas como um pensamento desencarnado.[256] O dualista reconhece que existem conexões estreitas entre o cérebro e a mente; o próprio Descartes afirmava: "Eu não estou simplesmente presente em meu corpo como um marinheiro está presente em um navio... Eu estou unido de maneira muito estreita e, por assim dizer, entremeado a ele, de modo que eu e o

---

254. *A Ordem da Fênix*, p. 530.
255. Uma vez que os fantasmas do mundo de Harry são descritos como "branco perolados e um pouco transparentes", essa parece ser uma afirmação bastante plausível sobre eles; veja *A Pedra Filosofal*, p. 115.
256. *As Relíquias da Morte*, p. 705.

corpo formamos uma unidade."²⁵⁷ Mas esse entrelaçamento da mente e do corpo não muda o fato de que, para o dualista, eles são fundamentalmente espécies de coisas diferentes.

Muitos de nós temos intuições conflitantes que nos empurram ora para o dualismo, ora para o materialismo. Por um lado, é difícil compreender o que significaria algo ser imaterial por completo. Por outro, os pensamentos parecem, de fato, ser mais efêmeros e intangíveis que outros objetos materiais tais como mesas e cadeiras. A própria J. K. Rowling parece presa a esse conflito; sua descrição da impressão de Harry quanto aos conteúdos da Penseira, quando ele a vê pela primeira vez na sala de Dumbledore, nos oferece uma excelente e persuasiva expressão do cabo de guerra que existe entre essas duas visões da mente e o desejo de encontrar algum ponto de equilíbrio entre eles: "Era de uma cor prata esbranquiçada e brilhante e movia-se sem cessar; a superfície dela ficou ondulada como água tocada pelo vento, e então, como nuvens, separaram-se e rodopiaram com suavidade. Parecia luz liquefeita – ou vento solidificado – Harry não conseguia decidir-se".²⁵⁸

As Relíquias da Mente

Sejamos nós dualistas ou materialistas, contudo, existe uma forte inclinação a imaginarmos uma mente como autônoma. Alguém pode transcrever seus segredos mais recônditos em um diário ou blogue, mas presumindo-se que ela não esteja envolvida com magia negra, essas transcrições servem tão somente como registros de suas lembranças. É isso o que torna o diário de Tom Riddle tão incomum, mesmo no mundo mágico. Como Dumbledore diz a Harry,

> Bem, embora não tenha visto o Riddle que saiu do diário, o que você descreveu foi um fenômeno que nunca testemunhei. Uma simples lembrança começando a agir e pensar por si mesma? Uma simples memória, extraindo a vida da garota em cujas mãos caíra? Não, algo muito mais sinistro vivia naquele livro... um fragmento de alma, estava quase certo disso. O diário era uma Horcrux.²⁵⁹

---

257. René Descartes, *Meditations on First Philosophy with Selections from the Objections and Replies*, traduzido para o inglês por John Cottingham (Cambridge, UK: Cambridge University Press, 1986), p. 56.
258. *O Cálice de Fogo*, p. 583.
259. *O Enigma do Príncipe*, p. 500.

Nós deixamos lembretes espalhados pela casa para nos ajudar a lembrar das coisas e inserimos todas as espécies de informações importantes em nossos BlackBerrys. Mas não importa quão dependente alguém seja de uma agenda digital portátil, o aparelho ainda é uma *ajuda* para a memória, não um *depósito* de memória. Nós não consideramos nossos diários e listas de contato de iPhone semelhantes à Penseira.

Em tempos mais recentes, contudo, alguns filósofos vêm questionando esse modo tradicional de encarar os limites da mente. Em seu artigo "The Extended Mind" [A Mente Estendida], Andy Clark e David Chalmers rejeitam a afirmação de que a mente é emoldurada pelos limites do crânio e da pele.[260] Embora seu artigo tenha sido escrito há mais de uma década, na época pré-BlackBerry do Filofax, mesmo assim era fácil encontrar casos interessantes de confiança cognitiva em objetos externos. A maioria de nós consegue fazer longas divisões apenas com a ajuda de caneta e papel e quando estamos jogando o jogo de palavras-cruzadas Scrabble, somos muito melhores em descobrir palavras de sete letras quando reorganizamos fisicamente as peças com as letras em nossas bandejas ou tabuleiros.[261] Apesar de ser natural ver esses objetos externos assumindo o papel de "apoios ambientais", Clark e Chalmers sugerem que eles, com frequência, funcionam em mais do que um simples papel de apoio. Em geral, nosso uso de objetos externos pode ser visto não apenas como uma forma de ação, mas como uma parte do *pensamento*.[262]

Clark e Chalmers propõem a visão radical de que nossas vidas mentais não precisam ser somente internas. Antes, a mente estende-se ao mundo. Nós já aceitamos que o corpo pode estender-se além de seus limites naturais. Por exemplo, não é, em absoluto, improvável supor que uma prótese de perna torna-se parte do corpo de uma pessoa amputada, não um simples acessório dele. De forma mais controversa, consideremos um bruxo que tenha um relacionamento particularmente forte com sua varinha, como Harry tem com sua varinha de quase 30 cm feita de azevinho com uma pena de fênix no interior. Harry está em tamanha sintonia com sua varinha que pode vê-la, de maneira literal, como uma

---

260. Andy Clark e David Chalmers, "The Extended Mind", *Analysis* 58 (1998): 7-19. Um trabalho mais recente de Clark, *Natural-Born Cyborgs: Minds, Technologies, and the Future of Human Intelligence* (Oxford: Oxford University Press, 2003), cobre muitas das mesmas ideias de uma forma especialmente acessível e atraente.
261. Clark e Chalmers, *The Extended Mind*, p. 8.
262. Ibid., p. 10.

extensão de seu próprio corpo.²⁶³ Podemos até mesmo ver a relação de Rita Skeeter com sua Pena de Repetição Rápida da mesma forma. E, certamente, o olho mágico de Moody e a mão de prata de Pedro Pettigrew tornaram-se partes de seus corpos. Da mesma maneira, um objeto externo pode tornar-se uma prótese mental, estendendo a mente para além de seus limites naturais.

A descrição que Rowling faz dos pensamentos no mundo mágico faz com que a ideia de uma mente estendida seja ainda mais plausível.²⁶⁴ Os fios delicados da memória que pertencem a Snape podem estar dentro de seu crânio, escorrer de seu corpo, serem engarrafados em um frasco ou armazenados na Penseira. Mas onde quer que estejam, essas lembranças são de Snape, tal qual as lembranças no diário de Riddle são de Voldemort. Sua localização física é incidental à sua propriedade.

Mas e no mundo não mágico? Para construir seu exemplo para a ideia da mente estendida, Clark e Chalmers utilizam o exemplo de Otto, um indivíduo que sofre de Alzheimer. Otto depende de um caderno para ajudá-lo a se lembrar das coisas. Ele anota qualquer informação nova que receba e quando precisa lembrar-se de algo, consulta seu caderno. Este caderno está sempre à mão e ele consegue acessar a informação dentro dele de forma imediata e eficiente. De acordo com Clark e Chalmers, o caderno de Otto serve ao mesmo propósito de uma memória biológica. Nós evocamos coisas da memória, enquanto Otto evoca coisas de seu caderno; nós mantemos nossas crenças em nossas mentes, enquanto Otto mantém as suas no papel.

Confundus!

À primeira vista, a teoria da mente estendida pode soar como algo tirado de uma história do *Quibbler* criado por Xenofílio Lovegood. (Se fosse descrita a Rony, posso com facilidade imaginá-lo dizendo – sem intenção de fazer trocadilho – "Isso é coisa de mente maluca".) Mas começa a fazer sentido quando distinguimos entre o que os filósofos chamam crenças *ocorrentes* e *disposicionais*. Em qualquer ocasião, a esmagadora maioria das crenças de uma pessoa não está disponível de

---

263. Dumbledore sustenta esse modo de ver o relacionamento entre a varinha e o bruxo quando explica sua teoria do que aconteceu na noite em que Harry e Voldemort lutaram no cemitério de Little Hangleton: "Creio que sua varinha absorveu parte do poder e das qualidades da varinha de Voldemort naquela noite, o que equivale a dizer que ela continha um pouco do próprio Voldemort", *As Relíquias da Morte*, p. 711.
264. Além disso, a criação de Horcruxes permitiria não apenas uma mente estendida, mas também uma alma estendida.

maneira consciente. Rony acredita que a Irlanda venceu a partida contra a Bulgária na 422ª Copa Mundial de Quadribol, mas, presume-se, essa crença não está em primeiro plano em sua mente – ela não é ocorrente – enquanto ele e Hermione estão correndo para a Câmara Secreta para recuperar a presa de Basilisco que resta, durante a Batalha de Hogwarts. Naquele momento, todas as suas crenças ocorrentes voltam-se, é mais provável, ao grande perigo de sua situação presente: o caminho mais rápido para o banheiro da Murta Que Geme e como conseguirá dizer "Abra" em língua de cobra, uma língua que ele não fala.

Da mesma forma, uma vez que as informações do caderno de Otto não estão em primeiro plano em sua mente, não parecem em nada análogas às nossas crenças ocorrentes. Ao contrário, funcionam como nossas crenças disposicionais. Consideremos a crença disposicional de Rita Skeeter de que Batilda Bagshop mora em Godric's Hollow, a qual está armazenada em algum lugar de sua memória, esperando para ser acessada. Quando Rita decide entrevistar Batilda a fim de reunir material para *A Vida e as Mentiras de Alvo Dumbledore*, ela precisa parar para pensar por um momento para se lembrar onde Batilda mora. É só então que a crença torna-se ocorrente. De maneira semelhante, suponhamos que Otto tem o endereço de sua velha amiga Batilda anotado em seu caderno. Quando ele decide visitá-la, precisa de um momento para procurar em seu caderno onde ela mora. Sua crença está armazenada em algum lugar no caderno, esperando para ser acessada. Assim como seria tolice negar que, mesmo antes de consultar sua memória, Rita tem a crença de que Batilda mora em Godric's Hollow, deveríamos aceitar que Otto tem a mesma crença mesmo antes de consultar seu caderno.

Clark e Chalmers não vão ao extremo de afirmar que todo apoio ou suporte externo com que contamos torna-se parte da mente; antes, eles veem algo especial na conexão de Otto com seu caderno. Não é o mesmo que a confiança de Harry nas anotações do Príncipe Mestiço no livro de Poções que emprestou de Horácio Slughorn ou a dependência de Neville Longbottom de uma lista manuscrita para ajudá-lo a se lembrar das senhas que mudam com frequência desde que Sir Cadogan substituiu a Mulher Gorda na guarda da entrada para o Salão Comunal da Grifinória. Tanto o uso que Harry faz do livro quanto o que Neville faz da lista ocorrem apenas de forma esporádica e Neville acaba até perdendo sua lista. A conexão de Otto com seu caderno não é nem mesmo como a confiança de Hermione Granger em *Hogwarts, Uma História*. Embora Hermione consulte o livro com regularidade e acabe trazendo-o consigo para a busca pelas Horcruxes de Voldemort, porque ela não se sentiria bem se não o tivesse com ela, a informação no livro parece mais um suplemento para as informações em sua mente do que uma extensão desta.[265]

O que torna o caderno de Otto diferente destes e de outros casos comuns é o modo como está integrado em seu funcionamento diário. Embora as informações contidas no caderno sejam externas a seu corpo, ele tem seu caderno sempre consigo e sempre o consulta ao tentar lembrar de informações. Quando usa seu caderno, ele aceita, de imediato, as informações contidas nele.[266] Não existem considerações profundas pelas quais as informações no caderno sejam diferentes das informações em nossas memórias, exceto pelo fato de que estão armazenadas fora dos limites do crânio e da pele de Otto. De acordo com Clark e Chalmers, essa única diferença, por si, não é suficiente para negar que as informações no caderno de Otto sejam parte de sua mente.

Dano Controlado

Suponhamos, apenas para argumentar, que aceitamos a ideia da mente estendida. Agora consideremos a conexão de Fred e Jorge Weasley com o Mapa do Maroto que roubaram da sala de Argo Filch em seu primeiro ano em Hogwarts. Até eles, mais tarde, legarem-no para Harry, contavam com ele com tal intensidade em suas fugas que não seria muito difícil ver sua relação como análoga à relação de Otto com seu caderno. O problema, contudo, é que eles são dois. Se o mapa torna-se não apenas parte da mente estendida de Fred mas também parte da mente estendida de Jorge, então os gêmeos têm ainda mais em comum do que tínhamos notado. Suas mentes, de fato, sobrepõem-se.

Isso sugere uma das ramificações de maior potencial inquietante da ideia da mente estendida.[267] Uma vez que aceitemos que a mente estende-se para além das fronteiras da pele e do crânio, abrimos a possibilidade de que se estenda para dentro da mente de outra pessoa. Quando

---

265. *As Relíquias da Morte*, p. 96.
266. Clark e Chalmers, *The Extended Mind*, p. 17. Veja também Clark, *Natural-Born Cyborgs*, p. 5-6.
267. Para outras objeções à tese da mente estendida, veja, por exemplo, Brie Gertler, "The Overextended Mind", em Brie Gertler e Lawrence Shapiro, eds., *Arguing about the Mind* (Nova York: Routledge, 2007); também Fred Adams e Kenneth Aizawa, *The Bounds do Cognition*, Philosophical Psychology 14 (2001): 43-64. Clark faz um levantamento de muitas das críticas mais comuns e tenta falar sobre elas em *Supersizing the Mind: Embodiment, Action, and Cognitive Extension* (Nova York: Oxford University Press, 2008).

essa sobreposição ocorre, não precisamos ser treinados em Legilimência para ter a habilidade de extrair pensamentos da mente de outra pessoa; tais pensamentos podem já ser parte de nossa própria mente.

Uma preocupação com relação a isso é a ameaça potencial que uma mente estendida coloca para a noção do eu de alguém. Em comparação com os suplícios que Harry tem de suportar e a magnitude que ele alcança apesar deles, tanto as provações quanto os triunfos experimentados pela maioria das bruxas e bruxos (e com certeza a maioria dos Trouxas e Abortos) parece trivial. Mas, assim como as experiências de Harry fazem dele a pessoa que é, as experiências pessoais pelas quais cada um de nós passa são responsáveis por quem somos. Muitos filósofos apoiam alguma vertente da *teoria da memória* da identidade pessoal, que remonta ao menos ao filósofo britânico John Locke (1632-1704). De acordo com esta teoria, nossa identidade contínua ao longo do tempo consiste na continuidade da memória.[268] São as correntes da memória conectando-os que fazem do Harry adulto, que observa seus filhos embarcarem no Expresso de Hogwarts, o mesmo adolescente que enfrenta Voldemort na Floresta Proibida e o mesmo pequeno órfão recebido pelos Dursley. De acordo com a teoria da memória, nossas lembranças estão nos próprios fundamentos de nossas identidades. Se essas lembranças podem ser compartilhadas com outra pessoa ou podem até tornar-se parte de outra pessoa, então como sabemos quem somos de fato?

Em vários momentos durante sua estada em Hogwarts, Harry compartilha das lembranças de diversas outras pessoas, incluindo três de seus professores (Dumbledore, Snape e Slughorn). E, de fato, em quase todas as ocasiões, é bastante afetado por suas incursões na Penseira. Torturado pela visão que teve, por meio da memória de Snape, do comportamento arrogante e desagradável de seu próprio pai enquanto estava em Hogwarts, Harry reavalia não apenas a opinião que tem de seu pai mas também sua opinião sobre si próprio: "Por quase cinco anos, pensar em seu pai tinha sido uma fonte de conforto, de inspiração. Sempre que alguém lhe dizia que ele era como Tiago, ele ficava fulgurante de orgulho por dentro. E agora... agora se sentia frio e triste ao pensar nele".[269] Quando descobre, de novo pela memória de Snape, que uma parte da alma de Voldemort vive dentro dele, é forçado a reformular sua opinião sobre seu lugar no mundo: "Enfim, a verdade...

---

268. Para o desenvolvimento de Locke da teoria da memória, veja seu *Essay Concerning Human Understanding*, editado por Peter Nidditch (Oxford: Clarendon Press, 1975), Livro III, cap. XXVII, seção 9. Um desenvolvimento mais recente desta visão pode ser encontrado em Derek Parfit, *Reasons and Persons* (Oxford: Oxford Univer-sity Press, 1984).
269. *A Ordem da Fênix*, p. 653-654.

Harry entendeu, finalmente, que ele não deveria sobreviver".[270] Em cada um desses casos, o uso que Harry faz da Penseira leva a uma espécie de crise de identidade.

Mas pensemos agora sobre o que mais pode acontecer no mundo mágico. A aparência física pode ser replicada pela Poção Polissuco. As lembranças podem ser quase apagadas por completo por um movimento de varinha e um feitiço "Obliviate!". Lembranças falsas também podem ser implantadas. Cada uma dessas possibilidades mágicas representa uma grande ameaça à integridade da identidade de uma pessoa – muito maior, na verdade, do que a ameaça do compartilhamento de memória por meio da Penseira. Quando Bartô Crouch Jr. aprisiona Moody em um maleiro e usa a Poção Polissuco para personificá-lo, ele está de fato engajado em roubo de identidade. Gilderoy Lockhart rouba incontáveis identidades por meio de feitiços de memória antes de se tornar sua própria vítima ao usar uma varinha danificada. Hermione tem motivos muito mais puros quando adultera as lembranças de seus pais, fazendo-os acreditar que são Wendell e Monica Wilkins, um casal sem filhos realizando seu sonho de vida de se mudarem para a Austrália. Mas suas boas intenções não mudam o fato de que suas ações privam os Granger de suas identidades.

É claro, as experiências de Harry com a Penseira não entram nesta mesma categoria. O que torna suas experiências anteriores com a Penseira tão difíceis é o *conteúdo* das lembranças que compartilha, não o compartilhamento de lembranças em si. Ver a pior lembrança de Snape é uma experiência desagradável a Harry devido aos fatos dolorosos que ela revela, não porque faz, de alguma forma, sua identidade fundir-se com aquela do Mestre das Poções. Se Snape tivesse sido um bom narrador e Harry tivesse confiado nele, o mesmo conhecimento horrível que Harry obtém da Penseira poderia ter sido, em teoria, obtido por um relato oral. Usar a Penseira é mais efetivo, porque permite que Harry veja os eventos passados por si mesmo, e é mais objetivo, porque o próprio testemunho de Snape estaria provavelmente eivado de subjetividade sarcástica. Mas, em princípio, qualquer conhecimento transmitido pela Penseira poderia ser transmitido de outra forma.

---

270. *As Relíquias da Morte*, p. 691.

Lumos!

Existem diversas espécies diferentes de lembranças. Algumas são *lembranças técnicas ou de know-how*, lembranças de habilidades, como quando um bruxo mais velho que não usa uma vassoura desde seus dias de Quadribol relembra como montar uma. Algumas são *lembranças factuais*, como quando Hermione consegue dizer as propriedades da Mandrágora durante a aula de Herbologia. Diferentes dessas duas são as *lembranças experimentais*, lembranças a partir do ponto de vista de primeira pessoa, como quando Harry lembra-se da dor causticante causada pela pena de Dolores Umbridge ao entalhar ou inscrever palavras em sua mão direita.

As lembranças que Otto mantém em seu caderno são lembranças factuais. Quando os teóricos da memória evocam-na em explicações sobre a identidade pessoal, contudo, estão interessados em lembranças de primeira pessoa, experimentais. É importante observar que lembranças revistas em uma Penseira não são dessa espécie. A Penseira reprisa lembranças a partir da perspectiva de terceira pessoa.[271] Quando Dumbledore pensa no julgamento e sentença de Belatriz Lestrange, sua lembrança, presume-se, é a partir da perspectiva pessoal que ele teve sobre isso na época, do seu lugar no banco mais alto na galeria de espectadores. Mas quando ele revê a lembrança na Penseira, a lembrança não tem mais este – ou qualquer outro – ponto de vista em particular. Na verdade, dado o que sabemos sobre a Penseira, a lembrança que Dumbledore compartilha com Harry já deve ser compartilhada por todos os espectadores do julgamento de Lestrange.

Esses fatos sobre a Penseira são cruciais para a compreensão do motivo pelo qual seu uso não representa nenhuma ameaça às nossas

---

271. Isso foi confirmado por J. K. Rowling em uma entrevista em 2005 para os sites de fãs Mugglenet e o Leaking Cauldron (disponível em <www.mugglenet.com/jkinterview.shtml>). Quando questionada se as lembranças armazenadas em uma Penseira são reflexos verdadeiros da realidade ou meras interpretações dela a partir da perspectiva subjetiva daquele que lembra, Rowling foi firme ao afirmar que elas são representações precisas a partir da perspectiva de terceira pessoa. De acordo com Rowling, parte da magia da Penseira é que você pode voltar e examinar suas lembranças nela e descobrir todos os tipos de detalhes que você não observou na época:

> De outra forma ela de fato seria apenas como um diário, não é? Confinado àquilo que você lembra. Mas a Penseira recria um momento para você, então você poderia entrar em sua própria lembrança e reviver coisas que você não notou na época. Está em algum lugar na sua cabeça, estou certa, em todos os nossos cérebros. Tenho certeza de que se você pudesse acessá-la, coisas que você não sabe que se lembra estão todas lá, em algum lugar.

identidades pessoais. O que é importante para a identidade pessoal são nossas lembranças de primeira pessoa. Assim como usar um Vira-tempo para revisitar eventos passados não põe em perigo quem você é, compartilhar lembranças por meio de uma Penseira também não.[272] E assim como compartilhar uma experiência com outra pessoa não ameaça sua noção do eu, compartilhar uma de suas lembranças com alguma outra pessoa em uma Penseira também não deveria ameaçar.

Isso também lança luz, de forma mais ampla, sobre o motivo pelo qual não precisamos sentir-nos ameaçados pela tese da mente estendida. A mente é, de fato, misteriosa e existe muita coisa sobre ela que não sabemos. Mas uma coisa de que podemos ter certeza é que, sejam seus pensamentos mantidos em uma Penseira, em uma mente ou em seu caderno, esses pensamentos ainda são só seus. A Penseira é verdadeiramente um objeto mágico e se algum dia encontrar uma em um leilão no eBay, darei lances sem hesitação ou limite. Ainda, não importa o quão mágica seja, ela não poderá transformá-lo em alguém que você não é.

---

272. Eu não pretendo negar aqui que existem todas as sortes de paradoxos apresentados pela viagem no tempo, incluindo paradoxos de identidade. Mas aqueles paradoxos são tipicamente causados por ações que um viajante do tempo deve realizar ou evitar quando viaja para o passado – ele pode matar seu próprio avô, por exemplo, impedindo que ele mesmo venha a nascer (ou, como a Professora McGonagall adverte Hermione, pode matar seu próprio eu passado ou futuro por engano). Nada parece paradoxal, em si, quanto a um viajante do tempo ser capaz de ver eventos passados que lhe teriam sido, de outra forma, inacessíveis.

Uma educação como em Hogwarts:

O bom, o mau e o feio

Gregory Bassham

Que criança não adoraria ir para Hogwarts? Estudar em um castelo realmente legal; toneladas de aventuras; grande camaradagem e um sentimento de inclusão; refeições maravilhosas com "tudo o que você pode comer" ("rosbife, frango assado, costeletas de porco e de cordeiro, linguiças, *bacon* e bife, batatas cozidas, batatas assadas, batatas fritas, *Yorkshire pudding*").[273] E o melhor de tudo, sem aulas chatas de matemática, francês ou ciências. Até certo ponto tudo o que se aprende é... como fazer magia! Aprende-se a voar, a viajar de forma instantânea de um ponto para outro, a conjurar do nada o aparecimento de coisas, a transfigurar objetos em qualquer coisa que se queira, a fazer poções que curam doenças ou trazem boa sorte, a se defender dos bruxos das trevas, dos dementadores assustadores e idiotas repulsivos como Draco Malfoy.

---

273. *A Pedra Filosofal*, p. 123. E de sobremesa: "Tijolos ou bolas de sorvete de todos os sabores que se possam imaginar, tortas de maçã, tortas de melado, bolinhos recheados com chocolate e rosquinhas de geleia, pavês, morangos, gelatinas, arroz doce", ibid., p. 125. Vocês entenderam.

Caramba, Hogwarts parece um acampamento para futuros super-heróis! Do ponto de vista de uma criança, o que poderia ser mais legal?

O que parece legal para uma criança, contudo, pode não parecer tão excitante a um adulto – ou a um filósofo. O que grandes pensadores educacionais – filósofos como Platão, Aristóteles, Kant e John Dewey – diriam a respeito do processo de ensino e aprendizado em Hogwarts? Hogwarts é uma "escola-modelo", como Susan Engel, diretora do Programa de Pedagogia em Williams College, afirmou?[274] Ou existem problemas reais com os professores de Hogwarts que precisam ser discutidos? Analisaremos aqui os prós e contras de uma educação como em Hogwarts através das lentes tanto dos filósofos clássicos da educação quanto dos pesquisadores educacionais contemporâneos.

O Bom

O filósofo John Dewey (1859-1952) foi o pensador mais influente sobre a educação norte-americana. No início do século XX, Dewey criticava a educação tradicional por sua ênfase na escuta passiva, memorização por repetição, valores não democráticos e desconexão com problemas práticos da vida real. Em oposição à educação tradicional, Dewey defendia uma abordagem "progressista" do ensino e do aprendizado que enfatizava três características que agora são adotadas de forma ampla na educação norte-americana: aprendizado prático, construção do aprendizado sobre os interesses naturais das crianças e conexão do trabalho escolar com a vida cotidiana.[275] Um dos pontos fortes que é claro na educação de Hogwarts é que ela reflete esses três ideais progressistas.

Aprendizado Prático

Como vimos, as crianças não vêm a Hogwarts para aprender cálculo ou espanhol ou história mundial; elas vêm para aprender como fazer magia. E por esse parâmetro, Hogwarts é, com certeza, uma escola bem-sucedida; a maioria de seus alunos aprende de fato muitas poções e feitiços úteis, passa em seus exames de NOM e NIEM e forma-se, tornando-se bruxos capacitados. Como os alunos aprendem com tanta

---
274. Susan Engel e Sam Levin, "Harry's Curiosity", em Neil Mullholland, ed., *The Psychology of Harry Potter: An Unauthorized Examination of the Boy Who Lived* (Dallas, TX: BenBella Books, 2006), p. 31.
275. O principal trabalho de Dewey sobre educação é *Democracy and Education* (Nova York: Macmillan, 1916). Seu livro posterior, *Experience and Education* (Nova York: Collier Books, 1963; publicado pela primeira vez em 1938), é mais curto e de leitura mais fácil.

eficiência? Não é ouvindo as preleções chatas do Professor Binn sobre a história da magia ou lendo a parte do livro tão somente teórico que a Professora Umbridge determina. Em vez disso, eles aprendem a fazer magia como aprendizes ou estagiários, uma maneira que envolve tipicamente (1) a demonstração de uma técnica mágica por um professor hábil, (2) a prática da técnica pelos alunos, (3) a supervisão individualizada do instrutor para corrigir erros e (4) a prática contínua pelos alunos até que a técnica esteja dominada. Quase todos os exemplos de pedagogia eficaz nos livros de Potter – por exemplo, quando Remo Lupin ensina a Harry como conjurar um Patrono ou quando Harry ensina magia defensiva para a Armada de Dumbledore – envolvem essa espécie de aprendizado prático pela aplicação. Uma vez que a magia é retratada, na série Potter, como uma habilidade difícil de ser adquirida e que só pode ser dominada por meio de treinamento e prática, esse método de ensino faz sentido pleno.

Construção do Aprendizado Sobre os Interesses Naturais das Crianças

Dewey acreditava que as crianças são ativas e curiosas por natureza e exortava os educadores a usar os interesses naturais e as experiências cotidianas das crianças como ganchos para estimular o aprendizado. Pesquisas mostraram que os alunos empenham-se e aprendem mais quando estudam coisas que acham interessantes e relevantes.[276]

Resta claro que os alunos de Hogwarts estão ávidos por aprender magia. Eles adoram ter habilidades mágicas e curtem desenvolver tais habilidades e aprender novos feitiços e técnicas. Além disso, fica claro que entendem o valor prático do que estão aprendendo. Quando Umbridge não permite que seus alunos de Defesa Contra as Artes das Trevas pratiquem magia defensiva, os alunos organizam sua própria aula para praticar por si mesmos. Eles sabem que aprender a fazer magia defensiva é vital para seu sucesso nos exames escolares, em suas vidas e carreiras depois de Hogwarts e para seus esforços, como parte da Armada de Dumbledore, para impedir a volta de Voldemort ao poder.

Conexão do Trabalho Escolar Com a Vida Cotidiana

Com muita frequência, acreditava Dewey, o trabalho em sala de aula é visto como uma preparação para algum futuro remoto e especulativo antes

---

276. Veja, por exemplo, Barbara Gross Davis, *Tools for Teaching* (São Francisco: Jossey-Bass, 1993), cap. 23; Ken Bain, *What the Best College Teachers Do* (Cambridge, MA: Harvard University Press, 2004), p. 99.

de ser visto como parte da própria vida. Aprender os nomes dos três maiores rios do Uruguai pode ser útil para alguns alunos (por exemplo, se eles planejam abrir lá uma empresa de rebocadores algum dia). Mas para a maioria dos alunos, essa informação será o que o filósofo Alfred North Whitehead (1861-1947) chamou de conhecimento "inerte" – grupos de informações não assimiladas, não testadas e não utilizadas.[277] Dewey acreditava que a educação tem uma função prática e não deveria ser vista como uma série de obstáculos sem finalidade que se deve ultrapassar antes da "vida real" começar. A educação não é um preâmbulo da vida; ela é parte da vida e existe para solucionar problemas humanos práticos e satisfazer as necessidades humanas.

Parte do que os alunos aprendem em Hogwarts é bastante inerte. Por exemplo, Harry e seus amigos não conseguem ver muito propósito nas aulas de Rúbeo Hagrid sobre como criar Explosivins feios e perigosos, ou no falso olhar fixo da Professora Trelawney dirigido a uma bola de cristal. Mas, em geral, os alunos podem reconhecer de imediato a recompensa prática daquilo que estão aprendendo. Eles percebem que quando deixarem Hogwarts, precisarão saber como Aparatar e Desaparatar, transfigurar objetos, defender-se contra bruxos das trevas e assim por diante. Isso os torna alunos ávidos e motiva-os a aprender.

O Mau

O que não é bom em Hogwarts? Como vimos, os três verdadeiros pontos fortes de uma educação como a de Hogwarts são que ela estimula o aprendizado prático, constrói o conhecimento sobre os interesses naturais dos alunos e ensina habilidades importantes voltadas para a vida real. Existem outras características da pedagogia de Hogwarts, no entanto, que não são tão atraentes. As três mais negativas são:

- a escola é perigosa demais;
- existem poucos professores qualificados;
- os alunos não recebem uma educação balanceada e plena.

Observemos esses pontos, um por um.

---

277. Alfred North Whitehead, *The Aims of Education and Other Essays*, reimpresso em Steven M. Cahn, ed., *Classic and Contemporary Readings in the Philosophy of Education* (Nova York: McGraw-Hill, 1997), p. 262. É claro, os alunos precisam aprender muitas coisas pelas quais tenham pequeno interesse natural (verbos irregulares e tabuadas, por exemplo). Para uma advertência útil acerca de ir ao extremo na satisfação dos interesses dos alunos, veja E. D. Hirsch Jr., *The Schools We Need and Why We Don't Have Them* (Nova York: Doubleday, 1996), p. 86-87.

Perigosa Demais

Vamos encarar a verdade, Hogwarts é um lugar muito arriscado enquanto escola de período integral. Está localizada ao lado de uma floresta mágica, onde alunos ingênuos ou descuidados podem ser comidos por aranhas gigantes ou atacados com violência por centauros hostis. Existe um lago gelado próximo ao castelo, cheio de demônios aquáticos traiçoeiros (grindylows) e uma lula gigante. Todas as espécies de criaturas letais (cães de três cabeças, trasgos, basiliscos) podem, vez por outra, ser encontrados na escola. Há um poltergeist travesso e maldoso que mora ali, Pirraça, que está constantemente tentando derrubar os alunos ou deixar cair objetos pesados em suas cabeças. Os lances de escada contém degraus que desaparecem e dos quais os alunos precisam lembrar para poder pulá-los. Alunos distraídos vagando perto da Floresta Proibida podem ser esmagados a pancadas pelo Salgueiro Lutador. Os alunos, às vezes, trabalham com criaturas mágicas perigosas (o Professor Kettleburn aposenta-se ao final do segundo ano de Harry "a fim de passar mais tempo com o que restou de seus membros").[278] As poções em geral dão errado e ferem ou desfiguram os alunos. O jogo mais popular em Hogwarts, o Quadribol, pode com facilidade resultar em graves ferimentos aos jogadores. O Torneio Tribruxo envolve três desafios de alto risco. E mesmo os alunos mais jovens portam armas com potencial letal (varinhas) que usam com regularidade para enfeitiçar e rogar pragas uns nos outros.

É verdade que muitos dos ferimentos que os alunos sofrem em Hogwarts podem ser curados com facilidade pelas poções de Severo Snape ou pelos cuidados habilidosos de enfermagem de Madame Pomfrey. Mas nem todos os ferimentos podem ser curados (ou curados com rapidez) por meios mágicos e, como diz Dumbledore, nenhuma magia pode despertar os mortos de novo.[279]

É claro, os livros de Potter são apenas ficção e todos esses perigos e violência contribuem para histórias excitantes.[280] Mas pode apostar

---

278. *O Prisioneiro de Azkaban*, p. 93.
279. *O Cálice de Fogo*, p. 697. O nariz desfigurado de Moody e a insanidade dos pais de Neville parecem ser incuráveis. E como sugerem os óculos de Harry e de Dumbledore, mesmo os males da visão parecem não poder ser reparados por meios mágicos.
280. Que os livros são ficção é algo que se deve repetir. Ao apontar deficiências em Hogwarts se ela fosse real não estou criticando nem J. K. Rowling nem seus livros. Não há motivo para pensar que Rowling quer retratar Hogwarts como uma instituição ideal. Ela mostra Hogwarts da maneira como faz (perigosa, por exemplo) porque o retrato funciona como ficção. Se a própria Rowling fosse diretora de Hogwarts, sem dúvida reconheceria e abortaria muitos dos problemas que menciono.

que se Hogwarts existisse de fato, a APB (Associação de Professores Bruxos) estaria revoltada!

Professores Não Qualificados

Os professores de Hogwarts compõem uma mistura. Existem bons professores que são competentes, afetuosos e justos. Estes incluem Alvo Dumbledore, Minerva McGonagall, Filius Flitwick, Pomona Sprout e Remo Lupin.[281] Outros professores são bastante sérios, mas têm deficiências significativas. Estes incluem Hagrid, que é versado e empenhado, mas não consegue resistir a expor seus alunos a criaturas perigosas; Moody/Crouch, que ensina "muito" a seus alunos, mas, infelizmente (como observa Dean Thomas), revela-se um "maníaco" homicida disfarçado; e Snape, que com certeza sabe o que precisa, mas é intimidador, sarcástico e descaradamente parcial em favor dos alunos da Sonserina.[282]

Existem também professores medíocres por completo em Hogwarts. Os quatro piores (se não forem contados os Comensais da Morte que se uniram ao corpo docente, por breve período, em *As Relíquias da Morte*) são Binns, Sibila Trelawney, Gilderoy Lockhart e Dolores Umbridge. Binns, um fantasma que parece não saber que está morto, faz, com regularidade, com que seus alunos de História da Magia durmam com suas aulas monótonas, não sabe os nomes de seus alunos e raras vezes está consciente de que existem, de fato, quaisquer alunos em suas aulas. Trelawney é uma "velha impostora" que ensina uma matéria "vaga" (Adivinhação) e gosta de prever as mortes prematuras e horríveis de seus alunos.[283] Lockhart é um inútil narcisista contador de vantagens. E Umbridge, é claro, é uma supremacista radical perturbada e sedenta de poder que tenta sabotar qualquer educação efetiva na escola.

Dumbledore tem sérias dificuldades para contratar um corpo docente qualificado em Hogwarts. Na maior parte das vezes, isso não é culpa dele. Depois da morte chocante do Professor Quirrell ficamos sabendo que ninguém quer a posição de professor de Defesa Contra as Artes das Trevas exceto o infeliz Lockhart. E o problema ainda maior, como observa Arthur E. Levine, é que o mundo mágico

---

281. Lupin precisaria de um asterisco ao lado de seu nome por causa de sua tendência infeliz de se transformar em um lobisomem letal uma vez por mês. É verdade que Lupin toma a Poção de Acônito para controlar seus sintomas. Mas, como sua transformação perigosa em *O Prisioneiro de Azkaban* deixa claro, ainda existe algum risco para os alunos.
282. O Professor Quirrell também não é exatamente o que parece ser – ele tem uma espécie de dupla personalidade, na verdade.
283. *A Ordem da Fênix*, p. 315.

não tem programas de treinamento de professores ou exigências de certificação.[284] Ao que parece, qualquer um pode lecionar em Hogwarts, inclusive aqueles com pouca ou nenhuma educação mágica formal, como Firenze ou Hagrid. Sem procedimentos efetivos de treinamento e qualificação de professores, a qualidade do corpo docente na escola de magia está fadada a ser modesta e mesmo a colocar os alunos em risco.

Ausência de Uma Educação Balanceada e Plena

Se Harry e seus amigos frequentassem uma escola Trouxa britânica em período integral, teriam aulas de matérias como inglês, história, ciências, geografia, música, matemática, línguas estrangeiras, educação física, cidadania e educação religiosa. Em Hogwarts, a única coisa que os alunos aprendem é como fazer magia.[285]

Por que isso é um problema? Porque Hogwarts oferece uma educação estreita e vocacionalmente orientada.[286] Ela oferece aos alunos as ferramentas do poder, mas não a sabedoria para usá-las.

Como o célebre filósofo da educação Mortimer Adler (1902-2001) ressaltou, uma boa escola secundária deve preparar seus alunos para fazer três coisas: "ganhar seu sustento de forma inteligente e responsável; atuar como cidadãos inteligentes e responsáveis; e fazer ambas essas coisas servirem ao propósito de conduzir vidas inteligentes e responsáveis – para gozar ao máximo possível todas as coisas que fazem a vida humana tão boa quanto pode ser".[287] Hogwarts dedica-se quase de modo exclusivo ao primeiro desses três objetivos – treinamento vocacional ou profissional. Ela ensina seus alunos como ganhar seu sustento no mundo mágico, mas não como viver.[288]

Qual é a finalidade da educação? Grandes pensadores educacionais defendem várias opiniões. Para Platão, o primeiro grande filósofo da educação na civilização ocidental, o objetivo da educação é

---

284. Arthur E. Levine, "No Wizard Left Behind", *Education Week*, 9 nov. 2005, p. 44. A análise que Levine faz de Hogwarts é irônica e espirituosa.
285. Existem exceções. Os alunos de Hogwarts aprendem alguns estudos sociais em História da Magia e na aula opcional de Estudo dos Trouxas. Eles também estudam um pouco de ciência convencional em Astronomia.
286. Um ponto também observado por Charles W. Kalish e Emma C. Kalish, "Hogwarts Academy: Common Sense and School Magic", em *Psychology of Harry Potter*, p. 65; e Marc Sidwell, *No Child of Mine Will Go to Hogwarts*, ConservativeHome's Platform, <http://conservativehome.blogs.com/platform/2007/08/marc-sidwell-no.html>.
287. Mortimer J. Adler, *The Paideia Proposal: An Educational Manifesto* (Nova York: Simon & Schuster, 1998), p. 18.
288. Adaptado de Father Richard Connerton, C.S.C., fundador presidente do King's College (Pensilvânia), que afirmou que a King's "ensina seus alunos não apenas como ganhar seu sustento, mas como viver".

alcançar o conhecimento, a bondade ou a virtude e uma sociedade justa e bem ordenada.[289] Para o discípulo de Platão, Aristóteles, a educação deve promover a satisfação ou realização humana (*eudaimonia*), que ele definiu como uma vida repleta de atividades intrinsecamente excelentes (em especial atividades apenas intelectuais).[290] John Locke (1632-1704) afirmava que "virtude e sabedoria" são "o grande negócio" da educação.[291] Jean-Jacques Rousseau (1712-1778) defendia uma educação "natural" centrada na criança e que visa à criação de cidadãos felizes e virtuosos não corrompidos pelas hipocrisias e falsos valores da civilização.[292] Immanuel Kant acreditava que caráter e desenvolvimento – tornar-se uma pessoa de boa moral que quer as coisas certas pelos motivos certos – são os objetivos primordiais da educação.[293] Inclusive John Dewey que, como vimos, criticava a educação tradicional por sua desconexão com as preocupações do mundo real, argumentou que o objetivo último da educação é apenas "mais educação" ou "crescimento" da capacidade de alguém para experiências enriquecedoras.[294]

Uma pessoa educada deveria ser capaz de escrever e falar bem, pensar de modo crítico e ser bem instruída nas ciências e humanidades que formam a base de uma educação liberal. O objetivo de uma educação liberal não é ajudar os alunos a "conseguir um bom emprego", mas transmitir o conhecimento, as habilidades e disposições necessárias para realizar o potencial humano; compreender e apreciar as produções supremas do pensamento e arte humanas; e viver uma vida rica, plena e vibrante. Uma boa escola secundária deve fornecer a base para tal educação liberal. Acima de tudo, como observou Adler, ela deve buscar transmitir aos seus alunos "as habilidades de aprendizado e o desejo de aprender, de forma que na vida adulta eles queiram continuar aprendendo e tenham as habilidades que usarão neste processo."[295]

---

289. Platão, *A República*, traduzida para o inglês por Benjamin Jowett (Nova York: Random House, 1937), em especial os Livros 3 e 7.
290. Aristóteles, "A Política", traduzida para o inglês por Benjamin Jowett, em *The Basic Works of Aristotle*, editada por Richard McKeon (Nova York: Random House, 1941), em especial os Livros 7 e 8.
291. John Locke, "Some Thoughts Concerning Education", em *John Locke on Politics and Education* (Roslyn, NI: Walter J. Black, 1947), parágrafo 200.
292. Jean-Jacques Rousseau, *Emile*, traduzido para o inglês por Allan Bloom (Nova York: Basic Books, 1974).
293. Immanuel Kant, "Thoughts on Education", traduzido para o inglês por Annette Churton, reimpresso em Steven M. Cahn, ed., *Classic and Contemporary Readings in the Philosophy of Education* (Nova York: McGraw-Hill, 1997), p. 216.
294. Dewey, *Experience and Education*, p. 36.
295. Mortimer J. Adler, *Reforming Education: The Opening of the American Mind* (Nova York: Macmillan, 1988), p. 218.

Como não existem universidades no mundo mágico, é crucial que as escolas secundárias de magia tais como Hogwarts estimulem e preparem seus alunos para tornarem-se aprendizes por toda a vida.[296] Fica claro que Hogwarts ainda fracassa nesse aspecto. Em Hogwarts, Harry e seus amigos são ensinados como realizar feitiços e fermentar poções. Eles não são ensinados a amar a leitura ou as ideias, a pensar de maneira científica, a apreciar a arte e a literatura, ou a refletir de uma forma consciente e disciplinada sobre os problemas da sociedade e sobre a condição humana.

É claro, nem toda a educação em uma escola de período integral como Hogwarts acontece na sala de aula e Harry e seus amigos aprendem muitas lições de vida importantes fora do ambiente das aulas regulares. Na verdade, o mais importante professor e modelo de conduta de Harry em Hogwarts é com certeza Dumbledore, embora ele não seja um de seus instrutores regulares. Para Harry, Rony Weasley, Hermione Granger, Neville Longbottom, Gina Weasley, Luna Lovegood e seu grupo, Hogwarts de fato prova ser uma espécie de "escola de virtude" da espécie que os antigos filósofos louvavam. Ao avaliar o valor de uma educação como a de Hogwarts, é importante ter em mente o que é aprendido dentro e fora da sala de aula. Minha colocação é somente que a *grade curricular formal* de Hogwarts é muito estreita e vocacional. Lembre-se de que a maioria dos alunos de Hogwarts tem relativamente pouco contato com Dumbledore durante seus anos na escola. Harry pode receber conselhos de sabedoria inestimáveis na sala de Dumbledore, mas para a maior parte dos alunos de Hogwarts é o que eles aprendem – ou fracassam em aprender – na sala de aula que faz a grande diferença em suas vidas.

Alguns podem argumentar que pessoas com poderes mágicos não precisam de fato de uma educação balanceada, plena e liberal – que podem encontrar a felicidade e alcançar seus objetivos de vida sem ela. Além disso, podem dizer, qualquer uso indevido de magia que seja relevante será, é provável, detectado e punido com severidade pelo Ministério da Magia.

Contudo, isso demonstra que não houve compreensão do que é uma educação liberal. Uma educação liberal é aquela adequada a um indivíduo livre. Ela liberta a mente ao ampliar sua perspectiva, refinar

---

296. J. K. Rowling, "Scholastic.com Online Chat Interview", 3 fev. 2000, <www.accio-quote.org/articles/2000/0200-scholastic-chat.htm>. Também não existem escolas primárias de magia. Algumas crianças bruxas são educadas em escolas primárias Trouxas, mas muitas são educadas e ensinadas em casa. J. K. Rowling, FAQs, "What Education do the Children of Wizarding Families Have Before Going to Hogwarts?". Site oficial de J. K. Rowling, <www.jkrowling.com/textonly/en/faq_view.cfm?id=101>.

suas sensibilidades e livrá-la da ignorância e das limitações da época, lugar e cultura de alguém. Como disse Adler, uma educação adequada cultiva as "capacidades para o crescimento mental e o desenvolvimento moral" de uma pessoa e ajuda-a a "adquirir as virtudes intelectuais e morais exigidas para uma vida humana de qualidade".[297]

A grade curricular de Hogwarts não é apropriada para oferecer o conhecimento de base ampla, as habilidades intelectuais e as sólidas virtudes de caráter que uma boa escola – de bruxos ou Trouxas – deve buscar transmitir. Devido à educação vocacional estreita que recebem, os alunos de Hogwarts estão mal equipados para lidar com os muitos problemas que a sociedade mágica enfrenta, incluindo (diz Hermione) "essa coisa horrível que os bruxos têm de pensar que são superiores às outras criaturas."[298]

O Feio

Essa "coisa horrível" é na verdade o maior problema que os bruxos enfrentam. Os livros de Potter são uma fábula de moralidade ou valores sobre uma guerra civil de bruxos. De um lado, estão os supremacistas raciais de Voldemort, que querem que os bruxos governem os Trouxas e que os bruxos sangues-puros governem aqueles de linhagens mistas. Do outro lado, estão Dumbledore e aqueles que rejeitam tais visões supremacistas radicais e acreditam, em vez disso, na igualdade fundamental de todas as criaturas racionais (ou, ao menos, humanas) da terra.

Eu digo que este é o maior problema que os bruxos enfrentam não apenas devido à repulsividade de tal elitismo racial, mas por causa do que está em jogo. Totalitarismo, controle do pensamento, polícia secreta, julgamentos simulados, purificação racial – todos eles são possibilidades reais se os supremacistas vencerem. E, é claro, quase vencem *de fato* nos livros de Potter, assim como os nazistas quase venceram na Segunda Guerra Mundial.

Assim, o que Dumbledore está fazendo para educar os alunos de Hogwarts quanto aos perigos e à irracionalidade do supremacismo racial? Droga nenhuma. Ao menos não de forma direta.

É verdade que Hogwarts é aberta a todos os alunos com poderes mágicos, independentemente da linhagem, raça ou classe social. E Dumbledore faz o possível para ser um empregador que dá oportunidades

---
297. Adler, *Reforming Education*, p. 120.
298. *A Ordem da Fênix*, p. 171.

iguais, contratando tanto mestiços como Snape e membros de grupos marginalizados como os meio-gigantes (Hagrid), centauros (Firenze) e lobisomens (Lupin).

Mas é só isso. Não há, até onde nos é contado, nenhuma discussão em classe sobre racismo, nenhum *workshop*, nenhuma assembleia escolar sobre o assunto. Ofensas de conteúdo racial são frequentes em Hogwarts, mas nenhum aluno é repreendido por usá-las, nunca. O fato de Hogwarts abrigar a maior população de elfos domésticos oprimidos da Inglaterra não é mencionado em nenhum ponto das mil páginas de *Hogwarts, Uma História*, e os esforços de Hermione para aliviar o problema dos elfos domésticos não são apoiados de forma pública por Dumbledore. E o mais sério: Dumbledore não faz nada para remediar a grande fonte da doutrina sangue-puro militante que envenena Hogwarts, a Sonserina.

A Sonserina é um solo fértil para bruxos das trevas. Como diz Hagrid, quando Voldemort ascendeu ao poder não havia "uma única bruxa ou bruxo que tivesse se tornado mau que não fosse da Sonserina."[299] E isso não é por acaso; os alunos são selecionados para a Sonserina porque irão "usar quaisquer meios para atingir seus fins".[300] Uma vez que as pessoas – em especial crianças impressionáveis – tendem a se tornar como aqueles com quem se associam, a Sonserina é uma estufa de intolerância racial. É também, de forma inevitável, uma fonte de "quinta-colunistas" em Hogwarts – alunos cuja lealdade última não é a Dumbledore nem a seus colegas de Casa, mas a Voldemort e sua agenda racial distorcida.

Esse câncer de intolerância racial e elitismo é o que é "feio" na educação de Hogwarts. A pergunta óbvia é: por que Dumbledore não faz mais a respeito disso?

De certa forma, é claro, ele *de fato* faz algo extremamente importante sobre isso – ele trabalha de forma incansável e corajosa para derrotar Voldemort. Mas Voldemort esteve sem poderes por mais de uma década depois de sua tentativa fracassada de matar Harry. Dessa forma, por que Dumbledore não fez nada para enfrentar o problema com a Sonserina?

Talvez as mãos de Dumbledore estivessem atadas por leis escolares ou pelo tradicionalista Conselho Diretor de Hogwarts. Talvez ele tivesse sido despedido se tivesse tentado tomar uma atitude definitiva. Talvez, como argumenta Travis Prinzi, fosse um "gradualista" libertário

---

299. *A Pedra Filosofal*, p. 80.
300. Ibid., p. 118.

que acreditava em mudar os corações e as mentes pelo exemplo pessoal e persuasão gentil, em vez de usar regras ou políticas coercitivas.[301] Quem sabe? Poderia haver muitas razões para ele se recusar a tomar uma atitude mais extrema. Eu, por minha vez, estou feliz em dar-lhe o benefício da dúvida. Mas é uma pergunta justa, acho, se Dumbledore não deveria ter feito mais do que fez.

Como os Feijõezinhos de Todos os Sabores, Uma Mistura

Hogwarts, como muitas escolas, tem seus prós e contras. Seus alunos amam o castelo, os arredores, a camaradagem, o foco na atividade da prática da magia. É, não há dúvida, uma escola divertida e interessante. Também existem alguns grandes pontos negativos sobre uma educação como a de Hogwarts, incluindo alguns professores ineficientes, um ambiente perigoso, uma grade curricular estreita e uma forte subcorrente de intolerância racial e elitismo.

Então, eu mandaria meu filho para Hogwarts? Em uma análise final, sim. É simplesmente uma oportunidade muito especial para ser perdida. Mas também me certificaria, como faço, de ensinar a meu filho a igualdade fundamental das pessoas, o papel vital das liberdades democráticas e a importância de uma educação balanceada e plena, pois esses são os valores que podem tornar nosso mundo um lugar mágico de verdade.[302]

---

301. Travis Prinzi, "Hog's Head PubCast #54: Revolutionaries and Gradualists", <http://thehogshead.org/2008/07/03/hogs-head-pubcast-54-revolucionaries-and-gradualists/>. Mas veja a crítica dessa interpretação feita por Beth Admiraal e Regan Reitsma neste volume, "A Política de Dumbledore".
302. Meus agradecimentos a John Granger, Bill Irwin, Dave Baggett e Travis Prinzi por comentários úteis a esboços anteriores. É claro, esses amigos também são culpados em parte por quaisquer falhas no capítulo, pois como diz o filósofo medieval Tomás de Aquino (*Summa Contra Gentiles*, Livro 3, cap. 135), "Aquele que ajuda outro partilha do trabalho, tanto em sua parte boa quanto em sua parte má".

Parte Cinco

Além do Véu: Morte, Esperança e Sentido

O segredo real da fênix:

Regeneração moral através da morte

Charles Taliaferro

A fênix é um majestoso pássaro mítico que tem o poder de incendiar-se; depois, renascer das próprias cinzas. Esse poder de renascer através da morte pode ser apenas parte do pano de fundo mágico para as histórias de Harry Potter escritas por J. K. Rowling, ou pode ser algo mais. Como parte daquele pano de fundo, a fênix de Dumbledore, Fawkes, desempenha um papel valente e nobre ao proteger Harry na Câmara Secreta e ao defender Dumbledore na batalha no Ministério da Magia tomando para si a maldição mortal. A principal oposição a Voldemort é chamada a Ordem da Fênix, mas tais referências podem estar ali somente para enriquecer a trama. Ainda assim, o poder mágico da fênix pode ser uma pista para um tema mais profundo sobre a natureza dos relacionamentos a que os filósofos já se referiram.

Alguns filósofos propõem que algo semelhante ao processo de morte e renascimento da fênix é necessário para recuperar relacionamentos por meio do remorso, buscando o perdão e desenvolvendo um caráter novo e regenerado. A ideia fundamental é que uma pessoa que tenha cometido um erro grave precisa confessar o que fez, expressar remorso sincero, repudiar qualquer prazer ou ganho obtido pelo erro e formar intenções e desejos radicalmente novos que façam com que o cometimento de qualquer erro futuro seja impensável (ou ao menos improvável). O ato de repudiar o erro passado e qualquer prazer ilícito foi compreendido por alguns filósofos como uma espécie de morte; alguém queima por completo ou mata o eu que cometeu o erro. A pessoa regenerada emerge desse processo de repúdio e remorso como uma pessoa nova em essência. A continuidade é mantida; a nova pessoa emerge daquela que cometeu o erro. Mas ainda há um eu radicalmente novo do outro lado dessa mudança maciça do mal para o bem, de desejos cruéis para intenções e resoluções novas e boas.

Este modelo enfrenta algumas objeções (consideraremos duas principais no final do capítulo), mas tem um grande apelo intuitivo. Em uma amizade destruída pela traição, parece que o principal caminho para a reconciliação tem que envolver o remorso (a pessoa tem de estar de fato arrependida da traição). E, uma vez que tenha havido regeneração evidente, deve haver uma genuína aceitação da pessoa que retoma a amizade. É claro, ambos poderão nunca se esquecer do fato de que houve uma traição; mas ambos não devem colocar de lado qualquer culpa atual? Não pode haver uma amizade renovada muito boa se dia sim, dia não, fazemos a pessoa relembrar que ela errou. Com efeito, o relacionamento resgatado deve *renascer*; o retorno do amigo é aceito e este é visto sob uma nova luz, deixando-se de lado o ressentimento ou o foco em uma mágoa passada.

Este retrato de restabelecimento moral como uma espécie de morte e renascimento é encontrado de maneira mais conhecida em algumas tradições religiosas, em especial no cristianismo, onde a transição do pecado para a vida em Deus é descrita como um morrer e levantar-se para uma vida nova (Romanos, 5). O rito cristão do batismo é visto, por tradição, como um tipo de morte para o pecado e renascimento dentro da família de Deus, na qual a alma redimida pode até mesmo adotar um novo nome. Mesmo fora do campo religioso, relatos contemporâneos de reforma moral também tomam a sério o caminho em que o arrependimento exige um abandono claro do eu que cometeu o erro e uma identificação da pessoa regenerada com um novo conjunto de desejos e essencialmente uma nova identidade.[303]

Neste capítulo, examinaremos os modos pelos quais esse modelo pode ser visto no trabalho de J. K. Rowling, com foco em *As Relíquias da Morte*. Como veremos, Rowling realmente vai além de muitos

---

303. Veja, por exemplo, Charles Grisworld, *Forgiveness: A Philosophical Exploration* (Nova York: Cambridge University Press, 2007).

filósofos ao iluminar o processo de mudança para uma nova vida por meio de uma espécie de morte – justapondo Harry e Dumbledore, de um lado, e Lorde Voldemort, do outro. Voldemort oferece uma inversão fascinante ou, de fato, uma perversão do processo de mudança da morte para a vida. Voldemort espalha a morte ao se apegar à vida, ao passo que Dumbledore e Harry movem-se em direção a uma vida mais profunda aceitando a morte.

Remorso e Morte

Em seu confronto final, Harry dá uma última chance a Voldemort, uma possível trégua. Essa trégua deve envolver o remorso. No convite ou desafio de sentir remorso, Harry não usa o título Voldemort, Aquele-Que-Não-Deve-Ser-Nomeado, ou Lorde das Trevas, mas usa o próprio nome dele: Tom Riddle. Harry parece estar chamando Riddle de volta do papel que faz de um ameaçador, quase sobrenatural Lorde das Trevas, para tomar a propriedade de si mesmo como Tom Riddle, a criança confusa e furiosa, mas muito promissora. O processo pelo qual aquele que se intitula Voldemort teria de passar para admitir e sentir remorso por seus crimes horríveis e sórdidos, como Tom Riddle, é por demais destrutivo para o Lorde das Trevas. Em outras palavras, Riddle precisa livrar-se de suas cruéis intenções e atos passados ou morrer para eles. Relutante em passar por tal repúdio e humilhação, Riddle como Voldemort ataca Harry e é derrotado.

O remorso é um elemento-chave no processo de reforma e regeneração nas histórias de Potter – remorso e pesar, bem como lamentar o fato. A diferença entre reforma e lamento talvez fique mais evidente quando Voldemort ordena que sua cobra mate Severo Snape. Depois de dar o comando "mate" para Nagini, Voldemort tem esta reação:

> "Eu lamento", disse Voldemort de maneira fria.
> Ele virou-se; não havia tristeza nele, nenhum remorso. Era tempo de deixar esse lugar e assumir o controle, com uma varinha que executaria agora sua vontade plena. Ele a apontou para a jaula estrelada que prendia a cobra e esta se arremessou para o alto e atingiu Snape, que caiu de lado no chão, o sangue jorrando dos ferimentos em seu pescoço. Voldemort, num giro, deixou a sala sem olhar para trás e a grande serpente flutuou atrás dele em sua enorme esfera protetora.[304]

---

304. *As Relíquias da Morte*, p. 656-657.

Lamentar algo envolve dor ou desagrado pela ocorrência de algum evento, mas o remorso acrescenta um ingrediente crucial: um sentimento de profundo pesar por se ter cometido o ato. Lamentar algo não precisa envolver qualquer reconhecimento pessoal de culpa ou responsabilidade, mas o remorso implica tristeza ou pesar com relação à participação em um ato ou omissão passada.

Talvez Riddle não conseguisse começar a sentir remorso porque se identificara demais com Voldemort ou, antes, Riddle tenha se tornado Voldemort, aquele que exerce poder indomável, de forma que ele não pudesse ver qualquer vida nova por meio do remorso além de Voldemort. Se alguém cometeu um erro e tudo o que sente é remorso pela ação, esse alguém está em uma posição quase intolerável. A reforma moral exige que a pessoa evolua para alguma nova identidade positiva, passando, pelo remorso, para uma nova vida.

Dumbledore acaba por perceber que precisa passar pela morte quando reconhece seu erro desastroso de colocar o anel com o objetivo de usar a Pedra da Ressurreição. Seu erro não foi motivado por maldade ou ódio. Ele inclusive pensou que pudesse, de alguma maneira, trazer vida nova por meio da pedra. Como Dumbledore confessa a Harry,

> Quando eu o descobri, depois de todos esses anos, enterrado na casa abandonada dos Gaunt – a Relíquia pela qual eu tinha ansiado mais que tudo, embora em minha juventude eu a quisesse por razões bem diferentes – perdi a cabeça, Harry. Eu quase me esqueci que ela agora era uma Horcrux, que o anel com certeza carregava uma maldição. Eu o peguei e coloquei e por um segundo imaginei que estava prestes a ver Ariana e minha mãe e meu pai e dizer-lhes o quanto me arrependia (...).
>
> Eu fui tão tolo, Harry. Depois de todos esses anos eu não havia aprendido nada. Eu fui indigno de unir as Relíquias da Morte, eu o provei muitas vezes, e ali estava a prova final.[305]

Dumbledore percebe seu erro e conscientiza-se de que esse ato irrefletido liberou um veneno em seu sistema que será sua completa ruína, apesar das melhores tentativas de Snape de conter o dano causado pela maldição. Dumbledore escolhe trabalhar por meio desse

---

305. Ibid., p. 719-720.

reconhecimento, cheio de remorso, de um erro a fim de proteger Harry e fornecer um caminho para a derrota definitiva de Voldemort. Ao combinar com Snape que este o mate usando a Avada Kedavra, sacrifica sua vida (e de forma indireta salva a de Malfoy), morrendo (por assim dizer) para seu eu passado.

Esta mudança para além do seu passado é evidente no diálogo entre Harry e Dumbledore depois da morte aparente de Harry. Dumbledore revela por completo seus planos e intenções, expondo com lágrimas sua posição de professor e guardião vulnerável que falhou (em sua opinião) em cumprir suas tarefas. Dumbledore também confessa, de forma dolorosa, suas fraquezas, quando jovem, com seus pais, irmã e irmão:

> "Eu era talentoso, era brilhante. Eu queria fugir. Queria brilhar. Eu queria a glória (...)."
> "Não me entenda mal", disse, e a dor atravessou seu rosto de maneira que ele pareceu velho novamente. "Eu os amava. Eu amava meus pais, amava meu irmão e minha irmã, mas eu era egoísta, Harry, mais egoísta do que você, que é uma pessoa tão altruísta, possa imaginar ser possível."[306]

É em parte por meio desse diálogo e da passagem que o próprio Harry faz da morte para a vida que Dumbledore e Harry reconciliam-se.

Nos primeiros livros da série Potter, Dumbledore é um mentor, uma figura paternal como Merlin ou Gandalf; ele é um instrutor e professor, um diretor e um meio-guardião de Harry, a encarnação de tudo o que é bom, cavalheiresco e nobre. No final da série, vemos outro lado de Dumbledore. Descobrimos que ele é um penitente que se sente compelido a confessar suas próprias falhas a Harry, enquanto lhe dá as instruções finais e vitais que precisa para completar seu amadurecimento. Dumbledore conclui seu intento oferecendo a Harry este conselho bem ao estilo socrático: "Você é o verdadeiro mestre da morte, porque o verdadeiro mestre não procura fugir da Morte. Ele aceita que deve morrer e entende que existem coisas muito, muito piores no mundo dos vivos do que morrer".[307]

A conclusão da grande saga de Harry (sua educação ou formação), que culmina em seu combate com Voldemort, torna Harry e Dumbledore iguais no final. A troca entre Harry e seu mentor, que ocorre por meio do retrato de Dumbledore, sugere que seu relacionamento mudou; eles

---

306. Ibid., p. 715-716.
307. Ibid., p. 721. Para as opiniões de Sócrates sobre a aceitação feliz da morte do filósofo, veja o *Fédon* de Platão, 64a-68a.

não são mais mentor e pupilo. Uma espécie de igualdade é obtida em sua reconciliação, na vitória de Harry e suas resoluções: depois que Harry contou a Dumbledore seus planos para a Varinha das Varinhas, "Dumbledore assentiu com a cabeça. Eles sorriram um para o outro."[308]

Harry deve submeter-se a uma morte e a um renascimento a fim de alcançar a integridade total, necessária para sua cura e renovação. Quando Harry foi atacado ainda criança e a maldição mortal ricocheteou, uma parte da alma de Voldemort agarrou-se a Harry, permitindo que este tivesse a percepção da mente de Voldemort, dando-lhe a habilidade da Ofidioglossia, ou de falar a língua das cobras, e fazer o Chapéu Seletor pensar que poderia dar-se bem na Sonserina. O ataque de Voldemort deixou uma marca indelével na testa de Harry, ligando-o à mente de Voldemort. Às vezes, isso beirava à possessão, como na cena ápice de *A Ordem da Fênix*, quando Voldemort fala por meio de Harry:

> E então a cicatriz de Harry explodiu. Ele sabia que estava morto: era uma dor além do que se pode imaginar, uma dor além da resistência...
> Ele não estava mais no salão, estava preso, enrolado por uma criatura com olhos vermelhos, atado com tanta firmeza que Harry não sabia onde seu corpo terminava e o da criatura começava. Eles estavam fundidos um no outro, atados pela dor e não havia como fugir...
> E quando a criatura falou, ela usou a boca de Harry, de modo que em sua agonia ele sentiu seu maxilar mover-se...
> "Mate-me agora, Dumbledore..."[309]

Para desfazer esse vínculo aterrorizante com o Lorde das Trevas, Harry precisava que a parte da alma de Voldemort, que estava dentro dele, morresse, como acontece próximo ao fim de *As Relíquias da Morte*, quando Harry permite que Voldemort lance a maldição mortal sobre ele. Tudo é explicado na conversa que segue, quando Dumbledore assegura a Harry que este não está, como acreditava a princípio, morto:

> "Eu deixei que ele me matasse", disse Harry, "não deixei?"
> "Você deixou", disse Dumbledore, assentindo com a cabeça. "Continue!"
> "Então a parte da alma dele que estava em mim..."

---

308. *As Relíquias da Morte*, p. 749.
309. *A Ordem da Fênix*, p. 815-816.

Dumbledore assentiu ainda com maior entusiasmo, encorajando Harry a continuar em frente, um largo sorriso de estímulo em seu rosto.

"... ela se foi?"

"Ah sim!" disse Dumbledore. "Sim, ele a destruiu. Sua alma está inteira e é completamente sua, Harry."[310]

Um pouco mais tarde, nesta mesma conversa, Dumbledore explica melhor:

Você era a sétima Horcrux, Harry, a Horcrux que ele nunca planejou criar. Ele deixou sua alma tão instável que ela se quebrou quando ele cometeu aqueles atos de indescritível maldade, o assassinato de seus pais, a tentativa de matar uma criança.

Mas o que escapou daquela sala foi ainda menos do que ele soube. Ele deixou mais do que seu corpo para trás. Ele deixou parte dele mesmo presa a você, a pretensa vítima, que tinha sobrevivido.[311]

Para se tornar inteiro de novo, Harry deve morrer para livrar-se do vínculo com Voldemort.

Enquanto esse exemplo dramático de morte e ascensão implica Harry ter de livrar a si mesmo daquilo que é, em essência, estranho à sua verdadeira identidade ou valores fundamentais, existe um sentido ou aspecto, em cada livro, em que Harry submete-se a um processo de remorso e regeneração com relação a seus próprios sentimentos e falhas. Por exemplo, em *A Ordem da Fênix*, sua desconfiança com relação a Hermione Granger e Rony Weasley precisa ser corrigida.

Mas antes de percebê-lo, Harry estava gritando.

ENTÃO VOCÊS NÃO ESTIVERAM NAS REUNIÕES, GRANDE COISA! VOCÊS AINDA ESTAVAM AQUI, NÃO É? VOCÊS AINDA ESTAVAM JUNTOS! EU, EU FIQUEI PRESO NA CASA DOS DURSLEY POR UM MÊS! E EU ENFRENTEI MAIS DO QUE VOCÊS DOIS JAMAIS CONSEGUIRAM E DUMBLEDORE SABE DISSO — QUEM SALVOU A PEDRA FILOSOFAL? QUEM SE LIVROU DE RIDDLE? QUEM SALVOU AS PELES DE VOCÊS DOS DEMENTADORES?

Cada pensamento amargo e ressentido que Harry tivera no mês passado estava jorrando dele; a frustração pela

---

310. *As Relíquias da Morte*, p. 708.
311. Ibid., p. 709.

falta de notícias, a dor por todos terem estado juntos sem ele, a fúria em ser seguido sem ser informado: todos os sentimentos dos quais estava meio envergonhado por fim arrebentaram seus limites.[312]

Harry tem que renunciar ao seu temperamento e às suas decisões precipitadas e existe uma noção recorrente de que o amor tem um papel em solidificar seu desenvolvimento contínuo, seu renascimento, por assim dizer. Por exemplo, quando ele e Gina Weasley se beijam, depois de uma longa separação, isto é descrito de acordo com a noção de realidade de Harry:

> "Este é o lado bom pelo qual estava procurando", ela sussurrou e então ela o estava beijando como nunca o tivera beijado antes, e Harry a estava beijando, e era um esquecimento bem-aventurado, melhor do que uísque de fogo; ela era a única coisa real no mundo, Gina, a sensação de tê-la ali, uma mão em suas costas e a outra em seu doce cabelo comprido.[313]

O amor de Harry pelos outros e o amor dos outros por ele são a base de seu amadurecimento e sua proteção contra Voldemort. Como observa Dumbledore: "Aquele poder [do amor] também o salvou da possessão por Voldemort, porque ele não pôde suportar estar em um corpo tão pleno da força que ele detesta".[314]

A Inversão de Voldemort

No papel de Voldemort, Tom Riddle apresenta quase o exato padrão oposto de desenvolvimento de Harry e Dumbledore. Em vez de sentir remorso, arrependimento e renovação, com cada assassinato Voldemort toma posse, com ainda mais profundidade, de sua identidade de assassino e tirano, alguém que vê sua vida como infinitamente mais importante e interessante do que as vidas ao seu redor. A busca de Voldemort pela vida eterna – em uma espécie de inversão perversa do ideal cristão da vida por meio da morte para o eu – leva-o a uma espécie de autodivisão ou divisão do eu na qual ele divide sua alma em sete (de forma involuntária, oito) partes.

---

312. *A Ordem da Fênix*, p. 65-66.
313. *As Relíquias da Morte*, p. 116.
314. *A Ordem da Fênix*, p. 844.

"[Q]uanto mais eu leio [a respeito das Horcruxes]", disse Hermione, "mais horríveis elas parecem, e menos eu posso acreditar que ele realmente fez seis. Adverte-se neste livro [*Segredos das Artes Mais Tenebrosas*] quão instável se torna o resto de sua alma ao ser dividida, e isso só para fazer uma Horcrux!"

Harry lembrou-se do que Dumbledore tinha dito sobre Voldemort ir além da "maldade normal".

"Não existe alguma forma de reunir essas partes de novo?", perguntou Rony.

"Sim", disse Hermione com um sorriso vazio, "mas isso causaria uma dor excruciante."

"Por quê? Como se faz?", perguntou Harry.

"Remorso", disse Hermione. "Você precisa sentir, de fato, pelo que fez. Tem uma nota de rodapé. Parece que a dor que isso causa pode destruí-lo. Eu não consigo ver Voldemort tentando isso de alguma forma, vocês conseguem?"[315]

As incorporações da alma de Voldemort nas Horcruxes tornaram-se os repositórios de vil malícia. Cada uma delas deve ser destruída para, por fim, derrotar o Lorde das Trevas.

Notemos a inversão aqui. O remorso e o renascimento servem para promover uma vida mais profunda, mais natural para Harry e Dumbledore, ao passo que a busca de Voldemort pelo mal o torna cada vez mais artificial. Por exemplo, a amizade entre Harry e seus colegas e sua interação com Dumbledore em geral envolvem comer (ou, na verdade, banquetear-se), jogos e trocas afetuosas de presentes. Com Voldemort não há banquete, mas (de maneira mais perversa) o ato de tomar sangue. Em vez de as atitudes de Voldemort levarem-no à plenitude da vida, seus atos de maldade ameaçam sua incorporação ou materialização natural. Ao tentar matar Harry quando este ainda era bebê, seu ato cruel pareceu pulverizá-lo, transformando-o em uma névoa, um ser sem corpo.

Ele apontou a varinha com muito cuidado para a face do garoto...

"Avada Kedavra!"

E então ele quebrou-se: Ele não era nada, nada além de dor e horror e precisa esconder-se, não aqui nos escombros da casa arruinada, onde a criança estava presa e gritando, mas longe... muito longe.[316]

---
315. *As Relíquias da Morte*, p. 103.
316. Ibid., p. 345.

Até que Voldemort possa materializar-se, sua "vida" é parasitária do sangue e dos membros de outros. (Ele precisa do sangue de Harry e da mão de Rabicho para recriar um corpo completo.) No volume final, o corpo de Voldemort não parece ser normal; seu rosto parece o de uma cobra e ele consegue voar sem a ajuda de uma vassoura ou outro meio mágico. O contraste com o mundo de Dumbledore, Harry e seus amigos não poderia ser mais radical, com sua alimentação real e toque de autenticidade e afeição. No final do livro, isso culmina, para Harry e seus amigos mais próximos Rony, Gina e Hermione, em amor romântico e a criação de filhos. Existe aqui um contraste extremo entre o mundo natural de remorso e regeneração e os esforços de Voldemort de agarrar-se à sua vida à custa das vidas dos outros.

O contraste entre a busca hedionda de Voldemort pela imortalidade por meio do assassinato e mutilação dos outros e sua recusa pelo processo natural de regeneração e integração por remorso é o completo oposto da aceitação voluntária de Harry e Dumbledore da morte moral, espiritual e física pelo amor e pela bondade. Como fica evidente de modo especial em *As Relíquias da Morte*, a morte física no mundo de Rowling não é a pior coisa para uma alma ou o fim da alma. No túmulo dos pais de Harry, lemos que "O último inimigo a ser destruído é a morte". A princípio, Harry fica horrorizado por considerar isso "uma ideia de Comensal da Morte", mas Hermione explica que a referência significa viver além ou após a morte. A morte em si deve ser uma passagem para algo mais:

> Ao ver que Harry e Rony pareciam completamente confusos, Hermione apressou-se em explicar, "Veja, se eu pegasse uma espada agora, Rony, e o transpassasse com ela, eu não danificaria sua alma de forma alguma."
>
> "O que seria um verdadeiro conforto para mim, tenho certeza", disse Rony. Harry riu.
>
> "Deveria ser, de fato! Mas o que eu quero dizer é que seja lá o que for que aconteça ao seu corpo, sua alma sobreviverá, intocada", disse Hermione.[317]

A morte de Voldemort é desesperada, em nada lamentada e, em última análise, patética ("Tom Riddle caiu ao chão com uma finalização mundana"), ao passo que a morte de Dumbledore é fundamental

---

317. Ibid., p. 104.

para a derrota de Voldemort.[318] Além disso, todos aqueles que morreram com bravura na luta contra Voldemort (incluindo Dobby, Fred Weasley, Remo Lupin, Ninfadora Tonks e Colin Creevey) foram devidamente honrados e pranteados com amor.

A Objeção da Integridade

Uma das objeções recorrentes à ideia de que a reforma moral envolve uma regeneração radical semelhante à morte e renascimento da fênix é que ela solapa a integridade da identidade pessoal. Se você fez algo errado, o fato é que, agora e sempre, foi você quem cometeu o erro. Nenhum grau de renúncia pode alterar esse fato. Imaginar que se é, de alguma forma, uma nova pessoa depois do lamento e do arrependimento é um convite para uma espécie de autoengano. Imaginemos que eu lhe cause algum mal injusto e afirme que este ato foi realizado pelo "Charles Mau", mas agora eu sou o "Novo Charlie", uma pessoa novinha em folha que tem pouco em comum com aquela velha forma de mim mesmo. Esse "renascimento" parece ameaçar qualquer forma de integridade que tenha com minha identidade ao longo do tempo.

Essa crítica ao modelo de regeneração foi propagada pela psicoanalista freudiana, Melanie Klein (1882-1960).[319] Ela sustentava que a maturidade e a continuidade pessoais exigem que a pessoa mantenha um compromisso sólido com o fato de que uma pessoa reformada é a mesma pessoa que cometeu o erro no passado. Um alcoólatra, por exemplo, em geral ainda pensa em si mesmo como um alcoólatra mesmo depois de ter mudado e estado sóbrio por décadas. A objeção da integridade, assim, opõe-se com veemência ao modelo de regeneração.

Existe alguma força nesta objeção. Pode-se abusar do modelo de regeneração. Se alguém presume que a regeneração pode ser tão radical de forma que *não há qualquer continuidade* entre o próprio eu regenerado e a pessoa que cometeu o erro, o autoengano parece estar atuando. Um caso em que eu, de forma eventual, divida meu eu em um eu bom e um eu mau pareceria muito mais uma brincadeira do que uma reforma genuína. É claro, o modelo de regeneração pode ser levado a extremos. Mas, sem uma verdadeira quebra com o passado, envolvendo uma genuína renúncia que chega muito próximo de uma espécie de morte, a renovação ou reconciliação de uma pessoa será incompleta. Pode ser

---

318. Ibid., p. 744.
319. Veja os livros *Love, Guilt and Reparation: And Other Works* 1921-1945 (Londres: Hogarth Press, 1975) e *Envy and Gratitude* (Londres: Hogarth Press, 1975), de Melanie Klein.

que as pessoas viciadas em álcool pensem em si mesmas como alcoólatras pelo resto de suas vidas, mas, ao renunciar ao abuso do álcool, elas, desse modo, não mais veem a si mesmas como pessoas que bebem ou que são bêbadas. Pensemos em alguém que pare de fumar. Para parar de fumar não se exige que a pessoa não pense mais em si mesma como uma fumante, mas como um tipo diferente de pessoa? O preço de não empreender uma renúncia veemente do mal ou dos erros passados pode ser alto. Vamos considerar o caso de Severo Snape.

Como revelado em *As Relíquias da Morte*, Snape amou de verdade a mãe de Harry, Lílian Evans. Quando ele era garoto, sentiu-se atraído por ela de longe. Ela foi a única pessoa em Hogwarts que enfrentou Tiago Potter e outros valentões quando eles ameaçavam Snape. Snape, contudo, cometeu o erro desastroso de chamá-la de sangue-ruim, um insulto às bruxas filhas de Trouxas. Ele, mais tarde, cometeu o erro ainda mais trágico de dar a Voldemort, sem qualquer intenção, a informação que precisava para encontrar e matar Harry. Snape sente, de fato, remorso profundo por tais atos, mas é incapaz de confessar seus sentimentos em público e, assim, alcançar uma integração completa por meio do remorso e da renovação.

Snape tem um débito de vida para com o pai de Harry, que o salvou de Lupin quando este estava transformado em lobisomem. Snape pode saldar esse débito de vida protegendo Harry (o que faz em mais de uma oportunidade), mas é incapaz de confessar abertamente a Harry seu vínculo com Lílian ou sua dívida para com Tiago. Ele nutre ressentimento contra Harry e não consegue desligar-se por completo de seu passado. Seus motivos são, por vezes, honrosos, ou tão honrosos quanto podem ser os motivos de alguém quando este é um espião da Ordem que também tem de fingir ser um leal Comensal da Morte.

Snape não é uma pessoa integrada na concepção de Melanie Klein; ele é debilitado porque não consegue renunciar por completo aos seus erros passados e seguir para além deles. Em uma situação ideal de reconciliação, deveria haver um milagre: a efetiva volta de Tiago e Lílian à vida. Mas, apesar disso, a melhor reconciliação disponível deve ter sido a lealdade verdadeira de Snape a Lílian (e Dumbledore) ter sido reconhecida e honrada durante a vida de Snape. Isso, contudo, também poderia ter sido impossível porque Snape, ao que parece, precisava manter seu disfarce de servo de Voldemort tanto quanto possível. Apesar disso, Snape ainda é honrado de uma forma profunda e duradoura: Harry dá o nome de Snape a um de seus filhos. O nome dado ao filho de Harry foi a última palavra dita por Dumbledore antes de sua morte: *Severo*.

A Objeção da Fantasia

Consideremos, de forma breve, uma segunda objeção: Rowling criou uma obra-prima em parte porque inventou um mundo possível bastante distante do nosso. Em nosso mundo, feitiços não são lançados, as pessoas não podem sobreviver à morte de seus corpos, retratos de diretores falecidos não falam com alunos e assim por diante. Se tudo isso é fantástico (de forma literal, uma questão de fantasia), por que não pensar que o modelo de regeneração também é uma questão de fantasia? Uma ética real e modelos sérios de regeneração devem ser criados com base em narrativas realistas, não em mundos imaginários.

Aliás, eu argumentei em outro lugar contra alguns dos sistemas filosóficos que descartam a possibilidade de vida após a morte.[320] Eu argumentei ainda que, em nosso mundo, pode haver genuínos encantamentos e feitiços de todas as espécies.[321] Os estudiosos da ética contemporânea não abordam as práticas de abençoar a amaldiçoar, mas isso é lamentável, dadas as muitas formas pelas quais as pessoas podem afetar umas às outras em níveis subliminares. Ainda, mesmo que façamos um parêntese nisso tudo e suponhamos que não há um além-vida e nem qualquer magia em nosso mundo, observemos que *Rowling não trata a ética como uma questão de fantasia*. Todos os valores que compartilhamos, como lealdade, amizade, amor romântico, equidade, nossa oposição à escravidão (libertem os elfos domésticos!), e o papel do remorso, do perdão e da regeneração, estão em cena de forma acentuada tanto na ficção de Rowling quanto em nosso próprio mundo Trouxa. Em nome do realismo, a objeção da fantasia desconsideraria as percepções genuínas de Rowling sobre os perigos da crueldade, da busca injusta da pureza (os sangues-puros), do amor e assim por diante. Tal "realismo" é mais uma questão de impossibilidade de utilizar a imaginação do que de cair no imaginário.

O Segredo da Fênix

Como observamos no início, o papel da fênix nos livros de Harry Potter pode ser apenas parte do pano de fundo mágico para as vidas de Dumbledore e Harry. Fawkes, afinal, pranteia seu mestre com "um

---

[320]. Charles Taliaferro, *Consciousness and the Mind of God* (Cambridge, UK: Cambridge University Press, 1994).
[321]. Charles Taliaferro, *Love, Love, Love* (Cambridge, MA: Cowley Press, 2006). Veja em especial o capítulo "A Modest Defense of Magic".

lamento doloroso de beleza terrível" e deixa Hogwarts para sempre.[322] Mas pode ser que ela deixe Hogwarts após a morte de Dumbledore porque agora temos sabedoria o suficiente para captar a mensagem que a fênix deixou: que às vezes a morte espiritual ou real deve ser suportada para que haja uma regeneração da vida, reconciliação e um triunfo do bem contra o mal. Fawkes, afinal, não salvou Dumbledore quando este foi envenenado. Talvez isso fosse impossível, ainda que as lágrimas de uma fênix possam curar feridas terríveis. Fawkes não protegeu Dumbledore da maldição Avada Kedavra de Snape, nem interveio para impedir a queda de Dumbledore do telhado.

Temos motivos para acreditar que Fawkes poderia conhecer a mente de seu mestre e que ela estava provavelmente bem consciente do autossacrifício voluntário de Dumbledore. Sim, talvez Fawkes e o padrão da regeneração fossem uma mera coincidência na obra-prima de Rowling, mas, talvez, a própria Fawkes estivesse consciente em plenitude da necessidade de morrer e levantar-se, do remorso e da regeneração. Fawkes pode ter deixado Hogwarts no final de *O Enigma do Príncipe*, mas pode ter partido atrás da mais importante lição que qualquer de nós pode aprender. Casos de transgressões, traições e vícios que levam à ruptura de amizades e da vida em comunidade precisam ser curados por uma espécie de morte e renascimento na qual alguém emerge das chamas da confissão cheia de remorso como uma nova pessoa com desejos e intenções radicalmente novos, pronta para reatar relacionamentos e a vida em comunidade.[323]

---

322. *O Enigma do Príncipe*, p. 614-615.
323. Sou muito grato a Elizabeth Clark por conversas sobre Harry Potter e o remorso e sua ajuda na preparação deste ensaio. Elsa Marty também merece meu "obrigado" pelo diálogo sobre o modelo de regeneração.

Além de Godric's Hollow:

A vida após a morte e a procura pelo sentido

Jonathan L. Walls e Jerry L. Walls

Depois de escapar da morte por um triz, apenas devido ao sacrifício de sua mãe, Harry é um órfão, deixado nos degraus da casa de seus tios. Voldemort, descobrimos mais tarde, deseja, sobre todas as coisas, evitar a morte e pratica as ações mais traiçoeiras para assegurar-se disso. Quase todos os livros da série acabam com a morte de um personagem importante, e talvez nenhum mais importante do que Alvo Dumbledore em *O Enigma do Príncipe*. É fácil ouvir o eco ressonante da morte ao longo de toda a série, culminando na quase morte do próprio Harry.

A Morte e a Filosofia

Diz-se que havia um filósofo profissional que decidiu concorrer a governador de seu estado alguns anos atrás. No trâmite da campanha, perguntaram-lhe qual seria a lição mais importante que podemos ensinar a nossos filhos. Ele respondeu: "Que eles morrerão". Ele não venceu a eleição.

Os filósofos lidam com as grandes questões e ideias. Não é de surpreender, portanto, que muitos deles foram e são fascinados pela morte, o desconhecido derradeiro. No entanto, devido ao fato de a morte ser uma perspectiva tão desagradável, algumas pessoas tentam evitá-la, negá-la, tirá-la de suas mentes. Os jovens são, em particular, propensos a se sentirem invencíveis, como se a morte fosse algo que acontece apenas aos outros. Eles, em geral, carecem do que o filósofo Margin Heidegger (1889-1976) chamou *autenticidade*, que vem da aceitação da morte e da reflexão profunda de nossa mortalidade.

Alguns filósofos, como os Epicuristas na antiga Grécia, pensavam que não deveríamos nos preocupar com a morte porque quando morremos, deixamos de existir. A morte não acontece exatamente *conosco*, ela é apenas o nosso fim. Não estaremos mais aqui para experimentá-la; a chegada da morte corresponde à nossa partida; dessa forma, por que sofrer por ela? Heidegger, ao contrário, pensava que uma vida autêntica exige uma escolha de encarar com coragem o que nossa morte implica: que não seremos mais. Como ateu, ele acreditava que na morte deixamos de existir e que viver de forma autêntica é viver com uma aceitação pungente de que a morte está a cada dia mais próxima. Não é tão somente um evento remoto; ela poderia acontecer a qualquer momento, sem aviso ou chance de refletir sobre ela e sua iminência deveria moldar a maneira como vivemos e pensamos no momento atual. Nossa mortalidade confronta-nos com a tarefa de definir a nós mesmos, reconhecendo tanto nossas limitações quanto nossas oportunidades e não desperdiçando nem um pouco de nosso curto tempo vivendo meio adormecidos.

Há mais de 2 mil anos, Platão expressou pensamentos semelhantes. De fato, ele é famoso por ensinar que "verdadeiros filósofos fazem do morrer a sua profissão."[324] Aspirar à sabedoria é viver de maneira que se esteja preparado para encarar a morte quando ela vier.

Harry confrontou-se com a morte logo no início; desde a incomum tenra idade tinha consciência de sua mortalidade. Enquanto Harry leva uma vida autêntica, Lorde Voldemort vive uma vida bastante inautêntica. Para ver o motivo, vamos considerar a marcha mortal culminante de Harry e o que segue em *As Relíquias da Morte*.

A Batalha que se Aproxima

O Harry já amadurecido e endurecido pelas batalhas marcha de maneira sombria em direção à Floresta Proibida pelo que ele, com

---

324. Platão, *Fédon*, 67e.

sinceridade, acredita ser a última vez. Ele está indo até lá para encontrar sua própria morte de olhos abertos. Ele acabou de descobrir que a única forma de poder liquidar Voldemort é por *sua própria* morte, levando consigo um pedaço da alma de Voldemort. Conforme Harry caminha, cada passo levando-o para mais perto do fim, seus pensamentos entram em foco de forma intensa. À sombra de sua morte iminente, seus sentidos ficam mais aguçados. Um grande apreço por todas as coisas que ele possuía (físicas e de outras naturezas), mas às quais não dera o devido valor emerge dentro dele. Ainda assim, permanece resoluto na tarefa diante de si. Dumbledore sabia que se confrontado com essa escolha, Harry iria até o fim, ainda que isso significasse sua morte: "E Dumbledore sabia que Harry não fugiria, que prosseguiria até o fim ainda que esse fosse o fim dele [de Harry], porque tinha se dado ao trabalho de conhecê-lo, não tinha? Dumbledore sabia, como Voldemort sabia, que Harry não deixaria ninguém mais morrer por ele agora que tinha descoberto que tinha o poder de parar tudo isso".[325]

Harry enfrentara a morte antes, quando perdeu algumas pessoas que amava. E apesar da garantia de Dumbledore de que a morte poderia ser a próxima grande aventura e do conhecimento de Nick-Quase-Sem-Cabeça a respeito das almas desencarnadas, Harry ainda tinha mais do que algumas dúvidas sobre o que a morte traria. O fato de que os corpos mortos decompõem-se no chão encheu-o com algo mais que uma angústia existencial. Vamos relembrar da cena em *As Relíquias da Morte* em que Harry e Hermione Granger, enfim, chegam ao túmulo dos pais de Harry em Godric's Hollow e Harry lê, devagar, a inscrição na lápide de seus pais: "O último inimigo a ser destruído é a morte".[326]

A princípio, Harry fica preocupado de que essa seja uma ideia típica de um Comensal da Morte, mais coerente com a busca de Voldemort para escapar da morte do que qualquer outra coisa, e pergunta-se o motivo pelo qual tal inscrição está ali. Hermione assegura-lhe: "Ela não significa derrotar a morte da maneira como pensam os Comensais da Morte, Harry... Ela significa... você sabe... viver para além da morte. Viver depois da morte". Mas os pais de Harry não estavam vivos, pensou Harry. "Eles tinham partido. As palavras vazias não poderiam disfarçar o fato de que os restos em decomposição de seus pais jaziam debaixo da neve e das pedras, indiferentes, inconscientes."[327] Se é nisso que consiste a morte, falar sobre a derrota da morte parece ser uma brincadeira e

---

325. *As Relíquias da Morte*, p. 693.
326. Ibid., p. 328.
327. Ibid.

a morte, de fato, significa apenas isso: restos e carne em decomposição, fim da história.

Esse foi o destino dos pais de Harry e ele, naquela hora sombria, sente que esse é o destino de todos. Agora, conforme Harry marcha voluntariamente para sua própria morte, se dá conta de algo: "E de novo Harry compreendeu sem ter que pensar. Não se tratava de trazê-los [seus entes queridos que partiram] de volta, já que ele estava prestes a juntar-se a eles. Ele não estava, de fato, indo buscá-los: eles estavam vindo buscá-lo".[328] Ele não pode trazer seus pais de volta, mas pode, e quer, morrer e assim juntar-se a eles.

Heidegger não aconselhou que devêssemos refletir de maneira mórbida sobre a morte até que ficássemos deprimidos, mas antes, que entendêssemos a morte e as limitações que ela implica, de modo a podermos seguir em direção ao restante de nosso futuro, embora transitório, e de forma corajosa, aproveitando as oportunidades que tivermos. Não vamos pensar apenas em Harry neste nosso cenário, mas também em Colin Creevey, o bruxo menor de idade que volta sorrateiro para Hogwarts para lutar na batalha e perde sua vida. As ações de Harry e de Colin, sejam quais forem suas crenças sobre vida após a morte, são grandes exemplos de um autêntico viver Heideggeriano: reconhecer limitações, aproveitar oportunidades e aceitar a própria mortalidade.

A Estação de King's Cross

Quando Harry recebe o aparente golpe mortal de Voldemort, ele acorda e se vê na posse de poderes inesperados e em um lugar que parece a Estação de King's Cross – uma espécie de reino etéreo, onde o tempo e o espaço funcionam de forma diferente. Esta cena é uma das mais estranhas nos livros de Potter, mas J. K. Rowling deixou claro que isso é vital.

Esperando por Harry neste lugar misterioso está ninguém mais que Dumbledore. Isso levanta uma nova conexão com Heidegger, que sustentava que devemos observar nosso passado para descobrir novas possibilidades de compreender a vida. Uma de suas sugestões mais importantes é de que precisamos escolher nosso herói do passado, um exemplo que podemos usar para nos guiar e ajudar a entender nossas experiências. Heidegger propõe que tenhamos um diálogo com esse

---

328. Ibid., p. 698.

herói que já partiu, ganhando assim percepções que foram obtidas de suas próprias experiências.

Portanto, quem melhor para Harry encontrar nesta conjuntura crítica do que o amado Dumbledore, que sofreu a morte há não muito e que devotou tanto de sua vida na luta contra Voldemort? Sem mencionar que Dumbledore era, como Harry costumava dizer, o maior bruxo de todos os tempos.

Um bruxo tão poderoso, alguém poderia presumir, seria como um rei neste lugar, mas não é assim. Ele é apenas o amável, espirituoso e paciente Dumbledore. Ele certa vez desejara o poder e a glória até que percebeu, para sua decepção e vergonha, quão perigosas essas ambições são, em especial para ele próprio. O Dumbledore que vemos agora é o sábio e gentil diretor que todos conhecemos e amamos, aquele que, por sua própria confissão, é o melhor Dumbledore.

Esta estação misteriosa, King's Cross, evoca a ideia do Purgatório, o lugar da penitência após a morte, do castigo como pena e do crescimento espiritual na doutrina católica. Quando Dumbledore esclarece com paciência a Harry sobre tudo o que estava envolvido em seu plano de batalha contra Voldemort, vemos mais do que simples respostas a charadas, vemos arrependimento e redenção. "Pela primeira vez, desde que Harry conhecera Dumbledore, ele parecia menos que um ancião, muito menos. Ele parecia, por um breve instante, um garotinho que fora apanhado fazendo algo errado."[329] Também testemunhamos um pedido de desculpas e uma confissão totalmente maduros de Dumbledore, lágrimas e tudo o mais. Não é que Dumbledore em si fosse mau ou que agora estivesse sendo pego em alguma grande mentira ou maldade. Mas Dumbledore tinha sido imperfeito e seus erros, em especial aqueles de sua juventude, causaram grande dano. Agora, na morte, Dumbledore assume e enfrenta seus erros passados e como resultado torna-se mais sábio e feliz.

Em contraste extremo a Dumbledore na cena de King's Cross está a criatura hedionda de Voldemort. Pode-se apenas presumir que a atrocidade repulsiva e deformada presente na estação de trem seja a imagem da parte vencida da alma de Voldemort. Parece que as decisões tomadas por Voldemort afetaram sua alma para além de qualquer restabelecimento, como Dumbledore aponta no seguinte diálogo:

---

329. Ibid., p. 712-713.

Harry olhou de relance sobre seu ombro para onde a pequena criatura mutilada tremia embaixo da cadeira.
"O que é aquilo, Professor?"
"Algo que está além da possibilidade de receber ajuda de qualquer um de nós", disse Dumbledore.[330]

Dumbledore coloca em palavras ainda mais claras ao discutir com Harry se este voltará a viver para terminar seu trabalho ou se somente prosseguirá para o misterioso além. "'Eu acho', disse Dumbledore, 'que se você escolher voltar, existe uma chance de que ele [Voldemort] seja liquidado para sempre. Não posso prometê-lo. Mas eu sei, Harry, que você tem muito menos a temer de seu retorno para cá do que ele o tem.'"[331]

De forma irônica, é o medo equivocado que Voldemort tem da morte que o levou aos atos indescritíveis que destruíram qualquer traço de bondade nele, mas é *devido* a tais escolhas que Voldemort, agora, *de fato*, tem motivos para temer a morte.

Vale observar que *O Senhor dos Anéis*, de J. R. R. Tolkien, classificado, tal qual Potter, como um dos mais populares épicos de fantasia de todos os tempos, repete este motivo da busca-pela-imortalidade. Como Tolkien observou em suas *Cartas*, o tema real de *O Senhor dos Anéis* não é o poder ou a resistência heroica ao mal, mas "A morte e o desejo pela imortalidade".[332] Sauron, o Senhor das Trevas, derrama boa parte de sua força vital no Um Anel, atando sua própria existência encarnada ao Anel de forma irreversível. Este anel é o catalisador de muito mal e deve ser, por fim, destruído. Vejamos o que esse motivo representa e que percepções ele pode trazer para nossas vidas.

Colher Um Destino

Diz-se que o grande psicólogo e filósofo norte-americano William James (1842-1910) escreveu certa vez à margem de uma cópia de seu

---

330. Ibid., p. 708.
331. Ibid., p. 722.
332. *The Letters of J. R. R. Tolkien*, editado por Humphrey Carpenter (Boston: Houghton Mifflin, 1980), p. 262. Talvez o exemplo mais claro da busca pela imortalidade nos escritos de Tolkien seja a invasão de Aman, o Reino Abençoado, por Ar-Pharazôn e os homens de Númenor em *The Silmarillion* (Londres: George Allen & Unwin, 1977), p. 279. Os Numenorianos queriam tomar a imortalidade dos deuses (os Valar) à força e foram destruídos por sua impiedade. Para uma discussão esclarecedora do tema nas obras de Tolkien, veja Bill Davis, "Choosing to Die: The Gift of Immortality in Middle-earth", em *The Lord of the Rings and Philosophy: One Book to Rule Them All*, editado por Gregory Bassham e Eric Bronson (Chicago: Open Court, 2003), p. 123-136.

livro *Psychology: Briefer Course* as seguintes linhas: "Semeie um pensamento, colha uma ação; semeie uma ação, colha um hábito; semeie um hábito, colha um caráter; semeie um caráter, colha um destino". A ideia é começar no que é pequeno e terminar no que é grande; nossos pensamentos levam a ações, que ao se tornarem hábitos produzem um caráter e, por último, um destino. O destino de Voldemort, como revelado na cena em King's Cross, é o resultado de uma vida inteira de escolhas que o colocaram em uma trajetória fatal para a destruição.

Esta cena levanta uma possibilidade que pareceria um tanto estranha para Heidegger. Depois de ter sido educado como católico, e considerado com seriedade o sacerdócio, Heidegger abraçou o ateísmo, abandonando a crença no além-vida. Ele uma vez descreveu sua filosofia como uma "espera por Deus", uma frase que inspirou a famosa peça de Samuel Beckett *Waiting for Godot* [Esperando Godot]. Mas longe de pensar que o ateísmo priva a vida de sentido ou significado, Heidegger acreditava que nossa mortalidade fez com que escolher como vamos viver essa vida seja crucial. De seu ponto de vista, a morte representa tanto o último evento individualizador quanto a culminação do processo pelo qual cada um de nós forma nossa essência por meio de nossas escolhas, porque cada um de nós deve passar sozinho pela porta da morte.

A visão de Rowling é, ao mesmo tempo, semelhante e diferente. A criatura Voldemort na estação está fadada a um destino imutável. Ela representa a culminação do seu desenvolvimento de caráter, um processo que está completo. Voldemort não apenas praticou o mal; ele tornou-se mau. Ele está, como diz Dumbledore, além de qualquer possibilidade de receber ajuda. Ele escolheu seu destino e é horrendo. Como James teria dito, os pensamentos de Voldemort levaram a ações, depois a hábitos, daí ao caráter e, por fim, ao destino. Aristóteles observou como nossas ações colocam-nos em uma trajetória, transformando-nos, de maneira gradual, em tipos particulares de pessoas, cada escolha moldando um pouco mais nossas almas. O retrato que Rowling faz do destino aterrorizante de Voldemort representa a culminação última de tal processo se, ao contrário da visão de Heidegger, não deixarmos de existir com a morte mas, em vez disso continuarmos a viver com as consequências daquilo que nos tornamos.

Em outras palavras, podemos dizer que na morte iremos nos transformar *por completo* em quem fomos no processo de transformação e agora devemos viver com nosso eu escolhido para sempre. Dumbledore era imperfeito, mas demonstrou remorso por seus erros e foi libertado de seus efeitos danosos. De modo semelhante, as imagens fantasmagóricas daqueles que Harry amou, e que o acompanharam até a Floresta Proibida, também refletem as pessoas bondosas e amáveis que tinham sido em vida, algo visível em sua aparência e conduta. Lílian Potter é aquela que dá apoio e sustentação; Tiago Potter e Remo Lupin são aqueles que tranquilizam; Sirius Black é despreocupado e até um pouco petulante, tal qual nos lembramos dele.

Voldemort, ao contrário, recusa-se com obstinação a deixar o caminho de perdição que impôs a si próprio, durante todo o trajeto até o final. E não que Voldemort não tenha tido suas chances. Nos minutos restantes de sua vida, Voldemort rejeita, com teimosia, a única coisa que pode salvá-lo: o remorso. Enfrentando um terrível, ainda que vulnerável, Voldemort, Harry ainda tenta oferecer um caminho de redenção: "Mas antes que você tente me matar, eu o aconselharia a pensar no que fez... Pense e tente sentir algum remorso, Riddle... É a sua última chance... É tudo o que lhe resta... *Eu vi o que você será dessa outra maneira...* Será um homem... tente... tente sentir algum remorso".[333]

É claro que remorso não é algo que Voldemort possa demonstrar e essa é a sua ruína. Ele pode ter mantido sua liberdade de mostrar remorso mesmo naquele último estágio, mas, sem dúvida, o padrão de comportamento que tinha sido tão recorrente tornou exponencialmente mais difícil para ele fazê-lo. Pois, se Aristóteles estiver certo, um comportamento errado que se repete nos torna ainda mais predispostos a continuá-lo e fica mais difícil para resistirmos a ele. Escolhas obstinadas pelo mal, no fim das contas, diminuem a liberdade – se a filosofia de Aristóteles e a ficção de Rowling estiverem corretos. Se tal figura da condição humana e de nosso desenvolvimento moral é precisa, nossas escolhas trazem certas verdades à existência e moldam nosso caráter. James tinha uma crença firme de que somos livres, uma suposição que Heidegger também fez. James ressaltou que essa liberdade, essa liberação de um universo determinista, é o retrato mais íntimo que cada um de nós temos da "verdade no agir":

> Nossos atos, nossos momentos críticos, quando nos parece que estamos fazendo a nós mesmos e crescendo, são as partes do mundo das quais estamos mais próximos, as partes das quais nosso conhecimento é o mais íntimo e completo. Por que não deveríamos acreditar nelas pelo que são? Por que não poderiam ser os reais momentos críticos e

---

333. *As Relíquias da Morte*, p. 741 (ênfase acrescentada).

de crescimento que parecem ser, no mundo – por que não o seminário do ser, onde encontramos a realidade do fazer?[334]

Tal liberdade, se é que existe, é de fato um dos grandes mistérios da vida, pois nos permitiria tomar decisões pautadas em motivos que não são causas; seríamos agentes moral e metafisicamente livres, cujas decisões dão forma aos nossos destinos, mas cujas escolhas não estão escritas na pedra. Tal ideia de liberdade humana não precisa exigir uma negação de que todos os eventos são causados, mas requer alguns eventos causados não por outros eventos, tais como os processos físicos de nossos cérebros, mas por nós, por pessoas.

De acordo com essa visão, nossas ações não refletem apenas quem somos; elas moldam as pessoas em que estamos nos transformando. Voldemort retém, até o fim, a capacidade, embora reduzida, de demonstrar remorso, mas recusa-se a isso e, desse modo, sela seu destino e literalmente se coloca além da redenção. Platão dizia que o mal é feito apenas devido à ignorância. Mas algumas pessoas podem mesmo preferir as trevas à luz por terem cultivado desejos que apenas o vício pode satisfazer? O destino de Voldemort levanta justamente essa questão.

O modo como vivemos e a importância da morte estão conectados de maneiras importantes a questionamentos de ser, tal qual acreditava Heidegger, a morte de fato é o fim ou, como a ficção de Rowling retrata, existe vida após a morte. Tanto Rowling quanto Heidegger destacam o argumento jamesiano de que nossas escolhas aqui moldam nossos destinos: seja nossa essência humana total no momento de nossa morte, no caso de Heidegger, ou a parte de nós que levamos para a próxima vida se a morte não for o fim. O filósofo John Locke (1632-1704) entendia que as coisas que nos proporcionam nossa identidade mais real são nossas lembranças e nosso caráter. A visão de Locke de ser a identidade pessoal conectada de maneira inextricável ao nosso caráter, em conjunto com a possibilidade de que a morte pode não ser nosso fim, reforça a importância de desenvolver o caráter correto para o exato sentido do infinito, pois esse será o caráter ao qual poderemos estar apegados por tempo mais longo que a vida, um caráter que é o resultado de nossas próprias escolhas casuais antes de ser algo inevitável.

Em um de seus argumentos mais famosos, o filósofo alemão Immanuel Kant afirmou que para assegurar a harmonia definitiva da virtude e da felicidade, temos de supor a existência de um além-vida.

---

334. Essa é uma citação da última palestra de James em Harvard, dada em 6 dez. 1906. Citada em Robert D. Richardson, William James em *Maelstrom of American Modernism* (Nova York: Houghton Mifflin Company, 2007), p. 287.

Antes dele, o filósofo francês Blaise Pascal (1623-1662) surpreendia-se com a quantidade de pessoas que traçam sua ética e seguem suas vidas indiferentes à questão da existência ou não de vida após a morte:

> A imortalidade da alma é algo de importância tão vital para nós, afetando-nos de maneira tão profunda, que uma pessoa deve ter perdido toda a sensibilidade para não se importar em saber os fatos sobre a questão. Todas as nossas ações e pensamentos devem seguir caminhos tão diferentes, de acordo com a existência ou não de esperança em uma bênção eterna, que a única forma possível de agir com sensatez e discernimento é decidir nosso trajeto à luz desta visão, que deve ser nosso objetivo último.[335]

Heidegger notou, de maneira correta, que se a morte é o nosso fim eterno, isso tem implicações para o sentido e a moralidade. O reverso dessa mesma moeda é que se a morte *não é* o fim, mas apenas o início, implicações ainda maiores se seguem.

Nos primeiros volumes de sua série, Rowling é ambígua quanto a ser a morte o fim ou tão somente o início em seu mundo de ficção. Em *A Pedra Filosofal*, Dumbledore, em uma demonstração característica de sabedoria e conhecimento antecipado, diz a Harry que "para a mente bem organizada, a morte é apenas a próxima grande aventura".[336] Ainda assim, restou obscuro em que, em termos exatos, consistia a grande aventura e se ela incluía vida além do túmulo. Agora, no entanto, o escopo da aventura é trazido de maneira mais completa à luz.

Um dos aspectos mais fascinantes da ficção mágica de Rowling é o desenvolvimento convincente dos personagens. Personagens imperfeitos e com falhas morais debatendo-se com escolhas profundas entre o que é bom e o que é fácil oferecem uma percepção da "fibra moral" de personagens com os quais passamos a nos importar. Acrescentado ao drama e emprestando maior potência à observação do progresso e retrocesso dos personagens em direção àquilo que serão em definitivo temos o reconhecimento lúcido de Rowling da mortalidade humana. Muito além daquele foco heideggeriano, no entanto, está isso: se o retrato ficcional que Rowling faz da vida após a morte captura um aspecto da realidade, as escolhas que fazemos nesta vida podem implicar consequências muito maiores do que poderíamos imaginar se a morte, o último inimigo, nunca fosse destruída.

---

335. Blaise Pascal, *Pensées*, traduzido para o inglês por A. J. Krailsheimer (Londres: Penguin, 1966), p. 427.
336. *A Pedra Filosofal*, p. 297.

Por que Harry e Sócrates decidem morrer:

A virtude e o bem comum

Michael W. Austin

O que Harry Potter e Sócrates (470-399 a.C.) têm em comum? Pelo menos um ponto importante, como se verá. Tanto Harry quanto Sócrates decidem morrer por motivos muito importantes.

Realização para Trouxas e Bruxos

Antes de considerarmos as decisões de maior importância de Harry e Sócrates, precisamos refletir um pouco acerca da realização ou satisfação humana. Aspectos significativos da realização humana estão sob o domínio da ética, que é o ramo da filosofia que se concentra no modo como devemos viver e que espécie de pessoas devemos ser. Muitos filósofos acreditam que as questões de ética estão ligadas, de forma intrínseca, à natureza humana e que para ser feliz e realizado enquanto ser humano, deve-se viver uma vida moral.

Por que Sócrates entrega sua vida por suas convicções, e por que Harry está disposto a fazer o mesmo em *As Relíquias da Morte*? De modo geral, por que ser ético afinal? Em *A República*, o discípulo de Sócrates, Platão, oferece uma resposta a essa pergunta. Platão (427-347 a.C.) argumenta que para sermos realizados enquanto seres humanos, devemos ser éticos. Para Platão, ser uma pessoa de moral é necessário e suficiente para a felicidade verdadeira. Isso significa que para ser feliz de verdade, devemos viver de forma moral. Isso também significa que, se vivermos moralmente, seremos felizes de verdade. Neste ponto, Platão expressa as mesmas opiniões de seu mentor, Sócrates. E, assim como Harry tem um inimigo em Lorde Voldemort, Sócrates tem seus próprios inimigos, em aspectos filosóficos e outros.

Voldemort e os Sofistas

Uma parte crucial do drama dos livros de Harry Potter é o conflito que ocorre não apenas entre as varinhas dos bruxos – embora seja muito legal – mas entre as visões de mundo de Harry e Voldemort. Nesse conflito, eles representam, respectivamente, as visões de Sócrates e de seus oponentes, os sofistas.[337]

Os sofistas eram um grupo de professores – que só atuavam se contratados – com alta qualificação na arte da retórica e pouquíssima preocupação com a verdade. Se tivessem equivalentes contemporâneos, os melhores candidatos seriam publicitários inescrupulosos ou marqueteiros políticos. De acordo com os sofistas, a pessoa justa e moral sempre obtém menos vantagem do que a pessoa injusta. A imoralidade é vantajosa, porque sendo imoral pode-se melhor assegurar o poder, a riqueza e o prazer. Como coloca o sofista Trasímaco em seu debate com Sócrates no Livro I de *A República*,

> Você deve ver a situação desta forma, meu muito ingênuo Sócrates: um homem justo sempre consegue menos do que um injusto. Primeiro, nos contratos entre eles, você nunca verá, quando a parceria termina, que o parceiro justo conseguiu mais do que o injusto, mas, sim, menos. Segundo,

---
337. Kelly James Clark e Anne Poortenga, *The Story of Ethics: Fulfilling Our Human Nature* (Upper Saddle River, NJ: Prentice Hall, 2003), p. 7-23. Este livro curto e bem escrito trata do tema do relacionamento entre a ética e a realização humana desde os tempos antigos até a atualidade e vale a pena ser lido por aqueles que se interessarem em buscar algo mais sobre o assunto. Muito do que segue foi retirado desse trabalho. Veja também *A República* de Platão.

em questões relativas à cidade, no que tange aos impostos a serem pagos, um homem justo paga mais pela mesma propriedade, um injusto, menos... Quando cada um deles detém uma posição de comando em algum departamento público, um homem justo, ainda que não seja penalizado de outras formas, percebe seus negócios privados prejudicados porque tem que negligenciá-los, não obtém vantagens dos cofres públicos devido à sua justiça e é odiado por seus parentes e conhecidos quando não está disposto a fazer-lhes um favor injusto. O oposto quanto a um homem injusto é verdadeiro em todos esses aspectos.[338]

O homem injusto consegue ganhar mais riqueza porque tira vantagem dos outros para tanto. Ele não se abstém de fazer isso por seus compromissos morais, como o faz o justo. Este raciocínio aplica-se não apenas na perseguição da riqueza, mas também na busca pelo poder e pelo prazer. Se o injusto consegue com que os outros confiem nele, então se tornam vulneráveis a ele. Vemos Voldemort fazer isso o tempo todo, não apenas com seus inimigos, mas até mesmo com seus seguidores. Eles confiam nele o suficiente para se colocarem à sua mercê e ele em regra os faz pagar por tal confiança uma vez que não mais precise deles. Quando confiança e vulnerabilidade estão presentes, o injusto pode então manipular e explorar os outros para seu próprio proveito na obtenção de poder, prazer e riqueza.

Platão, por meio do personagem de Sócrates neste diálogo, elabora um contra-argumento às opiniões dos sofistas e daqueles que concordam com eles. O primeiro ponto do argumento explica o motivo pelo qual viver uma vida moral beneficia a pessoa moralmente boa. O segundo ponto tem a ver com a virtude intrínseca de ser uma pessoa ética.

Primeiro, Platão argumenta que haverá justiça no além-vida, porque os justos e os injustos receberão o que merecem.[339] Sócrates, durante seu julgamento antes de sua morte, adverte àqueles que o estão acusando de que todos, e ele também, receberão o que merecem na próxima vida. Sócrates adota a visão de que aqueles que buscam a virtude serão recompensados no além-vida, enquanto os que se ocupam apenas consigo mesmos não o serão.

Esta espécie de justiça cósmica torna-se importante próximo ao final de *As Relíquias da Morte*, quando Harry é atacado por Voldemort

---

338. Platão, *A República*, traduzido para o inglês por G. M. A. Grube, revisado por C. D. C. Reeve (Indianápolis: Hackett, 1992), p. 19-20.
339. Veja o Livro X de *A República*, 621a-621d.

na Floresta Proibida. Depois de ser atingido pela maldição mortal, Harry retoma a consciência em uma estranha névoa brilhante diferente de qualquer coisa que já tenha visto. Ele ouve um som patético, de lamento e encontra sua fonte. "Tinha a forma de uma pequena criança nua, encolhida no chão, a pele ferida e áspera, esfolada em carne viva, e jazia trêmula sob um assento onde tinha sido deixada, indesejada, jogada fora de vista, lutando para respirar." Depois de Harry considerar oferecer-lhe conforto e não conseguir fazê-lo, ele ouve as palavras "Você não pode ajudar".[340] É a voz do já falecido amigo e mentor de Harry, Alvo Dumbledore. Como agora já sabemos, Harry é a sétima Horcrux. E a fraqueza de Voldemort, que ele acreditava ser sua força, era o fato de ele não valorizar nem procurar entender a amizade, a lealdade, a inocência, as fábulas infantis, ou, mais importante, o amor. Dumbledore diz a Harry que essas coisas têm um poder maior do que o próprio Voldemort já teve e constituem uma verdade que ele nunca conseguirá captar.

Existe justiça no além-vida. A criatura deplorável, trêmula, que geme na névoa, parece ser Voldemort, ou ao menos um retrato da sina de Voldemort no além-vida, a menos que, diz Harry mais tarde, ele "tente sentir algum remorso". Mas o Lorde das Trevas apenas fica mais enfurecido e tenta matar Harry. Tom Riddle acaba morrendo, definindo seu futuro na próxima vida por suas escolhas nesta. A imagem não é de punição, como o pregador do fogo e do enxofre pode proclamar, mas antes uma imagem na qual é permitido que Voldemort experimente, de forma justa, o resultado de suas escolhas nesta vida.[341]

As pessoas que vivem conforme a justiça não precisam esperar até o além-vida para receberem sua recompensa. De acordo com Platão, a justiça é boa em si mesma porque a vida moral é também a vida feliz. Platão, no entanto, não entende *feliz* no sentido em que, em geral, usamos o termo, como em "Estou feliz que os Chiefs ganharam" ou "Estou feliz que hoje seja sexta-feira". O tipo de felicidade a que Platão se refere é um contentamento interior profundo e sustentável, virtudes moral e intelectual e bem-estar. Tal estado exige que sejamos éticos, que a razão governe a alma. Para Platão, a razão é o aspecto da alma humana que deseja o conhecimento, inclusive o conhecimento da realidade moral. O espírito é o aspecto da alma que deseja a honra e se enfurece, e apetite ou desejo é o aspecto da alma que deseja comida, bebida, sexo e

---

340. *As Relíquias da Morte*, p. 706-707.
341. Para ler mais sobre esse tema, veja o capítulo 17 deste volume, "Além de Godric's Hollow – A vida após a morte e a procura pelo sentido", de Jonathan e Jerry Walls.

outros prazeres do corpo. Quando a razão governa o espírito e o apetite, existe uma harmonia interior que constitui a felicidade verdadeira. Uma pessoa com as quatro "virtudes cardinais" da sabedoria, moderação ou temperança, coragem e justiça é a pessoa feliz de verdade. A pessoa virtuosa está em um estado de harmonia e saúde espiritual.

A história de Harry ilustra as concepções de Platão. Harry não é, em absoluto, perfeito, mas apresenta muitas das virtudes de Platão. Harry busca a sabedoria por meio dos conselhos de Dumbledore e, em geral, demonstra extraordinária coragem, em especial em sua disposição para enfrentar a morte para salvar seus amigos. Harry é dedicado à justiça para bruxos e Trouxas e está disposto a dar sua vida pelo bem comum, se necessário.

Para Platão, a alma imoral é a alma doente e desordenada. Quando prevalece o desejo de alguém por honra, prazer e riqueza, o resultado final é a perturbação interna. Sabemos por experiência que uma vida de covardia, intemperança ou imoderação, insensatez e injustiça também pode levar à perturbação externa. Tais vícios são bastante danosos aos relacionamentos pessoais de alguém, por exemplo. Vemos uma ilustração excelente de tudo isso no personagem de Voldemort. Sua cobiça por poder leva à tristeza interior e isola-o dos outros. O conjunto de imagens dos livros e filmes de Harry Potter revela isso. A aparência física de Voldemort reflete sua vida interior infeliz. Contraste-a com a aparência física de Dumbledore, que reflete a paz e a harmonia interiores que constituem seu caráter de boa (embora imperfeita) moral.

Para Platão, a escolha da vida moral ou ética é a escolha *racional*. [342] Imagine que lhe seja dada uma escolha, talvez com a ajuda mágica de algum bruxo, entre duas vidas. Na primeira, você terá numerosas doenças, sofrerá de dor crônica e acabará morrendo depois de uma longa e lenta batalha contra alguma doença terminal. Na segunda opção, você viverá uma vida livre de quaisquer doenças ou ferimentos sérios e morrerá de velhice enquanto dorme. Se você escolhesse a primeira opção, seria justo supor que você está sendo irracional. Ninguém em seu juízo perfeito escolheria uma vida de doença física em vez de uma de saúde física. A escolha racional é a saúde física.

Da mesma forma, nos é dada uma escolha real, acreditava Platão, entre uma vida de saúde moral e espiritual e uma vida de doença moral e espiritual. A vida moral ou ética é a melhor vida e aqueles que escolhem a vida imoral estão fazendo uma escolha irracional. A escolha racional é a vida justa e moral. Vemos a realidade de tais verdades da

---
342. Veja Clark e Poortenga, *The Story of Ethics*, p. 21.

ética e da natureza humana exemplificadas na história inspiradora de Harry Potter e sua longa luta contra Voldemort. A escolha racional e a escolha certa são a mesma escolha, como mostra Harry.

O Bem Comum *versus* o Bem Maior

No diálogo entre Dumbledore e Harry perto do final de *As Relíquias da Morte*, Dumbledore é bastante honesto com Harry com relação aos seus próprios erros. Um deles aconteceu quando ele era um jovem bruxo e tem a ver com seu relacionamento com Gerardo Grindelwald. Os dois jovens bruxos sonhavam com uma revolução e glória pessoal. Como Dumbledore coloca ao contar esses fatos a Harry,

> Grindelwald. Você não pode imaginar como as ideias dele enredavam-me, Harry, inflamavam-me. Trouxas forçados à subserviência. Nós, bruxos, triunfantes. Grindelwald e eu, os gloriosos jovens líderes da revolução. Ah, eu tinha alguns escrúpulos. Eu abrandava minha consciência com palavras vazias. Tudo seria pelo bem maior e cada dano provocado seria reparado cem vezes em benefício dos bruxos.[343]

J. K. Rowling não está sozinha no ceticismo com relação aos apelos nobres – mas, na realidade, sem qualquer ética – "ao bem maior". Muitos filósofos também suspeitam da noção de bem maior e, em vez disso, apoiam uma ética que inclui a ideia do bem comum.

Qual a diferença entre o bem maior e o bem comum? Essa é uma pergunta difícil, já que, por vezes, as expressões são usadas como sinônimas. A "justificativa" de Dumbledore do mal feito pelos benefícios aos bruxos exemplifica a noção do bem maior. Os danos infligidos a pessoas inocentes são supostamente justificados pelo bem de muitos que virá como resultado. Quando o bem maior é usado como justificativa, os direitos, dignidade e integridade das pessoas estão à disposição de qualquer um, isto é, eles podem ser sacrificados pelo bem da maioria. Alguns podem ser levados a sofrer de maneira injusta a fim de beneficiar outros. De acordo com o plano de Dumbledore e Grindelwald,

---

[343]. *As Relíquias da Morte*, p. 716. A passagem é uma forte reminiscência da tentativa de Saruman de justificar a Gandalf sua aliança traiçoeira com Sauron no livro de J. R. R. Tolkien, *A Sociedade do Anel* (Livro 2, cap. 2): "Podemos esperar o nosso tempo, podemos manter nossos pensamentos em nossos corações, deplorando talvez o mal feito pelo caminho mas aprovando o alto e último propósito: Conhecimento, Lei, Ordem".

os Trouxas sofreriam e seriam forçados à subserviência, mas isso seria sobrepujado pelos benefícios aos bruxos.

Isso é bem diferente do bem comum, pelo qual sacrifícios são feitos pelo bem de *todos*. Um exemplo da história dos Estados Unidos ilustra essa ideia. Parte do apelo do movimento pelos direitos civis era que ele não era bom apenas para os afro-norte-americanos que participavam da luta, mas para todos os membros da comunidade norte-americana. A afirmação de que o bem de todos os norte-americanos sofre quando os direitos de alguns são violados é um apelo ao bem comum. A decisão de Harry de voltar da névoa para lutar contra Voldemort é uma decisão com base no bem comum de Trouxas e bruxos. Dumbledore diz a Harry que existe uma chance de que o Lorde das Trevas possa ser derrotado, de que Harry possa vencê-lo. Voldemort quer construir um novo mundo, mas Harry luta em nome daqueles que sofrerão sob a nova ordem. Com a derrota de Voldemort, a revolução em nome do bem maior é vencida, mas o bem comum é obtido, no qual os direitos, interesses e dignidade de todos são respeitados.

Duas Chaves Para a Boa Vida

Harry estava disposto a dar sua vida em *As Relíquias da Morte* na luta contra o Lorde das Trevas e seus aliados. Sócrates, o professor de Platão, morreu pelo que ele acreditava ser verdadeiro. Sócrates foi acusado de perverter os jovens de Atenas com sua filosofia, mas recusou-se a aquiescer, escolhendo a morte ao exílio. Dumbledore escolheu morrer por algo que Sócrates, seu discípulo Platão, e o discípulo de Platão, Aristóteles, valorizavam – o bem comum. Harry, da mesma forma, está disposto a morrer pelo bem comum, se isso for necessário para derrotar Voldemort.

Alguns podem perguntar se Sócrates, de fato, morreu pelo bem comum. Pode-se demonstrar, contudo, que embora nem Harry nem Sócrates tenham escolhido morrer tão somente pelo bem comum, o bem comum foi um fator significativo nas decisões de ambos em morrer. Sócrates morreu por amor à virtude e à vida examinada e não temeu a morte, em parte devido às suas concepções sobre o além-vida. Pode-se demonstrar também que a morte de Sócrates, como a de um mártir, poderia ter contribuído para o bem comum por meio de seu exemplo de virtude e que isso foi, em parte, intencional.[344]

---

344. Para um relato do julgamento e morte de Sócrates, veja Platão, *Five Dialogues: Euthyphro, Apology, Crito, Meno, Phaedo*, traduzido para o inglês por G. M. A. Grube (In-

Sócrates acreditava que a vida do filósofo é uma vida superior e que o filósofo não tem medo de morrer. De certa forma, sua própria morte foi a demonstração última de sua convicção de que uma vida em busca de sabedoria é o melhor tipo de vida, e sua disposição em morrer por sua convicção é um exemplo que os outros seriam sábios em seguir. Desta maneira, então, a morte de Sócrates poderia ter contribuído para o bem de Atenas. Seus amigos e seguidores, se o seguiram na busca da virtude, também teriam contribuído para o bem de Atenas, inspirados pela vida e morte de Sócrates. Se Atenas realmente se beneficiou da morte de Sócrates e das vidas de seus discípulos que continuaram é uma questão para pesquisa histórica. Mas resta claro que não pode haver bem comum sem bondade pessoal e que Sócrates age como um exemplo para ser imitado pelos outros em sua disposição de morrer por suas convicções.

Da mesma forma, Dumbledore está mais preocupado em derrotar o Lorde das Trevas e seus aliados do que em preservar sua própria vida porque acredita que isso será o melhor para todos. Ele, é claro, quer evitar ser torturado por seus inimigos e quer preservar sua alma. E também está disposto a morrer a fim de evitar que a espionagem de Severo Snape seja revelada. É aqui que o bem comum emerge, uma vez que é evidente o benefício para os opositores de Voldemort em ter um aliado no círculo interno dele. Assim, tanto Sócrates quanto Dumbledore sacrificam suas vidas de boa vontade pela virtude e pelo bem comum.

Existe algo muito importante com relação ao comprometimento de alguém com o bem comum antes do mero interesse próprio (entendido como a busca por poder, prazer, conforto ou riqueza). Voldemort colocava o eu acima de todas as coisas e sua existência não é algo que

---

dianápolis: Hackett, 1981). Existem muitas questões levantadas no diálogo que dão suporte à afirmação de que o bem comum era uma das motivações de Sócrates com relação à sua decisão de morrer. Em *Apology* 29d-30c, Sócrates expressa sua recusa em parar de filosofar em Atenas como uma recusa em parar de chamar seus cidadãos a valorizar a verdade, a sabedoria e o estado de suas almas mais do que valorizam a riqueza e a reputação. Existe uma ligação importante entre o caráter dos cidadãos e o caráter da cidade e Sócrates preferiu morrer a abster-se de contribuir para o bem comum por meio de suas conversas filosóficas nas ruas de Atenas. Ele preferiu dar um exemplo àqueles que continuaram vivendo sobre a importância de uma vida devotada à virtude e ao bem comum. Como ele diz no final dessa passagem: "A riqueza não traz a excelência, mas a excelência faz a riqueza e tudo o mais que é bom ao homem, tanto individual quanto coletivamente". Outros motivos para a decisão de Sócrates em morrer que são relacionadas ao bem comum incluem sua crença de que o deus tinha-lhe dado essa missão (*Apology* 30e), sua preocupação com a reputação de Atenas (*Apology* 34e) e sua crença de que deveria morrer e não fugir de Atenas, porque tinha uma dívida de gratidão para com a cidade (*Crito* 50a-52e).

nós invejemos, mesmo que ele tivesse derrotado Dumbledore e Harry. Harry, no entanto, em seu altruísmo, devoção aos seus amigos e lealdade para com o bem de todos, vive uma vida desejável pela razão e boa em termos morais. A lição aqui é que vivemos melhor quando vivemos por uma causa que é maior do que nós mesmos. Isso é algo como um paradoxo. Aqueles que, como Voldemort, colocam o eu acima de tudo o mais acabam piores do que aqueles que, em geral, colocam o bem comum acima do eu. A melhor vida é a vida moral ou ética.

Há outra lição em tudo isso para aqueles que buscam este tipo de realização e tem a ver com a relação de Harry com Dumbledore. Os leitores da série Potter sabem que a relação de Harry com Dumbledore é vital para seu crescimento e realização. Também é crucial para a realização de seu destino. Uma coisa que tem grande potencial de conduzir a viver uma boa vida – mesmo (ou talvez em especial) para nós, Trouxas – é a presença de um ou mais mentores em nossas vidas que nos guiem, instruam e estimulem ao longo do caminho. Harry tem muitos mentores em diferentes pontos de sua vida, mas nenhum mais significativo do que Dumbledore.

Por que Dumbledore é um mentor tão bom para Harry? Um bom mentor é humilde em reconhecer e compartilhar com precisão suas próprias faltas, como Dumbledore faz ao confessar seus erros passados. Um bom mentor é honesto com seu discípulo, como Dumbledore é quando se refere à impulsividade de Harry em seu diálogo na névoa em King's Cross. Um bom mentor também exalta as virtudes de seu protegido, como faz Dumbledore naquele mesmo diálogo quando ressalta a coragem, o altruísmo e a disposição de Harry para enfrentar a morte. Por fim, um mentor é capaz de encorajar seu discípulo em momentos críticos de sua vida. Já vimos como Dumbledore desempenha um papel crucial na realização do destino de Harry durante sua conversa na névoa. Existe, contudo, outro ponto essencial, em *A Ordem da Fênix*, no qual a presença e as palavras de Dumbledore fazem toda a diferença para Harry.

Após a morte de Sirius Black e de um confronto com Voldemort, Harry e Dumbledore usam a chave do portal de volta para a sala de Dumbledore, onde têm uma de suas conversas mais importantes. Harry está furioso e uma parte dele pensa em desistir da batalha contra o mal. Depois que Dumbledore explica o motivo de manter-se distante de Harry, ele oferece as palavras que Harry necessita ouvir a fim de concretizar seu destino. Dumbledore reconta tudo o que aconteceu nos cinco anos desde a chegada de Harry a Hogwarts e expressa seu orgulho por tudo o que ele fez. Em essência, ele diz a Harry que este tem tudo o que é preciso para realizar seu destino, porque tem o caráter para tanto. Dumbledore explica, então, a profecia perdida para Harry, que o aponta como a única pessoa capaz de derrotar Voldemort. A fé de Dumbledore na capacidade de Harry em derrotar Voldemort por fim o capacita a fazê-lo. E é a incapacidade de Voldemort em entender o poder do amor que sacrifica a si próprio que prova, em definitivo, sua ruína. Esta espécie de amor abrange virtude e bem comum, e é a razão pela qual Harry e Sócrates optam pela morte.

Voltando do reino de Hogwarts para nossas próprias vidas de Trouxa, podemos tirar duas lições práticas relacionadas à realização humana. Primeiro, se quisermos viver boas vidas, devemos ser devotados a algo maior que nós mesmos. Lílian Potter, Dumbledore e Harry decidiram morrer porque acreditavam que a vida era mais do que eles próprios e que a melhor vida que alguém pode viver é uma vida devotada ao bem comum de toda a humanidade. Felizmente, esse tipo de amor não é apenas coisa de literatura fantasiosa e heróis imaginários como Harry Potter, mas de heróis reais como Martin Luther King Jr., Gandhi, Jesus e Sócrates. Segundo, se quisermos uma boa vida, precisamos de um mentor também. Precisamos de alguém que possa nos oferecer e guiar na percepção e sabedoria das grandes questões da vida e das pequenas escolhas diárias que formam a substância de nossas respostas e de nossas vidas. Essas escolhas também formam a substância do caráter de cada pessoa.

O mentor pode ser um pai ou mãe, um treinador ou um líder comunitário de alguma espécie. Leitores têm a vantagem de não estarem limitados ao presente. Eles podem ser orientados por algumas das maiores mentes da história, tais como Aristóteles, Confúcio e Jesus, para mencionar apenas alguns. Uma leitura atenta à *Ética a Nicômaco* de Aristóteles, ao livro de Mateus no Novo Testamento ou à "Carta da Prisão de Birmingham" de Luther King nos permite ultrapassar as lacunas de tempo e espaço para aprender com algumas das pessoas mais sábias que já caminharam sobre a Terra. No plano ideal, nossos mentores poderão acompanhar-nos durante nossas vidas, como Dumbledore faz com Harry. E por fim, se estivermos comprometidos com o bem comum, também seremos mentores para outros, seja no contexto de nossos lares, nossos empregos ou nossas organizações religiosas ou comunitárias.

O Fim da História

No fim das contas, a reflexão filosófica sobre a ética deveria ter um impacto em nossas vidas diárias. Assim, considere a seguinte questão: Quem você prefere ser, Harry ou Voldemort? Para qualquer amante verdadeiro da virtude e do bem comum, a resposta é clara. O que pode ser menos claro para alguns, mas não é menos verdadeiro, é que sua resposta deve permanecer a mesma ainda que Voldemort tivesse vencido. O valor do amor, na sua melhor forma, não é diminuído quando o amor é aparentemente derrotado. Para enfatizar esse ponto, encerro com as sábias palavras de Alvo Dumbledore para Harry Potter, o garoto que viveu e por fim venceu: "Você é o verdadeiro mestre da morte, porque o verdadeiro mestre não procura fugir da Morte. Ele aceita que deve morrer e entende que existem coisas muito, muito piores no mundo dos vivos do que morrer".[345]

---

345. *As Relíquias da Morte*, p. 720-721.

Colaboradores

O corpo docente de Hogwarts (para os Trouxas)

Beth Admirall, professora associada de ciência política da King's College na Pensilvânia, é uma cópia perfeita de Lílian Potter, exceto por não ter cabelos ruivos ou olhos verdes, nunca ter conjurado um feitiço, em nenhum momento ter chamado seu futuro marido de "arrogante desprezível" e ver por raras vezes o valor de uma pessoa antes que a pessoa veja o valor de si própria. Ela, contudo, vê de verdade o valor de estudar relações internacionais.

Michael W. Austin leciona filosofia na Eastern Kentucky University, com ênfase em ética e filosofia da religião. Tem artigos publicados em periódicos sobre ética, filosofia do esporte e filosofia da religião. Seus livros publicados incluem *Conceptions of Parenthood: Ethics and the Family* (Ashgate, 2007), *Running and Philosophy: A Marathon for the Mind* (Blackwell, 2007) e *Football and Philosophy: Going Deep* (University Press of Kentucky, 2008). Ele adoraria tentar jogar Quadribol, mas não consegue encontrar uma Firebolt em lugar nenhum.

Gregory Bassham leciona em King's College na Pensilvânia, onde se especializa em filosofia do direito e pensamento crítico. Ele escreveu *Original Intent and the Constitution: A Philosophical Study* (Rowman & Littlefield, 1992), foi coautor de *Critical Thinking: A Student's Introduction* (McGraw-Hill, 4. ed., 2011) e coeditor de *The Lord of the*

Rings and Philosophy: One Book to Rule Them All (Open Court, 2003); *The Chronicles of Narnia and Philosophy: The Lion, the Witch, and the Worldview* (Open Court, 2005); *Basketball and Philosophy: Thinking Outside the Paint* (University Press of Kentucky, 2007); e *The Hobbit and Philosophy* (em breve, Wiley). Greg espera aposentar-se cedo para passar mais tempo com o que resta de seus cabelos.

Catherine Jack Deavel é professora associada de filosofia na Universidade de St. Thomas em St. Paul, Minnesota, e também editora associada da American Catholic Philosophical Quarterly. Ela faz parte do conselho executivo da American Catholic Philosophical Association.

David Paul Deavel é editor associado da *Logos: A Journal of Catholic Thought and Culture* e editor colaborador para a revista *Gilbert*. O trabalho de colaboração de Deavel inclui artigos na *Logos*, na *New Blackfriars* e na *St. Austin Review*, bem como dois capítulos sobre filosofia e cultura popular. Isso também inclui quatro filhos – e eles pretendem ter mais filhos do que os Weasley, apesar de cabelos ruivos não estar nos genes.

S. Joel Garver leciona filosofia em La Salle University, com ênfase no ensino de calouros, cursos interdisciplinares, epistemologia e teologia filosófica. Ele fez apresentações recentes sobre a profecia em Boaventura e Aquino, South Park e ontologias da violência e o fenômeno da revelação divina. Após o desaparecimento da Olivaras, Joel acabou fazendo ele próprio sua varinha, embora se questione se o bigode de seu gato seja um núcleo adequado.

Tamar Szabó Gendler é professora de filosofia e catedrática do programa de ciência cognitiva na Yale University. Sua pesquisa tem foco principal em questões de epistemologia, psicologia filosófica, metafísica e estética. É autora de *Thought Experiments: On the Powers and Limits of Imaginary Cases* (Routledge, 2000) e uma das editoras de *Conceivability and Possibility* (Oxford, 2002), *Perceptual Experience* (Oxford, 2006), e *The Elements of Philosophy: Readings from Past and Present* (Oxford, 2008). Ela não tem tido sucesso em seus esforços para permitir que os alunos substituam as NIEMs por SATs nas inscrições para escolas da Ivy League.

John Granger escreve e realiza palestras sobre a área comum entre literatura, filosofia, fé e cultura. Ele publicou artigos na *Touchstone*, fez as aberturas de numerosas conferências acadêmicas e de fãs e em universidades conceituadas desde Princeton até Pepperdine e é autor de vários livros sobre Harry Potter, incluindo *How Harry Cast His Spell* (Tyndale, 2008), *The Deathly Hallows Lectures* (Zossima, 2008) e *Harry Potter's Bookshelf* (Penguin, 2009). John também foi finalista da divisão de elfos domésticos da edição de 2006 do "Sorriso Mais Vencedor" Bruxo Semanal. Ele mora com sua esposa, Mary, e seus sete anões, que amam Harry, na Pensilvânia.

Allan J. Kellner é graduando em filosofia pela University of Chicago em humanidades no programa de mestrado em artes (MAPH). Seu principal interesse em filosofia é a interação entre metafísica, ética e política na história da filosofia. Apesar de frequentar uma universidade em Chicago, mora em Milwaukee, Wisconsin. Ele, na verdade, descobriu uma rede de Flu que passa entre as duas, que é o seu transporte todos os dias. Quando não está lendo ou escrevendo, cuida de seu gato, Platão.

Amy Kind, cuja especialidade é filosofia da mente, leciona em Claremont McKenna College. Sua pesquisa apareceu em periódicos como *Philosophy and Phenomenological Research*, *Philosophical Studies* e *The Philosophical Quarterly* e também escreveu anteriormente sobre tópicos de filosofia e cultura popular tais como *Battle Galáctica*, *Star Trek*, *The Hobbit* e *Angel*. Quando ela, há pouco tempo, fez um teste de identidade Harry Potter *on-line*, ficou bastante consternada em descobrir que tinha o perfil mais próximo do de Percy Weasley.

Andrew P. Mills é diretor do departamento de religião e filosofia da Otterbein College, onde lecionou em quase todos os cursos de filosofia existentes. Tem interesse por metafísica, metafilosofia e pedagogia da filosofia e publicou artigos no *Canadian Journal of Philosophy*, *Philosophical Papaers* e *Teaching Philosophy*. Seu artigo "What's So Good about a College Education?" tem sido usado em escolas por todo o país para explicar aos alunos a natureza e o valor de uma educação liberal ou geral. Atualmente, está trabalhando para aperfeiçoar o feitiço (abecede), que atribuirão notas às suas provas em um piscar de olhos.

Tom Morris, depois de lecionar filosofia na Notre Dame por quinze anos, tornou-se um filósofo público e, desde então, tem alcançado milhões de Trouxas pelo mundo afora por meio da magia da televisão, do rádio e da internet e em palestras sobre tópicos que variam de ética negocial e excelência até a lista de leituras favoritas de Dumbledore. É autor de cerca de vinte livros, incluindo *If Harry Ran General Electric* (Doubleday, 2006), *Philosophy for Dummies* (IDG Books Worldwide, 1999), *True Success* (Berkley Books, 1994), *The Art of Achievement* (MJF Books, 2003), *If Aristotle Ran General Motors* (Henry Holt and Co.*,* 1997), *Making Sense of It All* (W. B. Eerdmans, 1992), e *The Stoic Art of Living* (Open Court, 2004). Ele pode muito bem Aparatar para uma cidade próxima de você se você contatá-lo no Twitter, onde está sempre em contato com seus seguidores, como TomVMorris; no blogue *Huffington Post*, onde faz postagens semanais; ou por meio de seu *website* mágico: www.MorrisInstitute.com.

Jeremy Pierce é estudante de PhD na Syracuse University em Nova York; trabalha com metafísica, filosofia da raça e filosofia da religião. Ele é também instrutor-adjunto na Le Moyne College, onde leciona filosofia comum, e na Escola de Magia e Bruxaria de Hogwarts, onde ensina as diversas formas de descobrir o futuro por meio de magia e as muitas maneiras de não mudar o passado com Vira-tempos. Só depois de ter seus filhos compreendeu que dormir é importante demais para usar Vira-tempos para estar mais atento durante o dia.

Regan Lance Reitsma, professor assistente de filosofia na King's College, trabalha na área de ética, em especial a normatividade moral, quando não está lutando contra Voldemort (ninguém tem coragem de dizer-lhe que ele não é real). Ele recebeu um "T" [Trasgo] em suas provas de graduação e inventou um *e-mail* uivador. Se nenhuma resposta é recebida em três dias, o computador do destinatário começa a tocar bem alto "Muskrat Love".

Eric Saidel ensina filosofia na George Washington University. Seus interesses têm a ver com a relação entre a mente e o corpo. Se fosse um Animago, gostaria de pensar que a forma que assumiria seria a de um hipogrifo. Ele tem certeza de que seria muito imponente e digno para correr atrás da própria cauda (mas temos nossas dúvidas).

Scott Sehon leciona filosofia na Bowdoin College, incluindo cursos sobre temas como mente, linguagem, religião, direito e lógica. Seu trabalho de pesquisa tem ênfase em filosofia da mente, uma área na qual já publicou vários artigos e um livro intitulado *Teleological Realism:*

Mind, Agency, and Explanation (MIT Press, 2005). Ele espera começar uma prática de aconselhamento filosófico, na qual tratará de dementadores anormais que sofrem de felicidade crônica.

Anne Collins Smith leciona filosofia e estudos clássicos na Stephen F. Austin State University. Ela tem lecionado, publicado e feito palestras sobre filosofia na cultura popular, bem como sobre filosofia medieval. Ao ministrar um curso superior sobre a filosofia de Harry Potter ficou maravilhada ao descobrir que alunos que leram livros de mais de 700 páginas por diversão também estão dispostos a ler ótimos trabalhos enormes de Aristóteles e outros filósofos. Adora atormentar seus alunos de Latim Intermediário com trechos do livro de Peter Needham, *Harrius Potter et Philosophi Lapis*, no qual Snape dá uma demonstração especialmente impressionante do uso do subjuntivo nas questões indiretas. Ela é da opinião de que os alunos em Hogwarts deveriam aprender latim também, mas até agora não recebeu nenhuma resposta à sua inscrição para a cadeira.

Charles Taliaferro é professor de filosofia na St. Olaf College. Ele escreveu ou editou onze livros, incluindo *Evidence and Faith* (Cambridge University Press, 2005) e uma coletânea de ensaios sobre o amor chamada *Love, Love, Love* (Cowley Press, 2006), que contém uma "Modesta Defesa à Magia". Na maioria de seus cursos, que são realizados no Holland Hall em St. Olaf (que lembra Hogwarts), Taliaferro inclui uma seção de Defesa Contra as Artes das Trevas.

Jerry L. Walls é atualmente assistente de pesquisa sênior no Centro de Filosofia da Religião na University of Notre Dame e autor de diversos livros, incluindo *Heaven: The Logic of Eternal Joy* (Oxford University Press, 2002) e *The Chronicles of Narnia and Philosophy* (Open Court, 2005; editado em conjunto com Gregory Bassham). Ele também escreveu vários artigos sobre cultura popular e filosofia. Alguém, a toda evidência, colocou um Encantamento Repelente de Trouxas em seu cortador de grama. Toda vez que chega perto dele, Jerry lembra-se de repente de um compromisso urgente e tem escrever rapidamente.

Jonathan L. Walls, filho de Jerry, é um ex-músico e aspirante a cineasta que mudou para sua carreira atual depois de repetidas rejeições pelo grupo As Esquisitonas. Ele terminará a escola de cinema em breve e é também uma espécie de proselitista de Potter, tendo levado muitas pessoas para as alegrias da série de Rowling.

David Lay Williams é professor associado de filosofia e ciência política na University of Wisconsin – Stevens Point. Publicou artigos na *History of Political Thought*, *The Journal of the History of Ideas*, *Polity*, *Telos* e *Critical Review* e é autor do livro *Rousseau's Platonic Enlightenment* (Penn State University Press, 2007). Qualquer semelhança entre David e Harry Potter é mera coincidência.

O Índice do Maroto

A

Academia, 124, 128
Acton, Lorde, 111, 122
Adler, Mortimer, 202, 203, 205
ágape, 59, 60
Agostinho, Santo, 167, 168
Alcibíades, 123
além-vida, ***. Veja também morte 13, 23, 182, 222, 230, 232, 236, 237, 240
Alexandre de Afrodisia, 49
alma,
  concepção sentimental da, 28
  derrotar a morte e, 25, 226
  o eu e, 14, 23, 39, 53, 151, 153, 211, 217, 241, 242
  virtude e, 65, 67, 95, 101, 103, 117, 125, 203, 204, 232, 234, 236, 240, 241, 243, 244
Almofadinhas 33, 34, 35, 36, 37, 38, 41, 42. *Consulte também* Black, Sirius
amizade, 9, 60, 61, 62, 63, 64, 67, 99, 100, 102, 107, 109, 211, 218, 222, 237
amor
  feminismo radical e, 81, 85, 86, 88, 92
  poções de amor e, 70, 71, 73, 74, 78
  redenção e, 14, 59, 62, 67, 77, 79, 228, 231, 232
amor próprio, 130
Amortentia, 70, 71

Anel de Giges, 126, 127, 131
Animagos, identidade e, 14, 32, 41
Anscombe, Elizabeth, 178
"apoios ambientais", 188
Apolo (Édipo), 49
aprendizado prático, 197, 198, 199
A República (Platão), 125, 126, 128, 203, 235, 236
argumento da razão, 178
Aristóteles
  amor e, 9, 59, 63, 67, 71, 77, 81, 87, 92, 102, 150, 169, 219, 222
  poder e, 87, 189, 228, 236
  virtude e, 65, 203, 232, 234, 240, 241, 243, 244
arrependimento (lamentar-se), 58, 61, 211, 217, 220, 228
autenticidade, 138, 219, 225
autoavaliação, 155
autoconfiança, libertarismo e, 115, 117, 157, 158
autoconhecimento, 131
autoridade, 113, 116, 122, 128, 135, 141
autossacrifício, 62, 65, 66, 67, 153, 223
Ayer, A. J., 174

B

Baggett, David, 5, 9, 12, 14, 51, 79, 80, 82, 150, 207
Barfield, Owen, 177, 178
Barton, Benjamin, 109, 110, 117, 118, 119, 120
Batalha de Hogwarts, 190
bem comum, bem maior vs., 234, 238, 239, 240, 241, 242, 243, 244
bem maior, bem comum vs., 124, 131, 164, 239, 240
bem vs. Mal
  feminismo radical e, 81, 85, 86, 88, 92
  redenção e, 14, 59, 62, 67, 77, 79, 228, 231, 232
Bentham, Jeremy, 97
Bento XVI, Papa, 65
Berkeley, George, 88, 176
Bichento, 20
Bicuço, 53, 110
Binns, Professor, 201
Blackmore, Susan, 180, 181
Black, Régulo, 7, 18, 31, 53, 58, 89, 90, 107, 163, 165, 203, 231, 242
Black, Sirius. *Consulte também* Almofadinhas
  alma e 19, 27, 169
  destino e, 56, 230, 232
  feminismo radical e, 81

patriotismo e, 101
transformação e 230
virtude e 65, 203, 232, 234, 240, 241, 243, 244
Booth, Heather, 88
Bradley, F. H., 176
Bryce, Frank, 23
burocracia, libertarismo e, 87, 119

C

Caldeirões de Chocolate 12, 71
caráter, 9, 14, 60, 63, 65, 66, 76, 77, 78, 79, 131, 147, 149, 150, 151, 153, 158, 169, 170, 203, 205, 210, 230, 231, 232, 238, 241, 243
Carrow, Amico, 115
"Carta Sétima" (Platão), 123, 124
Cartas [Letters] (Tolkien), 229
Casa da Grifinória
  libertarismo e, 108, 109, 112, 114, 116, 120
  patriotismo e, 95, 96, 98, 100, 101, 102, 103
Casa da Sonserina
  Harry Potter e, 1, 3, 4, 7, 8, 9, 10, 11, 13, 14, 15, 18, 19, 20, 21, 25, 29, 30, 41, 51, 54, 69, 78, 81, 82, 83, 91, 106, 107, 108, 109, 110, 114, 118, 120, 123, 127, 130, 131, 135, 136, 137, 138, 139, 140, 141, 142, 143, 144, 146, 147, 150, 172, 184, 185, 186, 197, 202, 210, 222, 223, 234, 235, 238, 239, 243, 244, 247, 249
  patriotismo e, 95, 96, 98, 100, 101, 102, 103
  racismo e, 98, 156, 206
Cattermole, Reginald 35
cérebro, mente vs., 20, 21, 24, 26, 29, 30, 40, 181, 186
Chalmers, David, 188, 189, 190, 191
Chang, Cho, 144, 157
Chapéu Seletor, 94, 98, 147, 215
"Cinderfella" (Gallardo-C., Smith), 82, 87
Clark, Andy, 188, 189, 190, 191, 223, 235, 238
classe, poder e, 100, 125, 141, 205, 206
Comensais da Morte
  alma e, 18, 19, 20, 21, 22, 23, 24, 25, 26, 27, 28, 29, 30, 55, 59, 60, 66, 67, 91, 130, 150, 169, 182, 187, 189, 192, 211, 215, 216, 217, 218, 219, 226, 228, 233, 237, 238, 241
  identidade e, 14, 41, 42, 88, 104, 105, 111, 144, 147, 185, 192, 193, 194, 195, 211, 213, 216, 217, 220, 232, 247
  libertarismo e, 108, 109, 112, 114, 116, 120
  mortalidade e, 225, 227, 230, 233
  patriotismo e, 95, 96, 98, 100, 101, 102, 103

poder e, 14, 22, 26, 27, 28, 47, 49, 50, 52, 53, 59, 61, 70, 71, 77, 81, 87, 90, 91, 109, 110, 111, 114, 115, 116, 117, 118, 119, 122, 123, 124, 125, 126, 127, 128, 129, 130, 131, 132, 141, 145, 152, 155, 156, 164, 168, 170, 172, 182, 185, 189, 198, 200, 201, 202, 206, 210, 213, 217, 226, 228, 229, 235, 236, 237, 238, 241, 243

compatibilismo, 51, 74
comunitarismo, 86, 104, 105
"conceito confuso", 152
concepção sentimental, da alma, 28
confiança,
 destino e, 18, 43, 50, 51, 52, 53, 55, 56, 67, 77, 79, 227, 230, 232, 242, 243
Confissões [Confessions] (Santo Agostinho), 167
conhecimento "inerte", 199
contexto, a verdade na ficção e, 36, 65, 74, 83, 84, 85, 106, 148, 179, 243
Crabbe, Vicente, 35, 95
Creevey, Colin, 220, 227
crenças disposicionais, 190
crenças ocorrentes, 189, 190
crianças,. *Consulte também* educação
 interesses naturais das, 197
Crítias, 123, 126
Crouch, Bartô Jr.
 alma e, 18, 19, 20, 21, 22, 23, 24, 25, 26, 27, 28, 29, 30, 55, 59, 60, 66, 67, 91, 130, 150, 169, 182, 187, 189, 192, 211, 215, 216, 217, 218, 219, 226, 228, 233, 237, 238, 241
 educação e, 14, 102, 124, 156, 196, 197, 199, 201, 202, 203, 204, 205, 206, 207, 214, 247
 identidade e, 14, 41, 42, 88, 104, 105, 111, 144, 147, 185, 192, 193, 194, 195, 211, 213, 216, 217, 220, 232, 247
 Penseira e, 8, 130, 155, 168, 169, 184, 185, 187, 188, 189, 192, 193, 194, 195
Crouch, Bartô, Pai, 18, 25, 32, 41, 119, 193, 201
"cuidar das almas", 113

D

Delacour, Fleur, 40, 107, 145
Descartes, René, 19, 20, 33, 39, 42, 175, 186, 187. *Consulte também* visão Cartesiana, da alma
destino,
 profecia e, 44, 45, 46, 47, 49, 50, 51, 52, 53, 54, 55, 56, 64, 73, 90, 243, 246
 viagem no tempo e, 53, 54, 195
Dewey, John, 197, 198, 199, 203
Diggory, Cedrico, 23, 83, 139
Dionísio I, 123

Diotima, 64
direitos civis, 240
discriminação, patriotismo e, 82, 98, 112
divisibilidade, patriotismo e, 99
Dobby, 91, 157, 220
Doughty, Terri, 91
Dresang, Eliza, 82, 83
dualismo, 29, 187
Dumbledore, Alvo
  alma e, 18, 19, 20, 21, 22, 23, 24, 25, 26, 27, 28, 29, 30, 55, 59, 60, 66, 67, 91,
    130, 150, 169, 182, 187, 189, 192, 211, 215, 216, 217, 218, 219, 226, 228,
    233, 237, 238, 241
  como homossexual, verdade na ficção, 134
  destino e, 18, 43, 50, 51, 52, 53, 55, 56, 67, 77, 79, 227, 230, 232, 242, 243
  educação e, 14, 102, 124, 156, 196, 197, 199, 201, 202, 203, 204, 205, 206,
    207, 214, 247
  escolha e, 39, 49, 54, 60, 67, 76, 77, 79, 80, 91, 109, 115, 116, 123, 130, 147,
    148, 149, 150, 151, 152, 175, 225, 226, 230, 238, 239
  feminismo radical e, 81, 85, 86, 88, 92
  libertarismo e, 108, 109, 112, 114, 116, 120
  mortalidade e, 225, 227, 230, 233
  patriotismo e, 95, 96, 98, 100, 101, 102, 103
  Penseira e, 8, 130, 155, 168, 169, 184, 185, 187, 188, 189, 192, 193, 194, 195
  poções de amor e, 70, 71, 73, 74, 78
  poder e, 14, 22, 26, 27, 28, 47, 49, 50, 52, 53, 59, 61, 70, 71, 77, 81, 87, 90,
    91, 109, 110, 111, 114, 115, 116, 117, 118, 119, 122, 123, 124, 125, 126,
    127, 128, 129, 130, 131, 132, 141, 145, 152, 155, 156, 164, 168, 170, 172,
    182, 185, 189, 198, 200, 201, 202, 206, 210, 213, 217, 226, 228, 229, 235,
    236, 237, 238, 241, 243
  realidade e, 31, 47, 77, 84, 146, 150, 158, 163, 164, 165, 166, 167, 169, 172,
    173, 174, 175, 176, 177, 178, 179, 182, 183, 194, 217, 232, 233, 237, 238,
    239
  transformação e, 27, 33, 34, 35, 37, 41, 52, 66, 160, 161, 170, 201, 230
  virtude e, 65, 67, 95, 101, 103, 117, 125, 203, 204, 232, 234, 236, 240, 241,
    243, 244
Dursley, Duda, 18, 129, 149, 150, 160, 161, 162, 163, 169, 170
Dursley, Petúnia, 135, 150, 160, 162, 163
Dursley, Válter, 150, 160, 162, 163

E

Édipo (Oedipus), 49
educação,
  abordagem gradual à, 111

pontos negativos e, 207
   racismo e, 98, 156, 206
educação liberal, 203, 204, 247
elfos domésticos
   educação e, 14, 102, 124, 156, 196, 197, 199, 201, 202, 203, 204, 205, 206,
      207, 214, 247
   entendimento do eu e, 146, 147, 150, 154, 156, 157, 158, 161
   libertarismo e, 108, 109, 112, 114, 116, 120
   patriotismo e, 95, 96, 98, 100, 101, 102, 103
   verdade na ficção e, 136
Emerson, Ralph Waldo, 183
empirismo, 176
Engel, Susan, 197
entendimento do eu,
   autoavaliação e, 155
   desafiar a si mesmo e, 154
   escolha e, 39, 49, 54, 60, 67, 76, 77, 79, 80, 91, 109, 115, 116, 123, 130, 147,
      148, 149, 150, 151, 152, 175, 225, 226, 230, 238, 239
   habilidade e, 12, 19, 20, 21, 25, 27, 28, 46, 47, 48, 60, 62, 63, 66, 79, 80, 89,
      90, 106, 107, 126, 130, 147, 152, 153, 168, 182, 192, 198, 215
   perspectiva e, 82, 87, 92, 112, 137, 142, 143, 146, 155, 156, 157, 163, 164,
      165, 168, 185, 194, 204, 225
eros, 59, 64
"escola de virtude", 204
escolha,
   amor e, 9, 59, 63, 67, 71, 77, 81, 87, 92, 102, 150, 169, 219, 222
"escolha interna", 148
"escolha por motivação", 148, 150
escolha racional, feminismo radical 238, 239
"escolhas de ação", 149
Espada de Gryffindor, 55, 91, 184
ética. *Consulte também* moralidade; virtude
   patriotismo e, 95, 96, 98, 100, 101, 102, 103
   poções de amor e, 70, 71, 73, 74, 78
Ética a Nicômaco (Aristóteles), 60, 62, 64, 140, 147, 243
eudaimonia, 203
Evans, Lílian 63, 145, 221. *Consulte* Potter, Lílian
experiências de quase morte (EQMs), 179, 180, 181
Explosivins, 19, 97, 199

F

fantasia, regeneração moral e, 13, 37, 78, 173, 222, 229
Fawkes, 210, 222, 223

felicidade, 9, 60, 62, 77, 204, 232, 235, 237, 238, 249
Felix Felicis, 12, 55
feminismo.. *Consulte* feminismo radical.
feminismo liberal, 84, 85, 92
feminismo radical,
   amor e, 9, 12, 13, 14, 34, 58, 59, 60, 61, 62, 63, 64, 65, 66, 67, 68, 69, 70, 71, 72, 73, 74, 75, 76, 77, 78, 80, 81, 85, 86, 87, 88, 89, 90, 91, 92, 102, 124, 126, 130, 144, 145, 150, 155, 156, 169, 183, 217, 219, 220, 222, 237, 240, 243, 244, 249
Filch, Argo, 83, 151, 191
filia, 59
filosofia
   morte e, 9, 13, 18, 20, 21, 22, 23, 24, 25, 26, 43, 47, 49, 55, 58, 64, 65, 67, 68, 78, 79, 88, 89, 90, 92, 118, 124, 161, 165, 166, 169, 174, 179, 180, 181, 182, 201, 210, 211, 212, 213, 214, 215, 216, 217, 219, 220, 221, 222, 223, 224, 225, 226, 227, 228, 229, 230, 232, 233, 236, 237, 238, 240, 241, 242, 243, 244
Firenze,
   destino e, 18, 43, 50, 51, 52, 53, 55, 56, 67, 77, 79, 227, 230, 232, 242, 243
   educação e, 14, 102, 124, 156, 196, 197, 199, 201, 202, 203, 204, 205, 206, 207, 214, 247
   libertarismo e, 108, 109, 112, 114, 116, 120
   política e, 8, 84, 104, 108, 109, 110, 111, 116, 117, 118, 119, 120, 123, 124, 125, 245, 247, 250
Fletcher, Mundungo, 91
Flitwick, Filius, 201
Floresta Proibida, 23, 105, 186, 192, 200, 225, 231, 237
Frankfurt, Harry, 74
Fudge, Cornélio, 119, 127, 128, 129, 156

G

Gadamer, Hans-Georg, 141, 161, 162, 167, 168
Gallardo-C., Ximena, 82, 83, 87
Gandhi, 87, 88, 243
Gaunt, Marvolo, 76, 131
Gaunt, Mérope, 69, 72, 73, 74, 75, 76, 77, 78, 79, 164, 169
Gaunt, Morfino, 150, 169
Gênero
   estereótipos 82, 83, 87. *Consulte também* feminismo radical
   poções de amor e, 70, 71, 73, 74, 78
gênero, verdade na ficção e, 82, 83, 84, 85, 87, 136, 138, 140, 143, 144
Gertrudes, a Grande, Santa, 87, 88
Gladstein, Mimi, 82, 83, 85

Glauco, 126, 127
Gleeson, Brendan, 185
Goldfield, Evi, 88
governantes-filósofos, 125
Goyle, Gregório, 34, 35, 40, 95
Granger, Hermione
  alma e, 18, 19, 20, 21, 22, 23, 24, 25, 26, 27, 28, 29, 30, 55, 59, 60, 66, 67, 91, 130, 150, 169, 182, 187, 189, 192, 211, 215, 216, 217, 218, 219, 226, 228, 233, 237, 238, 241
  destino e, 18, 43, 50, 51, 52, 53, 55, 56, 67, 77, 79, 227, 230, 232, 242, 243
  educação e, 14, 102, 124, 156, 196, 197, 199, 201, 202, 203, 204, 205, 206, 207, 214, 247
  entendimento do eu e, 146, 147, 150, 154, 156, 157, 158, 161
  feminismo radical e, 81, 85, 86, 88, 92
  identidade e, 14, 41, 42, 88, 104, 105, 111, 144, 147, 185, 192, 193, 194, 195, 211, 213, 216, 217, 220, 232, 247
  libertarismo e, 108, 109, 112, 114, 116, 120
  patriotismo e, 95, 96, 98, 100, 101, 102, 103
  Penseira e, 8, 130, 155, 168, 169, 184, 185, 187, 188, 189, 192, 193, 194, 195
  poções de amor e, 70, 71, 73, 74, 78
  realidade e, 31, 47, 77, 84, 146, 150, 158, 163, 164, 165, 166, 167, 169, 172, 173, 174, 175, 176, 177, 178, 179, 182, 183, 194, 217, 232, 233, 237, 238, 239
  transformação e, 27, 33, 34, 35, 37, 41, 52, 66, 160, 161, 170, 201, 230
  verdade na ficção e, 136
Greyback, Fenrir, 32
Grindelwald, Gerardo
  entendimento do eu e, 146, 147, 150, 154, 156, 157, 158, 161
  poder e, 14, 22, 26, 27, 28, 47, 49, 50, 52, 53, 59, 61, 70, 71, 77, 81, 87, 90, 91, 109, 110, 111, 114, 115, 116, 117, 118, 119, 122, 123, 124, 125, 126, 127, 128, 129, 130, 131, 132, 141, 145, 152, 155, 156, 164, 168, 170, 172, 182, 185, 189, 198, 200, 201, 202, 206, 210, 213, 217, 226, 228, 229, 235, 236, 237, 238, 241, 243
  transformação e, 27, 33, 34, 35, 37, 41, 52, 66, 160, 161, 170, 201, 230
  verdade na ficção e, 136
  virtude e, 65, 67, 95, 101, 103, 117, 125, 203, 204, 232, 234, 236, 240, 241, 243, 244
Griphook, 55, 91
Guida, Tia, 162

H

habilidade, 12, 19, 20, 21, 25, 27, 28, 46, 47, 48, 60, 62, 63, 66, 79, 80, 89, 90, 106, 107, 126, 130, 147, 152, 153, 168, 182, 192, 198, 215

Hagrid, Rúbeo
  educação e, 14, 102, 124, 156, 196, 197, 199, 201, 202, 203, 204, 205, 206, 207, 214, 247
  entendimento do eu e, 146, 147, 150, 154, 156, 157, 158, 161
  libertarismo e, 108, 109, 112, 114, 116, 120
  patriotismo e, 95, 96, 98, 100, 101, 102, 103
  verdade na ficção e, 136
Harry Potter and Imagination (Prinzi), 108, 109, 110, 114, 120
Harry Potter and Philosophy (Baggett, Klein), 4, 51, 54, 150
"Harry Potter and the Half-Crazed Bureaucracy" (Barton), 108, 109, 118, 120
"Harry Potter's Girl Trouble" (Schoefer), 82, 83
Hasker, William, 77, 78
Hegel, G. W. F., 176
Heidegger, Martin, 225, 227, 230, 231, 232, 233
Heilman, Elizabeth, 82, 83, 84, 85
Hirsch, E. D., Jr., 142, 199
Hobbes, Thomas, 186
Hogwarts. *Consulte também* Casa da Grifinória; elfos domésticos; Casa da Sonserina
  Casas de, e patriotismo, 102
  educação em, 14, 102, 124, 156, 196, 197, 199, 201, 202, 203, 204, 205, 206, 207, 214, 247
  Hogwarts, Uma História, 1, 3, 4, 8, 9, 11, 14, 28, 31, 32, 36, 44, 51, 60, 61, 63, 68, 70, 71, 82, 83, 84, 85, 87, 94, 97, 98, 99, 100, 102, 103, 104, 105, 109, 110, 111, 112, 114, 115, 116, 119, 123, 124, 125, 127, 128, 129, 139, 150, 156, 172, 190, 191, 192, 196, 197, 198, 199, 200, 201, 202, 204, 205, 206, 207, 221, 223, 227, 242, 243, 245, 248, 249
Hokey, 169
Horcruxes,
  alma e, 18, 19, 20, 21, 22, 23, 24, 25, 26, 27, 28, 29, 30, 55, 59, 60, 66, 67, 91, 130, 150, 169, 182, 187, 189, 192, 211, 215, 216, 217, 218, 219, 226, 228, 233, 237, 238, 241
  destino e, 18, 43, 50, 51, 52, 53, 55, 56, 67, 77, 79, 227, 230, 232, 242, 243
  feminismo radical e, 81, 85, 86, 88, 92
  poder e, 14, 22, 26, 27, 28, 47, 49, 50, 52, 53, 59, 61, 70, 71, 77, 81, 87, 90, 91, 109, 110, 111, 114, 115, 116, 117, 118, 119, 122, 123, 124, 125, 126, 127, 128, 129, 130, 131, 132, 141, 145, 152, 155, 156, 164, 168, 170, 172, 182, 185, 189, 198, 200, 201, 202, 206, 210, 213, 217, 226, 228, 229, 235, 236, 237, 238, 241, 243
Howe, Michael J. A., 152
humanidade, alma e, 27, 28, 79, 87, 88, 97, 104, 243

I

identidade,
  entendimento do eu e, 146, 147, 150, 154, 156, 157, 158, 161
  feminismo radical e, 81, 85, 86, 88, 92
  integridade da, 61, 67, 120, 193, 215, 220, 239
  o eu e, 14, 23, 39, 53, 151, 153, 211, 217, 241, 242
  patriotismo e, 95, 96, 98, 100, 101, 102, 103
  razão e, 28, 37, 61, 67, 76, 86, 90, 105, 106, 117, 118, 150, 175, 176, 177, 178, 179, 237, 238, 242, 243
  teoria da memória da identidade pessoal, 192
  transformação e, 27, 33, 34, 35, 37, 41, 52, 66, 160, 161, 170, 201, 230
identidade pessoal 14, 192, 194, 195, 220, 232. *Consulte* identidade
ilusão. 151, 172, 182. *Consulte* realidade
Inklings, 177
integridade, regeneração moral e, 61, 67, 120, 193, 215, 220, 239
inteligência, poder e, 63, 90, 114, 123, 125, 129, 130, 158

J

James, William, 180, 181, 229, 230, 231, 232, 235
Jesus, 179, 243
Jorkins, Berta 23
justiça, 9, 125, 126, 128, 131, 132, 236, 237, 238

K

Kant, Immanuel,
  educação e, 14, 102, 124, 156, 196, 197, 199, 201, 202, 203, 204, 205, 206, 207, 214, 247
  entendimento do eu e, 146, 147, 150, 154, 156, 157, 158, 161
  mortalidade e, 225, 227, 230, 233
  patriotismo e, 95, 96, 98, 100, 101, 102, 103
  poder e, 14, 22, 26, 27, 28, 47, 49, 50, 52, 53, 59, 61, 70, 71, 77, 81, 87, 90, 91, 109, 110, 111, 114, 115, 116, 117, 118, 119, 122, 123, 124, 125, 126, 127, 128, 129, 130, 131, 132, 141, 145, 152, 155, 156, 164, 168, 170, 172, 182, 185, 189, 198, 200, 201, 202, 206, 210, 213, 217, 226, 228, 229, 235, 236, 237, 238, 241, 243
Kern, Edmundo, 82, 83
Kettleburn, Professor, 200
King's Cross, 23, 34, 38, 67, 173, 174, 179, 181, 182, 183, 186, 227, 228, 230, 242
Klein, Melanie, 220, 221
Klein, Shawn, 9, 14, 51, 82, 150
Krum, Vítor 99

L

Laio, Rei (Édipo), 49
Leis, libertarismo e, 119
lembranças factuais, 194
lembranças técnicas ou de know-how, 194
Lestrange, Belatriz, 28, 55, 65, 83, 194
Levine, Arthur E., 201, 202
Lewis, C. S., 13, 59, 88, 177, 178, 182
Lewis, David, 5, 7, 8, 9, 14, 51, 58, 79, 82, 122, 136, 137, 150, 188, 246, 250
Liberdade 8, 51, 93. *Consulte* política
liberdade pessoal 108. *Consulte também* libertarismo
libertarismo,
   "Harry Potter and the Half-Crazed Bureaucracy" (Barton), 108, 109, 118, 120
   poções de amor e, 70, 71, 73, 74, 78
Life after Life (Moody), 180
Locke, John, 113, 192, 203, 232
Lockhart, Gilderoy
   alma e, 18, 19, 20, 21, 22, 23, 24, 25, 26, 27, 28, 29, 30, 55, 59, 60, 66, 67, 91,
      130, 150, 169, 182, 187, 189, 192, 211, 215, 216, 217, 218, 219, 226, 228,
      233, 237, 238, 241
   educação e, 14, 102, 124, 156, 196, 197, 199, 201, 202, 203, 204, 205, 206,
      207, 214, 247
   escolha e, 39, 49, 54, 60, 67, 76, 77, 79, 80, 91, 109, 115, 116, 123, 130, 147,
      148, 149, 150, 151, 152, 175, 225, 226, 230, 238, 239
   Penseira e, 8, 130, 155, 168, 169, 184, 185, 187, 188, 189, 192, 193, 194, 195
logos, 178, 179, 182
Longbottom, Neville
   destino e, 18, 43, 50, 51, 52, 53, 55, 56, 67, 77, 79, 227, 230, 232, 242, 243
   entendimento do eu e, 146, 147, 150, 154, 156, 157, 158, 161
   libertarismo e, 108, 109, 112, 114, 116, 120
   Penseira e, 8, 130, 155, 168, 169, 184, 185, 187, 188, 189, 192, 193, 194, 195
Lovegood, Luna, 22, 40, 156, 161, 189, 204
Lucrécio, 158
Lupin, Remo
   alma e, 18, 19, 20, 21, 22, 23, 24, 25, 26, 27, 28, 29, 30, 55, 59, 60, 66, 67, 91,
      130, 150, 169, 182, 187, 189, 192, 211, 215, 216, 217, 218, 219, 226, 228,
      233, 237, 238, 241
   destino e, 18, 43, 50, 51, 52, 53, 55, 56, 67, 77, 79, 227, 230, 232, 242, 243
   educação e, 14, 102, 124, 156, 196, 197, 199, 201, 202, 203, 204, 205, 206,
      207, 214, 247
   feminismo radical e, 81, 85, 86, 88, 92
   identidade e, 14, 41, 42, 88, 104, 105, 111, 144, 147, 185, 192, 193, 194, 195,
      211, 213, 216, 217, 220, 232, 247
   libertarismo e, 108, 109, 112, 114, 116, 120
   patriotismo e, 95, 96, 98, 100, 101, 102, 103

verdade na ficção e, 136

M

Maldição Imperius, 32, 72, 119, 151
Malfoy, Draco
  entendimento do eu e, 146, 147, 150, 154, 156, 157, 158, 161
  libertarismo e, 108, 109, 112, 114, 116, 120
  poções de amor e, 70, 71, 73, 74, 78
  transformação e, 27, 33, 34, 35, 37, 41, 52, 66, 160, 161, 170, 201, 230
Mapa do Maroto, 191
masculinidade, 91
materialismo, 20, 21, 23, 186, 187
McGonagall, Minerva
  destino e, 18, 43, 50, 51, 52, 53, 55, 56, 67, 77, 79, 227, 230, 232, 242, 243
  educação e, 14, 102, 124, 156, 196, 197, 199, 201, 202, 203, 204, 205, 206, 207, 214, 247
  feminismo radical e, 81, 85, 86, 88, 92
  identidade e, 14, 41, 42, 88, 104, 105, 111, 144, 147, 185, 192, 193, 194, 195, 211, 213, 216, 217, 220, 232, 247
memória
  teoria da memória da identidade pessoal, 192
  transformação e, 27, 33, 34, 35, 37, 41, 52, 66, 160, 161, 170, 201, 230
mente. *Consulte também* Penseira
  teoria da mente estendida, 189
"Mente Estendida, A" (Clark, Chalmers), 188
mentores e, 168, 242, 243
metafísica, 20, 21, 29, 30, 173, 177, 179, 182, 246, 247, 248
Mill, John Stuart, 84, 97, 120, 176
Ministério da Magia
  feminismo radical e, 81, 85, 86, 88, 92
  libertarismo e, 108, 109, 112, 114, 116, 120
  poder e, 14, 22, 26, 27, 28, 47, 49, 50, 52, 53, 59, 61, 70, 71, 77, 81, 87, 90, 91, 109, 110, 111, 114, 115, 116, 117, 118, 119, 122, 123, 124, 125, 126, 127, 128, 129, 130, 131, 132, 141, 145, 152, 155, 156, 164, 168, 170, 172, 182, 185, 189, 198, 200, 201, 202, 206, 210, 213, 217, 226, 228, 229, 235, 236, 237, 238, 241, 243
Miracles (Lewis), 178
Monstro, 90, 142, 166
Moody, Alastor "Olho Tonto"
  educação e, 14, 102, 124, 156, 196, 197, 199, 201, 202, 203, 204, 205, 206, 207, 214, 247
  identidade e, 14, 41, 42, 88, 104, 105, 111, 144, 147, 185, 192, 193, 194, 195, 211, 213, 216, 217, 220, 232, 247

Penseira e, 8, 130, 155, 168, 169, 184, 185, 187, 188, 189, 192, 193, 194, 195
realidade e, 31, 47, 77, 84, 146, 150, 158, 163, 164, 165, 166, 167, 169, 172, 173, 174, 175, 176, 177, 178, 179, 182, 183, 194, 217, 232, 233, 237, 238, 239
transformação e, 27, 33, 34, 35, 37, 41, 52, 66, 160, 161, 170, 201, 230
Moody, Raymond, 180
moralidade. *Consulte também* regeneração moral; virtude
  educação e, 14, 102, 124, 156, 196, 197, 199, 201, 202, 203, 204, 205, 206, 207, 214, 247
  entendimento do eu e, 146, 147, 150, 154, 156, 157, 158, 161
  patriotismo e, 95, 96, 98, 100, 101, 102, 103
Morris, Tom, 7, 9, 12, 109, 147, 247
Mortalidade,
  aceitação da morte e, 225
  arrependimento e, 58, 61, 211, 217, 220, 228
  destino e, 18, 43, 50, 51, 52, 53, 55, 56, 67, 77, 79, 227, 230, 232, 242, 243
morte
  virtude e, 65, 67, 95, 101, 103, 117, 125, 203, 204, 232, 234, 236, 240, 241, 243, 244
Munaker, Sue, 88
Murta Que Geme, 22, 54, 138, 190

N

Nagini, 63, 212
Nick Quase Sem Cabeça 22, 186
Nussbaum, Martha, 101, 102, 103

O

Observatório Potter, 8, 93, 97
Oclumência, 62, 63, 66, 165
o eu
  alma e, 18, 19, 20, 21, 22, 23, 24, 25, 26, 27, 28, 29, 30, 55, 59, 60, 66, 67, 91, 130, 150, 169, 182, 187, 189, 192, 211, 215, 216, 217, 218, 219, 226, 228, 233, 237, 238, 241
  identidade 14, 41, 42, 88, 104, 105, 111, 144, 147, 185, 192, 193, 194, 195, 211, 213, 216, 217, 220, 232, 247. *Consulte também* identidade
"Os Trinta", 123
Otto (exemplo da teoria da mente estendida), 189, 190, 191, 194

P

Pangle, Thomas, 155
Pascal, Blaine, 233

Patriotismo
  comunitarismo e, 86, 104, 105
  cosmopolitismo e, 101, 106, 107
  discriminação e, 82, 98, 112
  perigos do, 72, 99, 101, 149, 164, 166, 200, 205, 222
Patrono
  Harry Potter e, 1, 3, 4, 7, 8, 9, 10, 11, 13, 14, 15, 18, 19, 20, 21, 25, 29, 30, 41,
      51, 54, 69, 78, 81, 82, 83, 91, 106, 107, 108, 109, 110, 114, 118, 120, 123,
      127, 130, 131, 135, 136, 137, 138, 139, 140, 141, 142, 143, 144, 146, 147,
      150, 172, 184, 185, 186, 197, 202, 210, 222, 223, 234, 235, 238, 239, 243,
      244, 247, 249
  Ninfadora Tonks e, 66, 220
  Tiago Potter e, 23, 63, 145, 221, 231
Pedra Filosofal, 15, 89, 126, 132, 138, 146, 153, 162, 186, 196, 206, 233
Penseira,
  teoria da mente estendida e, 189
perigo, educação e, 50, 99, 158, 166, 170, 190, 195
perspectiva, entendimento do eu e, 82, 87, 92, 112, 137, 142, 143, 146, 155,
      156, 157, 163, 164, 165, 168, 185, 194, 204, 225
"pessoas", feminismo radical e, 10, 14, 18, 19, 20, 22, 23, 25, 28, 31, 33, 41, 43,
      45, 46, 51, 55, 60, 63, 67, 68, 69, 75, 76, 84, 85, 86, 94, 97, 98, 100, 101,
      102, 103, 105, 106, 107, 110, 113, 114, 115, 116, 117, 118, 125, 126, 129,
      130, 136, 155, 157, 158, 164, 165, 170, 171, 174, 175, 180, 181, 185, 192,
      204, 206, 207, 221, 222, 225, 226, 230, 231, 232, 233, 234, 237, 239, 243,
      249
Pettigrew, Pedro. *Consulte também* Rabicho,
  entendimento do eu e, 146, 147, 150, 154, 156, 157, 158, 161
  feminismo radical e, 81, 85, 86, 88, 92
  identidade e, 14, 41, 42, 88, 104, 105, 111, 144, 147, 185, 192, 193, 194, 195,
      211, 213, 216, 217, 220, 232, 247
  Penseira e, 8, 130, 155, 168, 169, 184, 185, 187, 188, 189, 192, 193, 194, 195
Pince, Madame, 83
Plantinga, Alvin, 178
Platão
  educação, 14, 102, 124, 156, 196, 197, 199, 201, 202, 203, 204, 205, 206, 207,
      214, 247
  poder e, 14, 22, 26, 27, 28, 47, 49, 50, 52, 53, 59, 61, 70, 71, 77, 81, 87, 90,
      91, 109, 110, 111, 114, 115, 116, 117, 118, 119, 122, 123, 124, 125, 126,
      127, 128, 129, 130, 131, 132, 141, 145, 152, 155, 156, 164, 168, 170, 172,
      182, 185, 189, 198, 200, 201, 202, 206, 210, 213, 217, 226, 228, 229, 235,
      236, 237, 238, 241, 243
  sobre a filosofia, 249
  sobre a morte, 227
  virtude e, 65, 67, 95, 101, 103, 117, 125, 203, 204, 232, 234, 236, 240, 241,

243, 244
Poção de Acônito ou Poção Mata-Cão, 52
Poção Polissuco, 32, 34, 35, 39, 40, 41, 54, 83, 151, 193
poder,
  governantes e, 122, 123, 124, 125, 126, 130
  tentação e, 111, 131
política,
  libertarismo e, 108, 109, 112, 114, 116, 120
  patriotismo e, 95, 96, 98, 100, 101, 102, 103
  poder e, 14, 22, 26, 27, 28, 47, 49, 50, 52, 53, 59, 61, 70, 71, 77, 81, 87, 90, 91, 109, 110, 111, 114, 115, 116, 117, 118, 119, 122, 123, 124, 125, 126, 127, 128, 129, 130, 131, 132, 141, 145, 152, 155, 156, 164, 168, 170, 172, 182, 185, 189, 198, 200, 201, 202, 206, 210, 213, 217, 226, 228, 229, 235, 236, 237, 238, 241, 243
Potter, Alvo Severo, 68
Potter, Harry,
  alma e, 18, 19, 20, 21, 22, 23, 24, 25, 26, 27, 28, 29, 30, 55, 59, 60, 66, 67, 91, 130, 150, 169, 182, 187, 189, 192, 211, 215, 216, 217, 218, 219, 226, 228, 233, 237, 238, 241
  destino e, 18, 43, 50, 51, 52, 53, 55, 56, 67, 77, 79, 227, 230, 232, 242, 243
  educação e, 14, 102, 124, 156, 196, 197, 199, 201, 202, 203, 204, 205, 206, 207, 214, 247
  entendimento do eu e, 146, 147, 150, 154, 156, 157, 158, 161
  feminismo radical e, 81, 85, 86, 88, 92
  identidade e, 14, 41, 42, 88, 104, 105, 111, 144, 147, 185, 192, 193, 194, 195, 211, 213, 216, 217, 220, 232, 247
  libertarismo e, 108, 109, 112, 114, 116, 120
  mortalidade e, 225, 227, 230, 233
  patriotismo e, 95, 96, 98, 100, 101, 102, 103
  Penseira e, 8, 130, 155, 168, 169, 184, 185, 187, 188, 189, 192, 193, 194, 195
  poções de amor e, 70, 71, 73, 74, 78
  poder e, 14, 22, 26, 27, 28, 47, 49, 50, 52, 53, 59, 61, 70, 71, 77, 81, 87, 90, 91, 109, 110, 111, 114, 115, 116, 117, 118, 119, 122, 123, 124, 125, 126, 127, 128, 129, 130, 131, 132, 141, 145, 152, 155, 156, 164, 168, 170, 172, 182, 185, 189, 198, 200, 201, 202, 206, 210, 213, 217, 226, 228, 229, 235, 236, 237, 238, 241, 243
  realidade e, 31, 47, 77, 84, 146, 150, 158, 163, 164, 165, 166, 167, 169, 172, 173, 174, 175, 176, 177, 178, 179, 182, 183, 194, 217, 232, 233, 237, 238, 239
  transformação e, 27, 33, 34, 35, 37, 41, 52, 66, 160, 161, 170, 201, 230
  virtude e, 65, 67, 95, 101, 103, 117, 125, 203, 204, 232, 234, 236, 240, 241, 243, 244
Potter, Lílian
  alma e, 18, 19, 20, 21, 22, 23, 24, 25, 26, 27, 28, 29, 30, 55, 59, 60, 66, 67, 91,

130, 150, 169, 182, 187, 189, 192, 211, 215, 216, 217, 218, 219, 226, 228, 233, 237, 238, 241
destino e, 18, 43, 50, 51, 52, 53, 55, 56, 67, 77, 79, 227, 230, 232, 242, 243
entendimento do eu e, 146, 147, 150, 154, 156, 157, 158, 161
poções de amor e, 70, 71, 73, 74, 78
poder e, 14, 22, 26, 27, 28, 47, 49, 50, 52, 53, 59, 61, 70, 71, 77, 81, 87, 90, 91, 109, 110, 111, 114, 115, 116, 117, 118, 119, 122, 123, 124, 125, 126, 127, 128, 129, 130, 131, 132, 141, 145, 152, 155, 156, 164, 168, 170, 172, 182, 185, 189, 198, 200, 201, 202, 206, 210, 213, 217, 226, 228, 229, 235, 236, 237, 238, 241, 243
verdade na ficção e, 136
virtude e, 65, 67, 95, 101, 103, 117, 125, 203, 204, 232, 234, 236, 240, 241, 243, 244
Potter, Tiago,
alma e, 18, 19, 20, 21, 22, 23, 24, 25, 26, 27, 28, 29, 30, 55, 59, 60, 66, 67, 91, 130, 150, 169, 182, 187, 189, 192, 211, 215, 216, 217, 218, 219, 226, 228, 233, 237, 238, 241
mortalidade e, 225, 227, 230, 233
Penseira e, 8, 130, 155, 168, 169, 184, 185, 187, 188, 189, 192, 193, 194, 195
verdade na ficção e, 136
"primeira onda do feminismo", 84
princípio da máxima inclusividade, 140
Prinzi, Travis, 12, 108, 109, 110, 111, 112, 113, 114, 115, 116, 117, 120, 206, 207
profecia,
falível, 45, 52
profecia falível, 45
profecia infalível, 45
professores, educação e, 32, 102, 112, 114, 115, 116, 117, 162, 168, 192, 197, 199, 201, 202, 207, 235
providência divina, 55
Psychology: Briefer Course (James), 230

Q

Quadribol, feminismo radical e, 63, 83, 94, 95, 136, 138, 139, 156, 190, 194, 200, 245
Quirrell, Professor 59, 89, 201

R

Rabicho, 52, 219. *Consulte também* Pettigrew, Pedro
raça. *Consulte também* sangues-puros
direitos civis e, 240
racismo e, 98, 156, 206

razão
  identidade e, 14, 41, 42, 88, 104, 105, 111, 144, 147, 185, 192, 193, 194, 195, 211, 213, 216, 217, 220, 232, 247
  realidade e, 31, 47, 77, 84, 146, 150, 158, 163, 164, 165, 166, 167, 169, 172, 173, 174, 175, 176, 177, 178, 179, 182, 183, 194, 217, 232, 233, 237, 238, 239
realidade,
  argumento da razão e, 178
  experiências de quase morte (EQMs) e, 179, 180, 181
  metafísica e, 20, 21, 29, 30, 173, 177, 179, 182, 246, 247, 248
  percepção da, 19, 131, 149, 162, 164, 169, 175, 178, 182, 215, 233, 243
realização ou satisfação, 234
realização ou satisfação humana, 234
redenção,
  escolha e, 39, 49, 54, 60, 67, 76, 77, 79, 80, 91, 109, 115, 116, 123, 130, 147, 148, 149, 150, 151, 152, 175, 225, 226, 230, 238, 239
  poções de amor e, 70, 71, 73, 74, 78
  transformação e, 27, 33, 34, 35, 37, 41, 52, 66, 160, 161, 170, 201, 230
regeneração moral
  A Ordem da Fênix e, 15, 22, 31, 33, 34, 36, 44, 47, 49, 50, 58, 62, 87, 89, 99, 110, 118, 128, 129, 138, 150, 157, 163, 164, 166, 186, 192, 201, 205, 215, 216, 217, 242
  fantasia e, 13, 37, 78, 173, 222, 229
  integridade da identidade pessoal, 220
  Voldemort e, 14, 18, 22, 23, 25, 26, 27, 28, 44, 46, 47, 48, 49, 50, 51, 52, 54, 55, 56, 59, 60, 61, 62, 63, 64, 65, 66, 67, 68, 69, 71, 73, 74, 75, 76, 77, 78, 79, 80, 89, 90, 91, 92, 95, 96, 99, 100, 103, 107, 110, 115, 119, 123, 126, 127, 128, 129, 130, 131, 132, 147, 149, 150, 152, 153, 164, 165, 166, 169, 182, 183, 186, 189, 191, 192, 198, 205, 206, 210, 212, 213, 214, 215, 216, 217, 218, 219, 220, 221, 224, 225, 226, 227, 228, 229, 230, 231, 232, 235, 236, 237, 238, 239, 240, 241, 242, 243, 244, 248
religião
  mortalidade e, 225, 227, 230, 233
  realidade e, 31, 47, 77, 84, 146, 150, 158, 163, 164, 165, 166, 167, 169, 172, 173, 174, 175, 176, 177, 178, 179, 182, 183, 194, 217, 232, 233, 237, 238, 239
remorso, morte e, 28, 67, 68, 91, 210, 211, 212, 213, 214, 216, 217, 218, 219, 221, 222, 223, 230, 231, 232, 237
resposta do leitor, verdade na ficção e, 138, 140
Riddle, Tom,. *Consulte também* Voldemort
  alma e, 18, 19, 20, 21, 22, 23, 24, 25, 26, 27, 28, 29, 30, 55, 59, 60, 66, 67, 91, 130, 150, 169, 182, 187, 189, 192, 211, 215, 216, 217, 218, 219, 226, 228, 233, 237, 238, 241
  patriotismo e, 95, 96, 98, 100, 101, 102, 103

Penseira e, 8, 130, 155, 168, 169, 184, 185, 187, 188, 189, 192, 193, 194, 195
poder e, 14, 22, 26, 27, 28, 47, 49, 50, 52, 53, 59, 61, 70, 71, 77, 81, 87, 90,
    91, 109, 110, 111, 114, 115, 116, 117, 118, 119, 122, 123, 124, 125, 126,
    127, 128, 129, 130, 131, 132, 141, 145, 152, 155, 156, 164, 168, 170, 172,
    182, 185, 189, 198, 200, 201, 202, 206, 210, 213, 217, 226, 228, 229, 235,
    236, 237, 238, 241, 243
transformação e, 27, 33, 34, 35, 37, 41, 52, 66, 160, 161, 170, 201, 230
risadinhas tolas, feminismo radical e, 83, 84
Rousseau, Jean-Jacques, 203, 250
Rowling, J. K.,
  sobre a alma, 18, 19, 20, 21, 22, 23, 24, 25, 26, 27, 28, 29, 30, 55, 59, 60, 66,
    67, 91, 130, 150, 169, 182, 187, 189, 192, 211, 215, 216, 217, 218, 219,
    226, 228, 233, 237, 238, 241
  sobre a Penseira, 8, 130, 155, 168, 169, 184, 185, 187, 188, 189, 192, 193,
    194, 195
  sobre destino, 18, 43, 50, 51, 52, 53, 55, 56, 67, 77, 79, 227, 230, 232, 242,
    243
  sobre libertarismo, 108, 109, 112, 114, 116, 120
  sobre o entendimento do eu, 146, 150, 154, 156, 157
  sobre poder, 14, 22, 26, 27, 28, 47, 49, 50, 52, 53, 59, 61, 70, 71, 77, 81, 87,
    90, 91, 109, 110, 111, 114, 115, 116, 117, 118, 119, 122, 123, 124, 125,
    126, 127, 128, 129, 130, 131, 132, 141, 145, 152, 155, 156, 164, 168, 170,
    172, 182, 185, 189, 198, 200, 201, 202, 206, 210, 213, 217, 226, 228, 229,
    235, 236, 237, 238, 241, 243
  sobre realidade, 31, 47, 77, 84, 146, 150, 158, 163, 164, 165, 166, 167, 169,
    172, 173, 174, 175, 176, 177, 178, 179, 182, 183, 194, 217, 232, 233, 237,
    238, 239
  verdade na ficção e, 136
Runcorn, Alberto, 35, 39, 40, 119

S

sangues-puros
  libertarismo e, 108, 109, 112, 114, 116, 120
  patriotismo e, 95, 96, 98, 100, 101, 102, 103
  racismo e, 98, 156, 206
Sauron (O Senhor dos Anéis), 229, 239
Schoefer, Christine, 82, 83
Scrimgeour, Rufo, 127, 132
"segundo eu", 64, 66
senciência, 19, 20, 21, 25, 27, 29, 97
Senhor dos Anéis, O (Tolkien), 158, 229
Shacklebolt, Kingsley, 14
significado, transformação e, 59, 104, 105, 141, 142, 230

Skeeter, Rita, 32, 189, 190
Slughorn, Horácio
 alma e, 18, 19, 20, 21, 22, 23, 24, 25, 26, 27, 28, 29, 30, 55, 59, 60, 66, 67, 91, 130, 150, 169, 182, 187, 189, 192, 211, 215, 216, 217, 218, 219, 226, 228, 233, 237, 238, 241
 destino e, 18, 43, 50, 51, 52, 53, 55, 56, 67, 77, 79, 227, 230, 232, 242, 243
 Penseira e, 8, 130, 155, 168, 169, 184, 185, 187, 188, 189, 192, 193, 194, 195
 poções de amor e, 70, 71, 73, 74, 78
Slytherin, Salazar, 76, 153, 169
Smith, C. Jason, 82
Smith, Hepzibah, 169
Snape, Severo
 destino e, 18, 43, 50, 51, 52, 53, 55, 56, 67, 77, 79, 227, 230, 232, 242, 243
 entendimento do eu e, 146, 147, 150, 154, 156, 157, 158, 161
 feminismo radical e, 81, 85, 86, 88, 92
 libertarismo e, 108, 109, 112, 114, 116, 120
 Penseira e, 8, 130, 155, 168, 169, 184, 185, 187, 188, 189, 192, 193, 194, 195
 poções de amor e, 70, 71, 73, 74, 78
 poder e, 14, 22, 26, 27, 28, 47, 49, 50, 52, 53, 59, 61, 70, 71, 77, 81, 87, 90, 91, 109, 110, 111, 114, 115, 116, 117, 118, 119, 122, 123, 124, 125, 126, 127, 128, 129, 130, 131, 132, 141, 145, 152, 155, 156, 164, 168, 170, 172, 182, 185, 189, 198, 200, 201, 202, 206, 210, 213, 217, 226, 228, 229, 235, 236, 237, 238, 241, 243
 transformação e, 27, 33, 34, 35, 37, 41, 52, 66, 160, 161, 170, 201, 230
 virtude e, 65, 67, 95, 101, 103, 117, 125, 203, 204, 232, 234, 236, 240, 241, 243, 244
Sociedade para a Promoção do Bem-Estar Élfico (SPEW), 98, 111
Sócrates, 8, 64, 123, 124, 131, 146, 155, 214, 234, 235, 236, 240, 241, 243
sofistas, 235, 236
Sprout, Pomona, 201
Stevenson, Adlai, 95
Suprema Corte dos Bruxos, 109, 118
Symposium [O Banquete] (Platão), 60, 64

T

teoria da mente estendida, 189
Thicknesse, Pio, 119
Thomas, Dean, 109, 155, 186, 201, 246
Tolkien, J. R. R., 13, 32, 158, 177, 229, 239
Tolstoy, Leon, 96
Tonks, Ninfadora, 66, 145, 220
Torneio Tribruxo, 99, 103, 200
"tradição", 65, 83, 87, 88, 90, 91, 97, 111, 112, 167, 168, 182, 186, 211

transformação,
　identidade e, 14, 41, 42, 88, 104, 105, 111, 144, 147, 185, 192, 193, 194, 195,
　　211, 213, 216, 217, 220, 232, 247
　redenção e, 14, 59, 62, 67, 77, 79, 228, 231, 232
Trasímaco, 235
Trelawney, Sibila
　destino e, 18, 43, 50, 51, 52, 53, 55, 56, 67, 77, 79, 227, 230, 232, 242, 243
　educação e, 14, 102, 124, 156, 196, 197, 199, 201, 202, 203, 204, 205, 206,
　　207, 214, 247
　libertarismo e, 108, 109, 112, 114, 116, 120

U

Umbridge, Dolores,
　educação e, 14, 102, 124, 156, 196, 197, 199, 201, 202, 203, 204, 205, 206,
　　207, 214, 247
　feminismo radical e, 81, 85, 86, 88, 92
　libertarismo e, 108, 109, 112, 114, 116, 120
　poder e, 14, 22, 26, 27, 28, 47, 49, 50, 52, 53, 59, 61, 70, 71, 77, 81, 87, 90,
　　91, 109, 110, 111, 114, 115, 116, 117, 118, 119, 122, 123, 124, 125, 126,
　　127, 128, 129, 130, 131, 132, 141, 145, 152, 155, 156, 164, 168, 170, 172,
　　182, 185, 189, 198, 200, 201, 202, 206, 210, 213, 217, 226, 228, 229, 235,
　　236, 237, 238, 241, 243
　transformação e, 27, 33, 34, 35, 37, 41, 52, 66, 160, 161, 170, 201, 230

V

Vane, Romilda, 71
Varinha das Varinhas 28, 92, 215
verdade na ficção,
　definida e, 152
　evidência textual e, 138, 140, 141
　intento da autora e, 120
　resposta do leitor e, 138, 140
　restrições de gênero e, 138, 140
verdades fundamentais, 138, 139, 141
verdades secundárias, 139, 140
vício, patriotismo e,. *Consulte também* moralidade
　justiça e, 9, 125, 126, 128, 131, 132, 236, 237, 238
　patriotismo e, 95, 96, 98, 100, 101, 102, 103
　poder e, 14, 22, 26, 27, 28, 47, 49, 50, 52, 53, 59, 61, 70, 71, 77, 81, 87, 90,
　　91, 109, 110, 111, 114, 115, 116, 117, 118, 119, 122, 123, 124, 125, 126,
　　127, 128, 129, 130, 131, 132, 141, 145, 152, 155, 156, 164, 168, 170, 172,
　　182, 185, 189, 198, 200, 201, 202, 206, 210, 213, 217, 226, 228, 229, 235,
　　236, 237, 238, 241, 243

realização ou satisfação e, 234
Vida e as Mentiras de Alvo Dumbledore, A, 190
"vida examinada", 155, 240
Videntes, 44
visão Cartesiana, da morte. *Consulte também* Descartes, René
visão da fonte de vida, da alma, 25
visão do futuro aberto, 51
Voldemort. *Consulte também* Riddle, Tom
  alma e, 18, 19, 20, 21, 22, 23, 24, 25, 26, 27, 28, 29, 30, 55, 59, 60, 66, 67, 91, 130, 150, 169, 182, 187, 189, 192, 211, 215, 216, 217, 218, 219, 226, 228, 233, 237, 238, 241
  destino e, 18, 43, 50, 51, 52, 53, 55, 56, 67, 77, 79, 227, 230, 232, 242, 243
  educação e, 14, 102, 124, 156, 196, 197, 199, 201, 202, 203, 204, 205, 206, 207, 214, 247
  entendimento do eu e, 146, 147, 150, 154, 156, 157, 158, 161
  feminismo radical e, 81, 85, 86, 88, 92
  libertarismo e, 108, 109, 112, 114, 116, 120
  mortalidade e, 225, 227, 230, 233
  patriotismo e, 95, 96, 98, 100, 101, 102, 103
  Penseira e, 8, 130, 155, 168, 169, 184, 185, 187, 188, 189, 192, 193, 194, 195
  poções de amor e, 70, 71, 73, 74, 78
  poder e, 14, 22, 26, 27, 28, 47, 49, 50, 52, 53, 59, 61, 70, 71, 77, 81, 87, 90, 91, 109, 110, 111, 114, 115, 116, 117, 118, 119, 122, 123, 124, 125, 126, 127, 128, 129, 130, 131, 132, 141, 145, 152, 155, 156, 164, 168, 170, 172, 182, 185, 189, 198, 200, 201, 202, 206, 210, 213, 217, 226, 228, 229, 235, 236, 237, 238, 241, 243
  transformação e, 27, 33, 34, 35, 37, 41, 52, 66, 160, 161, 170, 201, 230
  virtude e, 65, 67, 95, 101, 103, 117, 125, 203, 204, 232, 234, 236, 240, 241, 243, 244
vontade livre, 78

W

Waldron, Jeremy, 105, 106
Watson, Emma, 56, 141, 174. *Consulte também* Granger, Hermione
Weasley, Arthur
  entendimento do eu e, 146, 147, 150, 154, 156, 157, 158, 161
  identidade e, 14, 41, 42, 88, 104, 105, 111, 144, 147, 185, 192, 193, 194, 195, 211, 213, 216, 217, 220, 232, 247
  libertarismo e, 108, 109, 112, 114, 116, 120
  verdade na ficção e, 136
"Weasley, Barny", 40
Weasley, Bill, 12, 40, 145, 207, 229
Weasley, Fred, 70, 151, 191, 220

Weasley, Gina
  destino e, 18, 43, 50, 51, 52, 53, 55, 56, 67, 77, 79, 227, 230, 232, 242, 243
  entendimento do eu e, 146, 147, 150, 154, 156, 157, 158, 161
  poções de amor e, 70, 71, 73, 74, 78
Weasley, Jorge, 70, 136, 137, 151, 191
Weasley, Molly
  feminismo radical e, 81, 85, 86, 88, 92
  identidade e, 14, 41, 42, 88, 104, 105, 111, 144, 147, 185, 192, 193, 194, 195, 211, 213, 216, 217, 220, 232, 247
  poções de amor e, 70, 71, 73, 74, 78
  verdade na ficção e, 136
Weasley, Percy, 110, 138, 156, 247
Weasley, Rony
  destino e, 18, 43, 50, 51, 52, 53, 55, 56, 67, 77, 79, 227, 230, 232, 242, 243
  entendimento do eu e, 146, 147, 150, 154, 156, 157, 158, 161
  identidade e, 14, 41, 42, 88, 104, 105, 111, 144, 147, 185, 192, 193, 194, 195, 211, 213, 216, 217, 220, 232, 247
  patriotismo e, 95, 96, 98, 100, 101, 102, 103
  Penseira e, 8, 130, 155, 168, 169, 184, 185, 187, 188, 189, 192, 193, 194, 195
  poções de amor e, 70, 71, 73, 74, 78
Whitehead, Alfred North, 199
Wilkins, Monica, 193
Wilkins, Wendell 193
Winky, 56, 157

Z

Zettel, Sarah, 82, 83, 84, 86, 87